인지언어학의 관점에서 본

# 한국어 소유 표현 연구

인지언어학의 관점에서 본

# 한국어 소유 표현 연구

이수련 지음

도서
출판 박이정

● 이수련

- 부산 출생
- 이화여자대학교 문리대학 국어국문학과 졸업
- 부산대학교 인문대학 국어국문학과 대학원 박사 과정 수료
- 현 동의대학교 인문대학 국어국문학과 교수


누리 주소 : slli@deu.ac.kr


인지언어학의 관점에서 본
## 한국어 소유 표현 연구

초판 인쇄 2006년 12월 15일
초판 발행 2006년 12월 20일

지은이 이수련
펴낸이 박찬익
편  집 김은영·김민영

펴낸곳 도서출판 **박이정**
130-070 서울시 동대문구 용두동 129-162
Tel 922-1192~3, Fax 928-4683
Http://www.pjbook.com, E-mail pijbook@naver.com
온라인 (국민) 729-21-0137-159
등록 1991년 3월 12일 제1-1182호
ISBN 978-89-7878-902-8 93710

값  15,000 원

※ 저자와 협의하에 인지를 생략합니다.

항상 인자하신 나의 어머니께 이 책을 바칩니다.

# 책머리에

‘소유’란 사람과 가장 밀접한 개념 가운데 하나이다. 사람이 기초생활을 영위하기 위해서는 의식주가 해결되어야 하는데, 사람들이 이들을 소유하느냐 그렇지 못한가에 따라서 삶의 질이 달라질 만큼 우리에게서 ‘소유’란 중요한 개념이다. 또한 사람은 태어나면서 ‘나의 것’이라는 소유 개념을 갖는다고 볼 수 있는 것이, 신생아들이 주먹에 무엇을 쥐기만 하면 놓지 않는 것을 보아도 알 수 있다.

이처럼 소유 개념은 사람이 갖는 원초적 개념 가운데 하나인데도 불구하고 그 동안 연구가 별로 없었던 것은 ‘소유’라는 개념이 추상적인 영역이 많아서 파악하기가 어렵기 때문인 것으로 보인다. 그러나 ‘소유 개념’도 처음에는 구체적인 것에서 출발한 단순 개념이었을 것이다. 곧 사람이 어떤 물건을 자기 손 안으로 가져와서 계속 쥐고 있다면, 분명히 눈으로 볼 수 있는 단순한 소유 행위이다. 그런데 이러한 단순하고 구체적인 소유 개념이 확대됨으로써, 점차로 추상화되면서 복합 개념이 되었다고 볼 수 있다. 그래서 우리가 가지는 소유물은 ‘작은 물건’에서 ‘집, 빌딩, 회사’로 규모가 더 커지기도 하고, ‘소유권, 권리’ 따위로 추상화되기도 한다. 나아가서 소유물은 ‘사랑, 감정’처럼 내부 세계로 확대되기도 하고, 또 다른 차원에서 ‘사람’까지도 사물화하여 소유할 수 있다고 사고하기도 한다. ‘사람의 사물화’란 소유물이 인간관계나 혈연관계도 되고, 우리의 신체 일부도 될 수 있다고 보는 복잡한 관점이다.

　이런 사고의 확대 과정에서 나타나는 현상을 우리는 언어 표현을 통해서 확인할 수 있다. 언어를 통해서 개념화를 확인하는 것은 우리가 어떻게 사고하는 것과 직결되는 것으로 우리의 머릿속에서 일어나는 인지 과정의 일부를 밝힐 수 있는 하나의 방법이 될 수 있다.

　따라서 이 책에서는 다양하게 나타나는 소유 표현을 통해서 소유 개념이 어떻게 확대되는가를 주로 풀이씨를 중심으로 해서 살피고자 한다.

　이에 따른 이 책의 내용을 간단하게 소개하면 다음과 같다.

　첫째, 소유 표현을 통해서 우리가 소유라는 의식을 어떻게 개념화하는가를 찾아 낼 수 있다. 이것은 '언어의 의미는 개념화다.'라는 인지언어학적인 관점에서 접근하는 방식이 될 것이다. 곧 '의미'를 동적인 정신적인 활동이라고 보는 관점과 연결되어 있다.

　둘째, 개념화를 알기 위해서는 우리가 쓰고 있는 비유법을 통해서 파악하는 방법이다. 이를 위해서 소유 표현에 나타난 '은유'와 '환유'라는 비유법이 어떻게 쓰이고 있는가를 분석하기로 한다.

　셋째, 소유 표현에서 소유 풀이씨의 뜻이 어떻게 확장되는가를 통하여 소유 개념의 변화 양상을 살필 수 있다.

　넷째, '있다'나 '주다' 월의 원형성을 낱말 차원뿐만 아니라 문장 차원에서도 더 원형적인 꼴이 있을 수 있음을, 통사·의미론적 관점에서 분석한다.

　다섯째, 일반적으로 이동풀이씨로 알려진 '오다'와 '가다'를 소유 도식의 관점에서 살핀다. 우리가 지각하는 현저성의 원리에 따라서 '오다'나 '가다'가 선택되고, 이에 따라서 이름씨가 선택되는 원리를 찾을 수 있다. 이것은 우리의 지각 인지가 항상 동일한 것이 아니라 우리가 사태의 어디에 초점을 두느냐에 따라서 언어 표현도 달라지고, 또한 의미 구조도 달라질 수 있음을 개념 화자의 위치와 시선의 이동을 통해서 찾아본다.

이런 원리에 따라서 책의 짜임새도 크게 다섯 영역으로 나누어 기술한다. 1부에서는 인지언어학의 기초 원리와 개념화에 대해서, 2부에서는 은유와 환유의 특징과, 이들이 언어 일상 언어에서 단독으로 나타나는 것이 아니라 서로 관련성을 맺고 있다는 것을 상호 작용성의 관점에서 살피고, 3부에서는 소유 표현에 나타나는 문법화 현상을 풀이씨 '있다'와 '가지다'를 통해서 살피게 된다. 4부에서는 소유 표현에 나타나는 원형성을 풀이씨 '있다'와 '주다'가 오는 통사 구조를 통해서 살피고, 마지막으로 소유 표현에 나타나는 비대칭성을 '오다'와 '가다'가 소유 풀이씨로 쓰이는 용법을 대상으로 살피게 될 것이다.

끝으로 이 연구는 한국어 소유 표현의 특징을 인지언어학적인 관점에서 밝히는 것이므로 이 분야에서 약간의 밑거름이라도 되었으면 하는 소박한 바람을 가져 본다. 또한 이 연구는 글쓴이가 알고 있는 모든 분들의 은덕으로 계속할 수 있었으므로, 평소에 빠진 인사를 대신하여 이 지면을 빌려서 고마움을 표한다. 그리고 이 연구를 하는 동안 가까이에서 지켜 준 가족들은 글쓴이가 언제나 기댈 수 있는 안식처였다. 또한 이 출판을 맡아주신 박이정 출판사의 박찬익 사장님과 박태훈 부장님 그리고 직접 조판을 맡아서 고생하신 김은영, 김민영 님께도 고마움을 전한다.

이 책도 출판과 동시에 글쓴이의 소유물이 아니라 읽는 사람의 몫이라고 생각하면 두려움이 앞선다. 이 책의 부족한 부분은 전적으로 글쓴이의 역량 부족이므로, 많은 질책이 있기를 바랄 뿐이다.

2006년 12월 7일 오후에
엄광산 자락에서  이수련 씀

# 제1부

## 인지언어학과 개념화

# 1장 인지언어학 탐색

인지언어학(Cognitive Lingustics)은 언어 표현에는 우리의 인지 과정, 사고, 심리, 문화까지도 반영되어 있다고 본다. 따라서 언어 연구를 백과사전식 지식을 배경으로 한 인지모형의 틀 가운데서, 인지구조를 통하여 의미구조를 파악하려는 관점을 취하고 있다.

이 책은 전체적으로 인지언어학의 관점에서 낱말, 월에 나타나는 의미를 기술하기 때문에 먼저 인지언어학의 기초 개념부터 살피기로 한다. 이 책에 쓰인 주요 개념으로는 현재 인지언어학에서 다루고 있는 주요 과제로서 '개념화', '원형과 도식', '은유'와 '환유' 그리고 비유에서 비롯되는 '문법화' 따위를 들 수 있다. 따라서 이 장에서는 이들에 관한 기초 개념을 중심으로 인지언어학의 특징을 대략적으로 살핌으로써 이 책의 전체 내용을 파악하는 기틀을 마련하고자 한다.

## 1.1. 개념화로서의 의미

‘의미’를 파악하는 방법은 의미론자들의 중요 과제였다. 오랫동안 의미론 학자들은 ‘의미’란 ‘지시(reference), 심적 영상(mental image), 개념(concept), 사고(thought), 의의(sense)’ 같은 관점에서 정의를 내리고자 했다. 이러한 접근법이 모두 정적인 관점이라면, 최근 인지언어학에서는 의미를 동적으로 파악하는 관점을 취한다. 곧 ‘의미’를 ‘개념화(conceptualization)’라고 부르는데, 이것은 언어 주체가 언어의 의미를 심적 경험으로 파악하여 언어 주체가 갖고 있는 여러 가지 개념, 지식, 신념의 체계가 동적으로 활성화하여 의미 구조를 만들어 낸다고 보는 관점이다. 그래서 의미의 해명은 바로 개념화의 과정을 밝혀내는 것이라고 본다.

그러므로 인지론적 방법론에서는 언어를 <밖>으로 열린 것으로 확대하여 ‘체험, 문화’까지를 포함해서 의미를 파악하고자 한다. 이것은 소쉬르에 의해서 언어를 <안>에 닫힌 것으로 보고 의미를 파악하는 방법에서 관점을 바꾼 것이다. 이것은 ‘체험’과 관련한 사고로서 체험주의(experientialism)를 토대로 하여 다양한 지식까지도 포함한다. 이러한 광범위한 언어 외적인 배경은 Fillmore의 틀(frame), Lakoff의 인지모델(cognitive model), Langacker의 인지영역(cognitive domain)에서 말하는 배경지식과 관련이 있다.

개념화를 ‘동적인 활성화’로 본다면, 개념 형성은 비유적 사고와도 관련이 있다. ‘은유’와 ‘환유’는 사람의 머릿속에서 이루어지는 '비유'의 과정을 파악함으로써 추론할 수 있다. 그 전형적인 보기가 그릇 은유(container metaphor)이다[1].

> (1) ㄱ. 그녀는 상상력의 밖으로 뛰쳐나왔다.
>     ㄴ. 그녀는 항상 상상력으로 넘쳐흐른다.

(1)은 모두 은유에 의한 표현인데, 두 표현 모두 '상상력'이라는 추상적인 사고를 구체적으로 나타내고 있다. 그런데 두 표현의 차이점은 (1ㄱ)은 '상상력'을 하나의 그릇으로 보고 '그녀'가 '상상력'이라는 '그릇' 밖으로 빠져나오는 이동체에 빗댄 표현이라면, (1ㄴ)은 '그녀' 자체를 그릇으로 보고 '상상력'을 이동체로 빗대고 있다. 이처럼 두 표현의 양상은 많이 다른 것으로 나타난다.

|  | 그릇 | 이동체 |
|---|---|---|
| (2) ㄱ. | 상상력 | 그녀 |
| ㄴ. | 그녀 | 상상력 |

(1)의 두 비유 표현은 언어 주체가 '그릇'과 '이동체'의 파악 방식(construal)을 (2)처럼 다르게 함으로써 뜻도 달라진 보기에 해당한다. 그런데 하나의 사태를 두 가지의 다른 관점에서 표현할 수도 있다.

---

1) 그릇 은유는 수도관 은유(conduit metaphor)에 포함된다고 볼 수 있다.

(3) ㄱ. 극장 입구에 화단이 있다.
　　ㄴ. 극장 출구에 화단이 있다.

(3)의 두 월은 하나의 사태인데, 개념 화자의 위치에 따라서 표현구조와 의미구조가 달라진 보기이다. 곧 개념 화자의 위치가 극장 밖에 있으면 ㄱ의 '입구'를 선택하게 되고, 극장 안에 있으면 ㄴ의 '출구'를 선택하게 된다. 도상성(iconicity)을 '꼴에 공통성이 있으면 뜻에도 공통성이 있다.'라고 정의한다면 이를 뒤집어서 '표현이 다르면 뜻도 다르다.'라는 정의로써 설명할 수 있다. 곧 '입구'와 '출구'의 차이를 설명하기 위해서는 언어 외적인 요소인 '개념 화자의 위치', '시선의 방향'을 고려하지 않으면 설명하기가 어렵다.

비유는 낱말의 뜻이 확장되는데 관여하는데 가장 전형적인 보기가 신체 부위에 의한 비유적 확장을 들 수 있다.

(4) ㄱ. 의자의 팔
　　ㄴ. 의자의 다리
　　ㄷ. 병목
　　ㄹ. 태풍의 눈

(4)의 표현들은 사물의 부분이나 자연 현상을 사람의 신체에 빗대어 표현한 것으로서 '팔, 다리, 목, 눈'과의 유사성에 기댄 은유 표현들이다. 이들 은유들을 가능하게 하는 인지의 기제가 신체성(embodiment)이다. 신체성은 우리가 은유를 생성하는 데 중요한

단서를 제공한다.

　또 언어 표현은 지도와 땅의 분화에 따라서 의미구조가 달라진다. 현저성(prominence)에 따라서 의미의 분화가 생겨나서 두드러진 요소가 '모습(figure)'이 되고, 그렇지 않은 요소가 '바탕(ground)'이 된다. 보기를 들면 '아내'와 '남편'은 '부부'라는 의미영역에서 나타나는 현저성에 따른 의미의 해석과 관련이 있다. 곧 '부부'라는 인지영역에서 '여자', '남자' 두 요소 가운데 현저성이 어디에 놓이느냐에 따라서 '아내' 또는 '남편'이 된다.

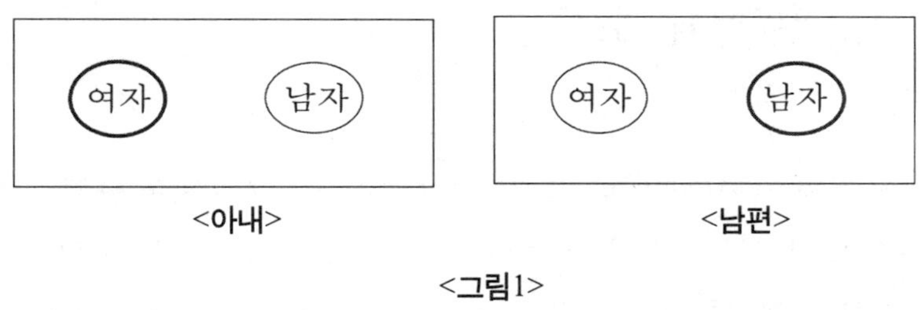


<그림1>

　<그림1> '부부'라는 인지영역에서 '여자'가 두드러진 요소가 되면 '아내'가 되고, '남자'가 두드러진 요소가 되면 '남편'이 된다.

　또한 개념화는 사회·문화적으로 규정된 개념영역과도 관련이 있다. 인지영역은 기하학적·공간적인 지식에 국한되는 것은 아니다. 본래 '선생'은 학교라는 인지영역과 관련되어 규정된다. 그런데 요즘 '선생'은 우리 사회에서는 '학교' 영역을 벗어나서 '학원 강사'는 물론이고 '간호사, 미용사, 영양사, 약사, 의사'처럼 일반 사람을 대접하여 부르는 호칭으로 두루 쓰인다. 따라서 한국 사회

에서 '선생'이라는 낱말의 의미는 한국이라는 사회·문화적 배경 지식 없이는 파악하기 어렵다. 또 '야간 자율 학습'이라는 낱말을 이해하기 위해서도 한국 문화 속에서 고등학교의 수업 제도를 알아야만 가능하다. 또한 '폐백, 혼숫감, 예단'이라는 낱말들도 한국의 결혼 문화라는 배경지식을 알아야만 이해가 가능하다. 이처럼 언어 표현은 그 사회의 문화와 밀접한 관련이 있으므로 이들과 관련된 인지영역을 배경으로 해서 고찰해야 한다.

## 1.2. 원형과 도식

범주화(categorization)는 분절(articulation)적 사고에서 비롯된다. 이것은 닫힌 사고에서 비롯되었다고 볼 수 있으며, 어떤 사물을 정의하기 위해서는 필요충분 조건(necessary and sufficient condition)을 충족해야만 된다고 보는 아리스토텔레스적 사고를 말한다.

따라서 범주화는 포함관계의 속성으로도 설명이 가능하다.

  (1) 생물–식물–과일–사과–부사

(1)과 같은 포함관계가 성립하는 것은 유개념과 종개념의 상하 개념도 범주화의 개념에서 출발하기 때문이다.

그런데 인지언어학에서는 우리가 어떤 사물을 인식하는 전형적인 방법은 분절주의가 아니라 연결주의(connectionism)로 본다. 이 연결주의의 개념에서 비롯되는 것이 원형이론(Prototype Theory)이다. 원형은 가장 중심의 전형적인 보기로서 어떤 사물의 핵심에 가깝다. 그런데 이 원형은 주변과 연결된다. 이 점이 범주화 이론과 다른 점이다. 원형이론에 대한 효과는 로쉬에 의해서 증명된 바 있다2). 이 원형효과(prototype effects)는 다음과 같은 특징을 갖고 있다.

**<반응 시간>**

피실험자의 경우 '참새는 새다.'가 '펭귄은 새다.'보다 답변을 하는 데 시간이 덜 걸린다. 곧 전형적인 사례의 경우가 그렇지 않는 경우보다 반응 시간이 짧다.

**<일반화에 대한 비대칭성>**

어떤 범주의 전형적인 사례는 전형성이 높은 것에서 낮은 사례로 일반화되지만 그 역은 성립되지 않는다.

---

2) 풀이씨의 경우도 짧은 꼴이 무표, 긴 꼴이 유표로서 짧은 꼴이 더 원형에 속한다. 이것은 형태와 의미가 관련성이 있음을 보여준다(이수련 2001:34-36). 풀이씨들의 보기를 들면 다음과 같다.
　　<남움직씨-입음움직씨>
　　찢다-찢어지다, 깨뜨리다-깨어지다, 꺾다-꺾이다, 태우다-태워지다, 데우다-데워지다, 부수다-부서지다, 닫다-닫기다, 풀다-풀리다, 열다-열리다, 접다-접히다, 깎다-깎이다
　　<제움직씨-하임움직씨>
　　썩다-썩히다, 끓다-끓이다, 줄다-줄이다, 식다-식히다, 익다-익히다, 웃다-웃기다
전자의 짧은 풀이씨인 남움직씨, 제움직씨가 후자의 긴 풀이씨인 입음움직씨, 하임움직씨보다 원형에 더 가깝다.

**<유사성에 관한 비대칭성>**

전형성이 낮은 사례가 전형성이 높은 사례에 포함되지만 그 역은
성립하지 않는다.

**<가족 유사성과의 상관성>**

전형성은 가족유사성과 관련이 있다.


이러한 원형효과가 가능한 것은 추론(inference)에 의해서 가능
하다. 추론에는 연역적 추론과 귀납적 추론이 있다[3].

귀납적 추론은 상향식(bottom-up) 모형으로서 자료 중심(data-driven)
의 방법론에 의한다. 곧 구체적인 개개의 경험적 사실에서 더 일반적인
결론을 도출하는 것을 말한다.


   (2) ㄱ. 비둘기는 공중을 난다.
       ㄴ. 참새는 공중을 난다.
       ㄷ. 새는 공중을 난다.


(2)는 구체적인 사례 '비둘기, 참새'를 통해서 '새'로 결론을 맺는
방식인데, 일반성이 높은 결론을 마지막으로 추론해서 도입한다.

연역적 추론은 하향식(top-down) 모형으로서 개념 중심(concep
tually driven)의 방법론에 해당한다. 이 방법은 일반성이 더 높은
개념을 이용해서 하위의 개념을 이해하는 추론이다. 가장 대표적

---

3) '시간이 있으십니까?'라는 발화가 '이야기를 하고 싶다.'라는 뜻으로 해석 가능
   한 것도 화용론 층위의 추론이 있기 때문에 가능하다.

인 것이 아리스토텔레스의 삼단 논법이다.


   (3) ㄱ. 동물은 죽는다.
      ㄴ. 사람은 동물이다.
      ㄷ. 사람은 죽는다.


  (3)에서 '사람'은 '동물'의 한 종류이므로, 일반적인 것에서 구체적인 것으로 추론이 일어나는 방식이다.

  원형적인 추론은 비언어적인 경우에도 적용된다. 보기 들면 '얼굴'이라고 인식하는 것은 '전체'를 파악한 다음 '부분'의 역할이 자동적으로 결정되기 때문에 가능하다.


  Johnson(1987)에서 제창된 [출발점-경로-도달점(source-path-goal schema)]에서, 공간적으로 <출발점>과 <도달점>을 결합한 중간을 <경로>라고 한다. 이러한 비유적 확장이 도식화되면 영상도식(image skima)이 성립한다. 보기를 더 들면 <상/하> <앞/뒤> <안/밖> <중심/주변> <부분/전체> <용기> <연결> 따위를 들 수 있다. <출발점/경로/종점> 도식은 체험적인 공간인지를 반영한 것으로, 전형적으로는 '이동' 현상을 나타내는데 공간적인 '이동'에서 '변화'로의 은유적 본뜨기가 일어난다. 이러한 공간 인지는 상태변화나 인과관계에도 확장된다. 먼저 공간적 이동의 '출발점'이 '재료'나 '원인'으로 확장되기도 한다.

(4) ㄱ. 빵은 <u>밀가루로</u> 만들어진다.

　　 ㄴ. 다운이는 <u>늦잠으로</u> 지각했다.


공간적 이동 가운데 출발점이 (4ㄱ)은 상태변화의 '재료'를, (4ㄴ)은 인과관계의 '원인'으로 동기화한다. 또 공간적 이동의 '도달점'이 '생산물'이나 '결과'로 확장되기도 한다.


(5) ㄱ. 얼음이 <u>물이</u> 되었다.

　　 ㄴ. 다운이는 피나는 노력으로 <u>명문 대학에</u> 합격했다.


(5)는 공간이동의 도달점이 ㄱ에서는 상태변화의 '생산물'로, ㄴ에서는 인과관계의 '결과'로 확장된 보기이다. (4, 5)의 이동도식을 도식화하면 다음과 같다.


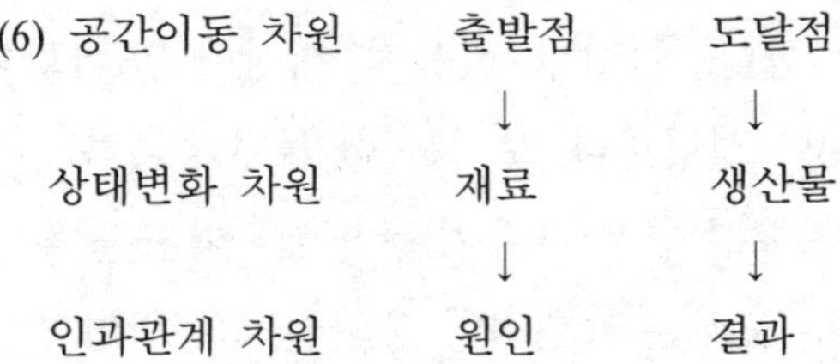


<출발점-경로-도달점 도식의 확장>


(6)은 공간이동 차원의 '출발점'은 상태변화 차원의 '재료'와 인과관계 차원의 '원인'으로 확대되고, '도달점'은 상태변화 차원의 '생산물'과 인과관계 차원의 '결과'로 확대되는 것을 보이고 있다.

이 원리는 구체적인 공간 이동 도식이 상태 도식이나 인과 도식의 원형적인 도식으로 볼 때 가능하다.

Lakoff(1987)에서 제시된 방사상 범주(radical category)도 원형적 효과를 잘 설명하고 있다. 이 범주화는 '중심과 주변 도식'인데, 1차적 원소를 중심으로 2차적 원소가 있고, 그 주위에 3차적 원소가 자리매김되는 것으로 확대된다.

인지언어학에서 도식 이론을 원용하는 것은 도식이 원초적인 경험에 기초해서 언어체계나 언어구조의 기저에 있는 것이 명확하기 때문이다. 영상도식은 지각과 운동의 패턴이 반복적으로 일어나서 그 경험을 통해서 그것이 추상화되어 형성된 전언어적인 표상을 말한다. 신체성을 기초로 하는 특징적에서 Lakoff에서는 [안-밖][용기][상-하] 따위의 영상도식이 관용구, 비유의 생성, 이해나 범주의 확장에 적용된다고 설명한다.

Johnson(1987)은 영상도식의 특징을 다음과 같이 기술한다(이기우 옮김 1992:85-86)[4].

> (7) ㄱ. 동적인 질서부여의 활동들에 갖추어지는 반복되는 패턴·형·규칙바름을 말하는 것.
> ㄴ. 경험과 이해를 조직하기 위한 구조.
> ㄷ. 전 개념적인 구조화의 과정
> ㄹ. 조직화하는 활동의 연속적 구조

---

4) 이기우(1992) 옮김에서는 'image schema'를 '이미지 도식'으로 번역했으나, 이 글에서는 '영상도식'이라고 부른다.

## 1.3. 비유적 사고

인지언어학에서 비유는 언어 표현뿐만 아니라 언어를 바꾸는 창조성을 지배하는 기본 원리가 된다고 본다. 따라서 비유적 표현은 글자적 의미(literal meaning)뿐만 아니라 의도된 의미(intended meaning)로 확대, 해석해야 하는 경우가 대부분이다. 이에는 은유, 환유, 제유 같은 비유법이 관여하고, 이를 통한 인지 과정을 확산적 사고(divergent thinking)라고 부른다.

은유(metaphor)　　　유사관계
환유(metonymy)　　　인접관계
제유(synecdoche)　　포함관계

은유는 시적 언어나 문학적 은유의 수사법상의 문제가 아니라 일상 언어에 넓게 깔려 있는 일반적인 언어 현상 가운데 하나이다. 은유는 두 범주의 유사성에 근거를 두므로 두 인지영역과 관련이 있다. 따라서 우리의 머릿속에는 두 범주의 유사성을 선택하는 장치가 관여한다고 볼 수 있다. 어떤 유사성이 선택되는가에 따라서 은유 표현의 다양성이 성립한다. 이로 볼 때 은유는 언어만의 문제가 아니라, 개념 또는 세계에 대한 우리들의 파악방식의 문제이다.

또한 이 은유에 의해서 추상 개념이 구축된다. 보기를 들면 '시간'

이라는 추상적인 개념은 구체적인 공간 개념에 의해서 성립된다.

    (1) ㄱ. 시간이 있다/없다.
        ㄴ. 시간이 빠르다/느리다.
        ㄷ. 졸업식이 다가오다/지나가다.

(1ㄱ)은 '시간'을 이동이 없는 존재 개념으로, (1ㄴ, ㄷ)은 이동 개념으로 은유화한 것이다. 후자인 이동의 개념도 (1ㄴ)은 속도 개념으로 (1ㄷ)은 대상인 '졸업식'을 이동체에 빗댄 표현이다. 이들은 모두 [시간은 공간이다.]라는 은유에 의한 표현들이다. 이들은 공간이라는 구체적인 경험을 토대로 해서 '공간에서 시간으로의 은유'라는 원리로 설명이 가능하지만 그 역은 성립되기 어렵다. 곧 단일 방향성(unidirectionality)으로만 추상화가 일어난다고 볼 수 있다.

환유는 같은 영역 안에서 개념의 인접성에 의해서 일어나는 개념화이므로 연결 도식이나 전체-부분의 도식으로 구조화할 수 있다. Langacker(1993)는 '환유'를 '참조점 능력'으로 설명한다. 이것은 '참조점(reference point)'을 이용하는 능력으로서, 참조점이란 '어떤 X를 가리키는 인접하는 Y를 지시해서 X에 접근한다면 이 때 Y를 참조점이라 부르고, X를 목표(target)'고 부른다. 참조점을 소유 표현에 적용하면, '개의 꼬리'에서 참조점인 개에 접근해서 이것에서 꼬리라는 목표에 접근하는 관계로 인식하는 것을 말한다. 일상 생활에서 우리는 많은 것들을 경험하고, 그 경험을 바탕으로 인지적으로 두드러지고 현저한 개체를 매체로 선택하여 명시적으로 표현하려 한다. 참조점 현상은 우리의 일상적 사고나 행동 따위에 퍼져 있는 편재적 현상이라고 볼 수 있다. 곧 심리적으로 목표를 찾아가는 사람은 개념 화자(concepter)이고, 심리의 출발점이 참조점이다. 이 참조점은 특정 개체의 위치를 포착할 뿐만 아니라 그 개체의 이웃에 있는 덜 현저한 다른 개체들의 위치를 파악하는데도 제 역할을 할 수 있다. 이렇게 어떤 참조점을 참조하여 위치 파악이 가능한 개체들의 집합 또는 실제 범위를 '영향권(domain)'이라 한다. 그런데 언어 영역에서는 지각적 영역과는 달리 참조점이 명시적으로 드러나지 않는 경우도 있다. 또는 참조점이 너무나 미묘하게 전제되어 있기 때문에 참조점의 존재를 알아차리기 어려운 표현들도 있다.

이 참조점 모형은 환유에도 동기를 부여해 준다. 환유는 추론에서처럼 세 가지 전제 조건이 필요하다고 본다(Warren 1999:123).

( i ) 지시 대상이 있을 것.
(ii) 하나는 명시되고 또 하나는 유추에 의해서 식별될 수 있을 것.
(iii) 둘 사이에 어떤 연관(connection)이 있을 것.

이 전제 조건에서 명시되는 쪽이 참조점이고 유추에 의해서 식별되는 것이 목표다. 이 둘 사이에 심리적 접촉이 일어날 수 있게 하는 관계는 세분화할 수도 있지만 뭉뚱그려서 근접관계 또는 연결관계라고 할 수 있다. 환유를 개념 세계에서의 참조점 현상으로 설명한다는 것은 참조점의 선택이 인지적으로 이루어진다는 의미이다. 이러한 관점에서 Radden

& Köevecses(1999:44-50)는 참조점 선택을 지배하는 원리들로서 인지적 원리(Congnitive Principles), 지각적 선택성(Perceptual selectivity), 문화적 선호성(Cultural Preferences)이 있다고 주장한다. 참조점과 목표의 관계는 비유론의 인접관계이므로, 환유는 참조점에서 전이가 일어난 것이라 설명할 수 있다.

환유의 확장은 은유와 마찬가지로 문법화에도 관여한다.


(2) ㄱ. 계산하다 –계산하기 / 계산함 – 계산기
    ㄴ. 오염하다 – 오염하기 / 오염함 – 오염 물질
    ㄷ. 사진 찍다 – 사진 찍기 / 사진 찍음 – 사진기
    ㄹ. 배우다 – 배우기 / 배움 – 배우는 사람(학생)
    ㅁ. 환영하다 – 환영하기 / 환영함 – 환영하는 사람(환영객)


위의 보기에서 <움직씨–움직씨의 이름꼴–이름씨>는 문법적인 범주로서 다른 영역에 속하지만, 이들도 인접성에 따른 환유로 설명 가능하다. 풀이씨 '계산하다'와 이름씨 '계산기'는 본래는 같은 개념에서 출발은 했다고 볼 수 있으나 [동작성]과 [사물성]으로 나뉘면서 품사가 분화되었다. 이 때 관여하는 것이 환유이고, 환유에 의해서 문법화가 일어난다고 볼 수 있다.

환유에 의한 품사의 전이는 다음 색채말에도 적용 가능하다.


(3) 빨강–빨갛다, 노랑–노랗다, 파랑–파랗다,
    하양–하얗다, 까망–까맣다

순 우리말 색채말은 이름씨에 대응하는 그림씨가 존재하는데, 이름씨와 이 이름씨의 '뿌리'에 '-앟다'라는 뒷가지가 와서 그림씨로 파생된 낱말과의 대응으로 나타난다. 이 현상은 '빨강'과 '빨갛다'라는 두 품사의 인접성에 따라서 품사의 전이가 일어난 것이다.

따라서 품사에도 비교적 안정된 중심 부분이 있는가 하면, 그렇지 않고 불안정성이 높은 주변 부분도 있다. 보기 들면 '풀이씨의 활용꼴'은 풀이씨와 이름씨 두 범주의 중간 단계에 속하므로 두 범주의 특성을 동시에 공유한다. 그렇지만 품사로 볼 때는 '풀이씨'로서 순수한 풀이씨에 비해서는 이름씨에 가깝기 때문에 안정성이 떨어지는 영역으로 볼 수 있다.

이를 그림으로 나타내면 다음과 같다.

| 풀이씨 | 풀이씨의 활용꼴 | 이름씨 |
|---|---|---|

<그림1>

<그림1>에서 풀이씨의 활용꼴은 품사로는 풀이씨지만, 그 성격은 이름씨에 가까운 것으로서 중간 정도의 특성을 갖는다.

그런데 풀이씨의 이름꼴 가운데서도 '-기' 이름꼴과 '-음' 이름꼴의 양상은 다르게 나타난다.

(4) ㄱ. 그리기/추기/자기
     ㄴ. 그림/춤/잠


이름꼴 '-기'는 '-음'보다 과정성이 더 두드러지므로 '-기'는 움직씨에 더 가깝고, '-음'은 이름씨에 더 가까운 것으로 해석할 수 있다. 그래서 '-기' 이름씨꼴은 풀이씨의 활용꼴로서 독립된 낱말로 인정받지 못하는 경우가 많으나 '-음'은 '-기'에 비해서 상대적으로 독립된 낱말로 인정받는 경우가 많다. 그래서 (4ㄱ)의 '-기' 이름꼴은 사전에 올리지 못하지만, (4ㄴ)의 '그림/춤/잠'은 사전에 올린다. 그런데 모든 '-음' 이름꼴이 사전에 올리는 것은 아니다.


(5) ㄱ. 그림/춤/잠
     ㄴ. 운동함, 노래함, 감, 먹음, 뜀, 참


(5ㄱ)의 '-음'은 뒷가지로서 풀이씨를 전성이름씨로 바꾸어서 사전에 올리지만, (5ㄴ)의 '-음'은 이름꼴 씨끝이므로 활용꼴들은 여전히 사전에 오르지 못하는 풀이씨의 범주에 속한다.

우리말의 활용꼴을 영어와 비교해 보면, '-기' 이름씨꼴은 영어의 '원형 유지꼴 이름씨'와 비슷한 특성을, '-음' 이름꼴은 영어의 '동명사 꼴 이름씨'와 비슷한 특성이 있다고 볼 수 있다. 이것은 영어의 경우 동명사 꼴은 복합 이름씨를 쉽게 만들지만 원형 유지꼴은 그렇게 할 수 없다는 사실로써 알 수 있다. 보기 들면

'sleeping bag, sleeping daught, sleeping car, sleeping partner, sleeping pill, sleeping policeman, sleeping sickness' 따위는 동명사 꼴이고, 반면에 'sleep-out, sleep walker, sleep walking' 따위는 원형 유지 꼴인데 전자가 후자보다 숫자적으로 우세하다고 한다(김진우 1999: 215-224).

이 밖에 우리말에서는 파생뒷가지 '-이'가 풀이씨의 줄기 뒤에 와서 이름씨로 바뀌는 보기가 있다.


    (6) ㄱ. 살기/삶⋯⋯⋯살이
        ㄴ. 먹기/먹음⋯⋯먹이


'살이, 먹이'는 움직씨에서 파생된 이름씨로서 사전에도 등재되는 독립된 낱말로서 이름씨로 굳어진 보기에 해당한다. 이 때 (6)의 보기처럼 '-기'나 '-음' 이름꼴도 모두 성립한다. 그런데 '-이'는 '-기'나 '-음'보다는 제한적이다.


    (7) ㄱ. 그리기/추기/자기
        ㄴ. 그림/춤/잠
        ㄷ. *그리이/*추이/*자이


(4-7)의 논의로 볼 때 풀이씨에서 이름씨로 품사 전이가 일어나는 풀이씨의 활용꼴은 '-음'과 '-이'이고, '-기'는 품사 전이까지는 일어나지 않는 것으로 나타난다. 따라서 전자가 후자보다 이름

씨에 더 가깝다고 볼 수 있다.

제유는 '상하의 도식'에 의해서 상위개념과 하위개념의 상호작용을 반영하므로 다층적인 계층구조를 전제로 한다.

(8) 차 한 잔 하자.

'차'는 '커피, 녹차, 홍차' 따위의 여러 종류가 있다. (8)의 표현에서는 상위 개념이 하위 개념을 대신하는 표현으로서, 이 두 상하위어의 관련성에 따라서 제유는 성립한다.

## 1.4. 비유와 문법화

앞에서 살펴본 은유, 환유는 비유적 확장(metaphorical extension)을 통해서 문법화가 일어난다. 이에는 은유적 확장, 환유적 확장을 들 수 있다.

이들에 관여하는 기제는 '유추(analogy)'로서 인지언어학 관점에서 보면 은유에 기초해서 비유적 확장에 관여한다.

역사언어학이나 언어습득론에서는 유추라는 말이 각각 유추 변화나 유추 학습의 의미로 쓰인다. 인지언어학에서는 다른 지식영역 사이의 유사성과 그러한 유사성을 발견하여 추론하는 것을 가리키며, 이것을 유추 또는 유추 추론(analogical reasoning)이라고 한다.

유추를 뒷받침하는 유사성으로는 표면적 유사성(surface similarity), 구조적 유사성(structural similarity), 관계적 유사성(relational similarity) 등을 들 수 있다. A의 지식을 바탕영역(base domain)이라 하고, B의 지식을 목표영역(target domain)이라 하면, A의 지식이 B로 전용되는 것을 본뜨기(mapping)이라고 한다. 이 때 A의 지식이 B의 지식에 조직적으로 본뜨기되고 있으면 이것을 구조적 본뜨기라 하는데, 바탕영역에 있는 요소 간의 관계가 목표영역에 있는 요소 사이에 전용되어 보존되면 관계적 본뜨기라고 할 수 있다. 인지의미론에서 말하는 은유적 본뜨기도 유사성을 어떻게 파악하는가 하는 점에서 상호관계에 기초한 본뜨기라는 점에서 같은 기제로 설명 가능하다(임지룡 밖 3인 옮김 2004 :154).

은유가 문법화의 기제로 사용된 가장 적절한 보기가 시·공간 표지(spatio-temporal marker)의 발달과 존재론적 범주(ontological category)의 변화를 들 수 있다(Heine et al 1991).

(1) 사람> 물체> 행위> 공간> 시간> 질

(1)의 문법화 과정을 우리말 신체말 '손'에 적용하면 다음과 같다.

(2) ㄱ. 나의 손에 땀이 나다.　　　　신체
　　 ㄴ. 손이 크다　　　　　　　　　공간
　　 ㄷ. 손이 빠르다.　　　　　　　시간
　　 ㄹ. 손이 맑다.　　　　　　　　질

신체말 '손'도 '신체>공간>시간>질'의 순서로 문법화하는 것으로 나타난다.

Bernd Heine(1997)는 소유의 근원으로 사용되는 사건 도식의 공식적 표현은 7가지로서 '행위(Action) 도식, 장소(Location) 도식, 동반(Companion) 도식, 속격(Genitive) 도식, 목표(Goal) 도식, 근원(Source) 도식, 주제(Topic) 도식, 등위(Equation) 도식'을 들고 있다. 이들은 목표 도식에서는 'X가 Y를 가지고 있다.'라는 뜻이 된다고 본다. 이들 도식의 보기를 들면 다음과 같다(이성하·구현정 옮김 2004:198).

(3)  근원적 도식                    도식 명칭

  X가 Y를 취하다.              X takes Y        행위 도식
  Y는 X에 위치하고 있다.       Y is located at X  장소 도식
  X는 Y와 함께 있다.           X is with Y       동반 도식
  X는 Y가 존재한다.            X'Y exists        속격 도식
  Y가 X를 위해/에게 존재한다.  Y exists for/to X  목표 도식
  Y가 X로부터 존재한다.        Y exists from X    근원 도식
  X에 대해 말하면, Y가 존재한다. AS for X, Y exists 주제 도식
  Y는 X의 것(Y)이다.          Y is X'S(Y)       등위 도식

위의 도식들은 X가 Y를 취하는 행위에서 그러한 행위와 인접한 개념인 소유를 표시한 것이다. 곧 '취하는 행위'가 '소유하는 상태'와 인접성을 가짐으로써 문법화한다.

'장소, 동반, 존재'의 도식들도 그것이 어떤 사물의 존재 양식

또는 존재 상황을 묘사함으로써 그 존재 상황과 인접된 관련을 맺고 있는 사람과 소유적 관련성을 보여준다는 점에서 환유의 보기로 볼 수 있다(이성하 1998:236-237)[5].

영어의 경우 초기 근대영어 때까지만 해도 다소 혼란스럽고 비체계적이었던 소유격의 형태가 후기 근대영어 때에 들어서면서 오늘날의 것처럼 더 분명하고 논리적인 것으로 바뀌게 되었다고 한다. 고대 영어 때는 굴절언어답게 이름씨 끝에 -es, -is, -ys를 붙여서 그것의 격이 소유격임을 나타냈었다. 그러다가 중세영어 때 특이한 소유격의 형태가 등장하게 되는데 이른바 'His 소유격'이라는 것이 바로 그것이다. 이것은 'Augustus his daughter'에서처럼 소유격 대명사를 소유격의 표지로 사용하는 형태인데, 이것의 영향으로 소유격의 일반적인 형태가 -es에서 -'s로 결국 바뀌게 되었다(김진우 1999:179-180)고 한다.

Sweetser(1990)의 설명에 따르면 모든 언어적 요소의 의미도 근원적인 의미로부터 인식적인 의미가 발전되어 나오는 식으로 바뀌어 왔다는 것이다. should도 '의무, 추량, 가정'의 뜻으로 문법화한 것으로 볼 수 있다.

---

5) 또 다른 환유에 의한 문법화의 보기로는 영어의 'be going to'는 미래지향성과 의도성이 결합됨으로써 본격적인 문법적 미래표지로 발달하였고, 'while'은 '구체적인 시간적 상황> 두 사건의 동시성에 대한 상관성 > 두 명제 사이의 대조성에 대한 평가'의 변화 경로를 거쳤다. 이와 같은 변화도 우리 인식 세계 속의 인접성에 의해서 생겨난 것이다.

(4) ㄱ. You should obey traffic regulations while driving.
　　ㄴ. Shortly I should get used to the work.
　　ㄷ. Anyone who should wish to come will be welcome.

(4ㄱ)에서 should는 처음에는 의무의 의미를 나타내다가, (4ㄴ)에는 강한 추량의 의미를, (4ㄷ)에는 강한 가정의 의미를 나타내게 되었다고 볼 수 있다. 이와 같은 심리적 인접성은 추론에 의해 활성화되어 실제 발화와 해석 상황에도 적용된다. 곧 환유와 대화 추론은 밀접한 관계를 맺고 있으며, 이러한 현상은 문법화의 모형 중 '환유-은유 모형'에서 잘 포착되고 있다.

지금까지 이 책의 내용과 관련해서 인지언어학의 기초 개념을 '개념화', '원형과 도식', '비유적 사고', '비유와 문법화'에 대해서 그 특징을 대략적으로 살펴보았다.

# 2장 소유 표현에서 본 개념화

우리말에서 소유 표현은 어떤 표현에 '소유'의 뜻이 있다고 언급하는 정도였는데, 이것은 주로 매김토씨의 뜻을 정의할 때 나온 것이고, 풀이씨나 월의 뜻을 밝히는 차원에서는 연구가 많지 않다. 지금까지 연구된 소유 표현과 관련된 연구를 크게 세 갈래로 나누어 보면 다음과 같다.

첫째, 매김토씨 '-의'를 연구하는 과정에서, '-의'에는 소유의 뜻이 있다고 들고 있다(임홍빈(1981, 1982), 김봉모(1983), 김광해(1984) 참조).

둘째, 도움풀이씨 가운데 '-어 가지다', '-어 주다' 따위가 '보유, 소유'의 뜻이 있다고 보고 있다(허웅(1983), 이기동(1978), 손세모돌(1991), 이관규(1996) 참조).

셋째, 으뜸풀이씨로서 '있다' 연구에서 '소유'의 뜻이 있다고 보는 견해와, 소유이동 풀이씨로서 '주다', '받다' 연구가 있다. 박양규(1975), 성광수(1976), 김차균(1982)은 '있다'가 '소유'와 '소재'의 뜻이 있다고 본다. 장소이론적 관점에서 R. Jackendoff(1976, 1983), J. Lyons(1967, 1977:718-724), Inoue(1975:41-60), Ikegami(1981)는 소유도 구체적 공간 개념으로 해석할 수 있다고 본다.

이 글에서는 셋째 번 관점에서 으뜸풀이씨가 오는 소유 표현을 대상으로 해서, 우리가 소유를 어떻게 개념화하는가를 파악하고자 한다. 개념화(conceptualization)[6]란 머릿속에서 일어나는 작용으로서, 사람들이 어떤 사태를 받아들여서, 그것을 머릿속에 저장하여 기억해서 활용하는 동적인 인지과정 전부를 말한다. 그러나 이런 현상들은 모두 사람들의 머릿속에서 일어나는 현상이므로 쉽게 파악할 수 없는 어려움이 있다. 이런 어려움을 극복하기 위하여 인지론자들은 우리가 쓰고 있는 말을 통하여 머릿속의 개념화 현상을 파악한다. 이 글에서도 일상생활에서 쓰는 은유를 통하여 소유 표현을 분석하고자 한다. 현대 언어학 연구에서 은유가 많이 연구되는 이유도 이런 데서 찾아볼 수 있을 것이다.

이 글에서는 소유 표현의 양상을 크게 소유주 중심과 소유물 중심으로 나누어서 개념화에 관한 틀의 일부를 밝히는 것을 목적으로 한다.

---

6) 인지언어학에서는 의미를 개념화와 동일시한다. 이 글에서도 개념화란 인지과정으로 보고 소유 표현을 통하여 인지과정을 밝혀보고자 한다.

## 2.1. 소유 개념

소유의 본유적 개념은 사회적 개념이다. 그러나 출발은 사적인 속성의 범주에서 출발했다고 볼 수 있어서, 심리학과도 관련시킬 수 있다. 이처럼 소유 개념은 사회적, 심리적인 다양한 속성을 띠고 있어서 구체화해서 기술하기 어려우므로, 소유 표현에 대한 연구는 많은 문제들에 부딪힌 것으로 보인다.

다음의 기술도 소유 개념에 대한 일반적인 통념을 보이고 있다 (B. Heine 1997a:1).

> 소유는 때때로 모호한 개념으로 기술되어 오거나, 개념적·언어적으로 기초적이 아니거나 보편적 중요성이 아닌 것으로 기술되어 왔다.

소유 개념은 사람의 인지가 발달됨에 따라 자기 것에 대한 애착이 생기게 되면서 자연스럽게 생겨난 중요한 개념 가운데 하나라고 볼 수 있다. 그래서 어느 나라말이든지 소유에 대한 일반적 표현이 있을 것이고, 이에 따라 소유 표현은 범문화적, 범언어적으로 중요성을 갖는 언어 영역 가운데 하나가 되었다. 이처럼 소유 개념이 일반화된 개념임에도 불구하고 소유에 관한 언어학적 연구는 아직 활발하지 않은 것으로 보인다. 우리나라의 경우도 매김토씨 '―의'나 도움풀이씨로서 '있다, 가지다' 따위의 연구 과정에서 소유의 뜻이 있음을 언급하는 정도였다.

소유 표현이 성립되려면 소유주와 소유물이 나타나는 것이 가장 원형적 표현이 될 것이다. 이 두 요소의 관계에 따라서 소유적 개념(possessive notions)이 생겨나는데, B. Heine는 다음과 같이 크게 6가지 꼴을 제시하고 있다[7].

① 물질적 소유(Physical possession)
  너는 펜을 가지고 있느냐?
② 일시적 소유(Temporary possession)
  나는 사무실 출퇴근용 차를 가지고 있다.
③ 영구적 소유(Permanent possession, Inherent possession )
  나는 푸른 눈을 가지고 있다.
④ 추상적 소유(Abstract possession)
  그는 자비심이 없다.
⑤ 무정적 비양도성 소유(Inanimate inalienable possession )
  우리 집에는 세 개의 창이 있다.
⑥ 무정적 양도성 소유(Inanimate alienable possession )
  나의 연구실에는 필요 없는 책들이 많다.

소유 개념은 구체적인 것에서 발달된 추상적인 개념이라고 볼 수 있다. 그러므로 추상적인 소유 개념도 구체적인 개념과의 관련성에서 살펴볼 수 있는데, 하나는 공간 개념이고 다른 하나는 존재 개념이다. 이들의 관련성에 대해서 살피기로 한다.

---

7) Miller & Johnson-Laird(1976)는 소유를 본유적(inherent), 우연적(accidental), 물질적 소유(physical possession)의 세 가지로 나누고 있다.

소유 개념은 공간 개념과 밀접한 관련성을 갖는다. 하나는 '상태 소유'이고, 다른 하나는 '이동 소유'로서 '상태 소유'는 '정지공간'과 '이동 소유'는 '이동공간'과 밀접한 관련성을 찾을 수 있다. 이 두 개념의 관련성을 우리말에서 찾아보면 다음과 같다.

풀이씨 <있다>는 공간 개념과 소유 개념에 다 쓰이고 있다.

    (1) ㄱ. 집에 인형이 있다.
         ㄴ. 소녀에게 인형이 있다.

(1ㄱ)은 공간 표현, (1ㄴ)은 소유 표현이다. (1ㄴ)의 '있다'가 소유 표현의 뜻을 갖는 경우, 소유주는 존재 표현을 안고 있는 것으로 해석된다.

    (2) ㄱ. 소녀에게 꽃이 있다.
         ㄴ. 소녀에게 [꽃이 있다.].

대괄호 속의 '있다' 표현은 어떤 사태가 있는가 없는가의 존재 표현으로서, 소유주는 이 존재 사태를 소유하는 것으로 나타난다. 따라서 (2)는 다음과 같은 해석이 가능하다.

    (3) [소유주 – [존재]]

그런데 이 표현에서 소유주가 없어도 [존재] 표현만으로도 가능하다.

    (4) ㄱ. [꽃이 있다.]

        ㄴ. [꽃이 없다.]

'없다'는 '있다'의 부정이므로 역시 존재풀이씨로 볼 수 있다. 이처럼 존재[8]는 소유와 밀접한 인접성을 갖는다.

그리고 이동풀이씨가 소유풀이씨로 전용되어 쓰이고 있는 것도, 공간 개념과 소유 개념이 관련성이 있다는 것을 보이는 것이다. 먼저 <가다> <오다>와 합성된 낱말들은 대부분 공간과 소유의 뜻이 동시에 있는 것으로 나타난다[9]. 곧 공간 표현에서 이동체는 소유 표현의 소유물과 같은 선상에서 해석할 수 있다[10]. 다음 표현은 풀이씨가 장소와 소유의 뜻을 동시에 갖는 보기들이다.

---

8) 존재 개념도 여러 하위 범주가 가능하다. 존재론적 존재(Ontological Existance), 유형론적 존재(Typological Existance), 사건적 존재(Existance as a Event), 처소적 존재(Locational Existance) 따위를 들 수 있다.

9) 공간 개념과 소유 개념이 갖는 관련성은 공간 개념과 시간 개념이 갖는 관련성보다 더 밀접한 것으로 볼 수 있다. 왜냐하면 공간 개념이 가장 구체적 개념이라면, 가장 추상적인 개념이 시간 개념이고, 그 가운데 소유 개념이 있다고 볼 수 있기 때문이다. 그것은 소유 개념이 구체적, 추상적 개념의 양면성을 다 갖고 있기 때문이다.

    ㄱ. 그가 책을 갖고 있다.

    ㄴ. 그가 명예욕을 갖고 있다.

  ㄱ의 '책'은 구체적, ㄴ의 '명예욕'은 추상적으로서 모두 소유 표현의 소유물에 올 수 있다.

10) 소유 구성은 역사적으로 공간 구성에서 파생되었다는 증거를 찾을 수 있다.

<들어가다/들어오다>

   (5) ㄱ. 그가 집에 들어가다/들어오다.

       ㄴ. 재물이 그에게 들어가다/들어오다.

<빠져나가다/빠져나오다>

   (6) ㄱ. 그가 집을 빠져나가다/빠져나오다.

       ㄴ. 재물이 그에게서 빠져나가다/빠져나오다.

<돌아가다>

   (7) ㄱ. 그가 집으로 돌아갔다.

       ㄴ. 행운이 그에게 돌아갔다.

(5, 6, 7)의 ㄱ은 공간 개념, ㄴ은 소유 개념과 관련된 표현들이다. 이 밖에 '굴러가다/굴러오다', '새어나가다/새어나오다', '찾아가다/찾아오다', '나가다/나오다' 따위도 공간 개념과 소유 개념을 동시에 갖는 풀이씨들의 보기이다.

또한 토씨 '-에'는 장소를 나타내는 경우, 구체적인 장소나 도달점을 나타낸다. 그런데 사람의 경우에는 '-에'의 변이형태로서 '-에게/께'가 오면 소유주 또는 도달점이 된다.

   (8) ㄱ. 소녀에게 꽃이 있다.

       ㄴ. 그 꽃을 어머니께 드려라.

(8ㄱ)의 '-에게'는 소유주, (8ㄴ)의 '-께'는 도달점이면서 소유주를 나타내므로 또한 공간 개념과 소유 개념이 공유하는 보기들이다.

우리말에서 보면 존재는 사물로 표현되는 경우, 동반역으로도 나타난다. 이 표현은 영어에서는 with[11]로 실현된다. 이는 일종의 준-소유(Pseudo-possession) 표현에 해당한다.

(9) ㄱ. 그는 연필로써 글을 쓴다.
    ㄴ. [그에게-[연필이 있다.]] 글을 쓴다.

이 때 '-로써'는 도구를 나타내지만 [연필이 있다.]라는 존재가 포함되어 있다고 해석할 수 있다.

다음 토씨 '-로'도 존재의 뜻을 가지는 것으로 해석할 수 있다.

(10) ㄱ. 학교가 학생들로 붐비다.
     ㄴ. 학교가-[학생들이 있다.]로 붐비다.

(10ㄴ)에서 '학생들로'는 [학생들이 있다.]로 해석된다.

Kwon(1995:166)는 Swahili에서 동반역(comitative)은 'na'로 실현되는데, 이 동반역도 소유물로 해석된다고 본다(Thomas Stolz 2001: 328-329).

---

11) 영어의 경우 Thomas Stolz(2001:321)는 with가 오는 구를 다음과 같이 해석한다.
      HEAD                         ATTRIBUTE
    [A FLOWER]possessor [WITH]relator  [THREE PETALS]possessum
    위에서 with는 '세 개의 꽃잎을 갖는 꽃'에서 속성 소유물 '꽃잎'과 중심어인 소유주 '꽃'을 연결시키는 관계자(relator)로 본다.

| X | with | Y | |
|---|---|---|---|
| 동반자<br>(ACCOMANEE) | 관계자<br>(RELATOR) | 피동반자<br>(COMPANION) | = 기초 읽기<br>(basic reading) |
| 소유자<br>(POSSERSSOR) | 관계자<br>( RELATOR) | 피소유자<br>( POSSERSSUM) | = 잠재적 해석<br>(potential interpretation) |

그리고 Swahili어에서 위의 구조에 동반역 'na' 대신에 'kwa'가 오면 도구역(Instrumental)이 되고, 역시 영어에서는 풀이 소유(Predicative possession)로 해석된다고 본다.

이런 점으로 볼 때 언어에 따라서는 소유 표현은 존재뿐만 아니라 도구역, 동반역과도 관련이 있음을 알 수 있다.

지금까지 하나의 표현 꼴이 두 가지 이상으로 해석되는 소유 개념이 공간 개념, 존재 개념 그리고 도구역, 동반역과 관련이 있음을 살펴보았다.

## 2.2. 소유 표현의 개념화

Taylor(1989:202-203)는 경험론적 형태론자(Experiential gestalt)의 관점에서 소유 표현을 분석하여 그것의 원형적 개념을 다음과 같이 정의하고 있다.

① 소유주는 보통의 사람이다.
② 피소유주는 추상적이 아니라 특별한 구체적 사물(일반적으로

무정물)이다.

③ 둘 사이의 관계는 절대적인 것이다. 곧 각 피소유주에는 오직 하나의 소유주가 있다.

④ 소유주는 피소유주의 용법을 만드는 권리를 가진다. 다른 사람은 소유주의 허락과 함께 피소유주의 용법을 만들 수 있다.

⑤ 소유의 관련성은 분이나 시간보다는 달이나 연 단위에서 측정한 장기간(long-term) 단위이다.

⑥ 언어적 담화에서, 소유주는 지시적 실체(referential entity)로써 나타난다.

이 장에서는 이런 특성을 갖는 소유 표현 가운데 일상 은유 표현을 대상으로 해서 사람들이 소유를 어떻게 개념화하는가를 살피기로 한다12).

그런데 소유 표현은 크게 네 관점에서 접근 가능하다.

(1) ㄱ. 그는 재산을 갈고리로 긁어모았다.

　　ㄴ. 아들이 재산을 상속받다.

　　ㄷ. 재산이 들어오다.

　　ㄹ. 돈이 마르다.

(1)의 표현들은 언어학에서 말하는 일상적인 은유의 보기들이다. 그런데 이들 표현의 방식은 각각 다른 것으로 나타나는데, ㄱ은

---

12) 은유에 대한 자세한 논의는 박영순(2000)이 있고, 이수련(1996)에서는 '생각'이라는 추상어를 분석한 바가 있다.

소유주가 행위주가 되어 재물을 긁어모으는 것으로 표현하고 있는 것에 대해서, ㄴ은 소유주가 행위주가 아니라 소유 행위를 경험하는 경험주(Experiencer)로서 소유를 유지하는 역할을 한다. ㄷ은 소유물만 나타나는데, 이 소유물이 행위주처럼 동작을 하는 것으로 의인화된다. ㄹ은 소유물인 대상의 상태를 나타내는 표현이다. 이 가운데 (1ㄱ, ㄴ)은 소유주와 소유물이 모두 두드러진 요소이지만 이 가운데 소유주가 더 윤곽화되고, 소유물은 덜 윤곽화된다. 그런데 (1ㄷ, ㄹ)은 소유물만 윤곽화된 표현이다. 이런 윤곽 변화에 따른 차이에 따라서 (1ㄱ, ㄴ)은 소유주(Possessor) 중심 표현, (1ㄴ)은 소유물(Possessum) 중심 표현이라고 부르기로 한다. 이에 따라서 소유 표현을 '소유주 중심 표현', '소유물 중심 표현' 둘로 나누어서 이를 통한 개념화의 양상을 살피기로 한다.

## 2.2.1. 소유주의 윤곽화

소유주 중심 표현은 소유주가 소유 행위의 중심이 되는 표현을 말한다. 이 표현에는 소유주와 소유물이 모두 윤곽화되고 있다.

    (2) ㄱ. 그는 돈을 끌어 모았다.
        ㄴ. 그는 돈벼락을 맞았다.

(2)의 표현들은 모두 '그'가 재산을 어떻게 소유하는가를 나타내

는 표현이지만, ㄱ과 ㄴ에 나타나는 소유주의 특성은 조금 다르다. (2ㄱ)의 '그'는 일반적인 타동 표현의 주체로서 그려져 있지만, (2ㄴ)의 '그'는 입음 표현의 주체로서 행위를 받는 경험주로 그려져 있다. 이에 따라 ㄱ의 '그'는 소유 행위를 하는 행위주(Agentive)로, ㄴ은 소유 행위를 경험하는 주체인 경험주(Experiencer)라는 점이다.

### 2.2.1.1. 행위주로서 소유주

이 표현의 특징은 소유주와 소유물이 윤곽으로 드러나는 표현이지만, 소유물이 타동화되어 대상화한다고 볼 수 있다. 따라서 이 소유 표현에서는 소유주가 가장 두드러진 요소이고, 소유물은 덜 두드러진 요소로서, 소유주가 재산을 유지하거나 버는 행위처럼 적극적인 소유 행위를 할 때, 이 표현을 쓰는 것으로 볼 수 있다.

<blockquote>

(3) ㄱ. 동생이 재산을 모았다.<br>
　　ㄴ. 동생이 돈을 벌었다.

</blockquote>

위에서 소유주 '동생'은 행위주로서 적극적으로 재산을 갈무리하거나 벌어들이는 주체이다. 또한 이 표현들은 소유주가 소유물을 구체적인 물체로 보고, 그것을 소유하는 양상으로 나타나는데 그 표현이 다양하다.

먼저 소유주가 재물을 쌓거나 소유물을 긁어모을 수 있는 물체로 대상화하는 표현을 들 수 있다.

    (4) ㄱ. 그는 돈을 갈고리로 긁어모으다.
       ㄴ. 그는 재물을 산더미처럼 쌓아 놓고 산다.

  (4)의 표현들은 재산을 '낙엽이나 쓰레기'처럼 긁어모으거나 쌓을 수 있는 것으로 본다.

  이에 대해서 재물을 입체적 어떤 물체로 보고, '풍선'처럼 그 자체가 입체적으로 불어나거나 늘어나는 것으로 표현하기도 한다.

    (5) ㄱ. 그는 돈을 엄청나게 불렸다.
       ㄴ. 회장은 재산을 1년 사이에 2배로 늘렸다.

  '불리다', '늘리다'는 어떤 물체가 부피나 길이가 커질 때 쓰는 표현이다.

  또 어떤 사람이 돈을 많이 버는 것을 나타내기 위해서 재물을 떡 같은 물체로 보고, 만질 수 있거나 주무를 수 있는 대상으로 보기도 한다.

    (6) ㄱ. 그는 돈을 만지고 있다.
       ㄴ. 그는 큰돈을 주무르고 있다.

  지금까지 재물에 관한 긍정적인 표현들을 살펴보았지만, 부정적인 표현들도 많다. 곧 소유주는 소유물을 다 써 버리는 주체로서, 소유물은 소모품으로써 소유주의 행위에 의해서 없어져 버리는 물체로 개념화하고 있다.

> (7) ㄱ. 학생이 용돈을 다 써 버렸다.
>
> ㄴ. 그 거지는 부모의 재산을 모두 탕진했다.

(7)은 '돈'도 소모품처럼 쓰면 없어지는 것으로 본 것이다. 또 재물을 '종이'처럼 바람에 날아 갈 수 있는 것으로 보기도 한다.

> (8) 회사원이 주식으로 재산을 다 날렸다.

다음도 재물이 없어지는 것을 관용적 표현으로 나타낸다.

> (9) 김우중 회장이 쪽박을 찼다.

'쪽박'은 '조그마한 바가지'를 말하는 것으로서, '쪽박을 차다' 는 '조그마한 바가지를 차다.'[13)]가 되므로 '빈털터리가 된다.'라는 뜻이 된다. 이 경우는 재물을 '바가지'에 비유한 것이다.

지금까지 소유 표현은 '재산'이 대상화된 표현들로서 소유주 중심 표현의 원형들이라고 볼 수 있다.

다음은 재물을 수단으로 표현하기도 하는데, 이 표현은 소유주 중심 표현의 덜 원형적인 보기라고 할 수 있다.

---

13) 한글학회(1992), 우리말 큰 사전

(10) ㄱ. 그는 돈으로 떡칠했다.
　　 ㄴ. 그는 돈으로 칠갑했다.[14)]


　‘떡칠하다’의 대상은 자기 자신일 수도 있지만, 다른 사람이 될
수도 있다. 이 때 재귀대이름씨로는 ‘자기 자신’, ‘자신’ 따위가 올
수 있다.


(11) ㄱ. 나는 돈으로 나 자신을 떡칠했다.
　　 ㄴ. 그는 돈으로 자기 자신을 칠갑했다.


(11ㄱ)은 1인칭, (11ㄴ)은 3인칭 재귀대이름씨가 쓰인 보기이다.
또 돈을 많이 번 행위의 결과를 관용적으로 표현하기도 한다.


(12) 서세원은 영화 조폭 마누라로 돈방석에 앉았다.


(12)는 재물을 ‘돈방석’에 빗대어서 돈을 많이 번 것을 ‘돈방석
에 앉다.’로 표현한 것이다.
또 소유물이 적대자나 절대적인 존재로 그려지기도 한다.


(13) ㄱ. 그는 돈에 굴복했다.
　　 ㄴ. 그는 돈에 항복하다.

---

14) ‘칠갑’은 ‘철갑’과 비슷한 말로서 ‘어떤 물건에 다른 물건을 온통 많이 칠하여
　 이룬 겉더께’를 말한다.

(13)은 소유주가 소유물인 '돈'에 굴복 또는 항복하는 것으로, 이 때 소유물은 강한 힘을 갖는 존재자로 나타난다. 이 표현은 일종의 활유법에 속한다.

지금까지 소유주 중심의 은유를 소유주가 소유물을 대상으로 본 원형 표현과 수단, 방법으로 본 덜 원형적 표현들로 나누어서 살펴보았다.

## 2.2.1.2. 경험주로서 소유주

경험주 중심 표현은 앞의 행위주 중심 표현과 마찬가지로 주로 두 자리 풀이말로 실현되는 공통점이 있지만, 행위주 중심 표현의 풀이씨는 행위움직씨이고 경험주 중심 표현은 주로 상태풀이씨로 실현된다는 점에서 차이가 난다. 따라서 경험주로 실현되는 소유주는 앞에서 살펴본 행위주 표현보다 더 정적인 소유 표현이다. 이 경험주로서 소유주가 오는 표현의 특징을 살펴보기로 한다.

첫째, 소유주가 경험자인 표현에 오는 상태 소유 풀이씨는 '있다'와 '가지다'를 들 수 있다. 먼저 소유물이 존재로 표현되면서, 소유주가 그것을 안는 표현을 들 수 있다.

(14) ㄱ. 소녀가 돈이 있다.
　　　ㄴ. 소녀에게 돈이 있다.

위 표현에서 '소녀'는 돈을 소유하는 경험자다. 이와 같이 경험주 소유 표현은 ㄱ처럼 소유주가 겹 임자말의 첫째 번 임자말로, ㄴ은 어찌말 '-에게'로 나타난다.

경험주가 소유주인 경우, 소유물이 존재로도 표현되어서 양적으로도 표현된다. 재물이 '많다, 적다' 따위가 이 보기에 해당한다.

(15) ㄱ. 재벌이 돈이 적다.
     ㄴ. 재벌에게 돈이 많다.

소유주가 경험주가 되는 표현은 겹 임자말로 확장되기도 한다.

(16) ㄱ. 나는 돈과는 인연이 적다.
     ㄴ. 나는 돈복이 많다.

앞의 (14) '있다' 표현은 '가지다'로도 나타낼 수 있다.

(17) 소녀가 돈을 가지다.

'가지다' 표현의 소유주도 경험주가 될 때는, 돈을 취득하는 과정이 아니라 돈을 취득해서 그것을 계속 유지하는 상태를 말한다. (17)이 이에 해당한다.

둘째, 상태 소유 표현은 어휘적 입음 표현으로도 실현된다. 이 경우 제움직씨(자동사)가 오는 것이 일반적인데, 입음 표현임에도 불구하고 부림말(목적어)이 오기도 한다. 이 부림말은 본래 문장에 있던 요소로서, 입음 표현으로 바뀌더라도 그대로 남아 있는 보기이다.

먼저 '맞다'를 대표로 들 수 있다.

(18) 서세원은 영화 조폭마누라로 돈벼락을 맞았다.

'맞다'는 입음 어휘풀이씨로서 대상 '돈벼락'을 취하고 있다. 이 입음 표현에서 소유주 '서세원'은 앞의 행위주처럼 적극적으로 돈을 벌거나 소유하는 주체가 아니라, 경험주로서 돈벼락을 맞는 피동체로 표현되고 있다.

'받다'도 어휘적 입음풀이씨로서 '맞다'와 마찬가지로 부림말을 취한다.

(19) ㄱ. 미망인이 재산을 상속받다.
　　　ㄴ. 손자가 할아버지로부터 재산을 받다.

'되다'는 겹 임자말로 실현되는 입음 표현이다.

(20) ㄱ. 그는 재벌이 되다.
　　　ㄴ. 그는 부자가 되다.
　　　ㄷ. 그가 가난뱅이가 되다.

'되다'가 소유 표현에 오는 경우 두 자리 풀이말로서 소유주인 경험주가 또 다른 경험주로 바뀌는 표현으로서, 이 때 '재벌, 부자, 가난뱅이'는 사람의 한 종류를 이루고 있다.

셋째, 감각·인지풀이씨로 실현되는 상태 소유 표현은 소유주가 경험주로서 맛을 느끼거나 냄새를 맡는 주체로 표현된다.


(21) ㄱ. 그는 돈 맛을 알다.
    ㄴ. 도둑이 돈 냄새를 맡다.
    ㄷ. 상인이 돈 맛을 보다.


위 표현에서는 경험주가 소유물의 맛을 보거나 돈 냄새를 맡거나 손해를 보는 주체로 실현되고 있다. 또 경험주는 이 표현에 오는 풀이씨 '알다, 맡다, 보다'를 통해서 미각, 후각, 시각을 느끼는 주체로 그려져 있다.

지금까지 '소유주 중심 표현'을 '행위주 중심' 표현과 '경험주 중심' 표현으로 나누어 살펴보았다. '행위주로서 소유주 중심' 표현은 행위풀이씨로만 실현되는데, 이 풀이씨는 소유물을 타동화하는 기능을 갖는다. 따라서 이 표현은 소유주와 소유물이 윤곽화되어 소유 표현 가운데는 가장 적극적으로 소유행위를 하는 것으로 나타난다. 이에 대해서 '경험주로서 소유주 중심' 표현은 동작풀이씨 또는 상태 소유 풀이씨로 실현되어 소유 행위나 소유 상태를 보인다. 그러므로 이 두 표현의 공통점은 소유주 중심 소유 표현이라는 점이고, 차이점은 행위주 중심 표현이 동적이라면, 경험주 중심 표현은 정적이라는 점이다.

## 2.2.2. 소유물의 윤곽화

소유주 중심 표현은 소유주가 가장 두드러진 요소이고, 소유물은 그 다음으로 두드러진 요소이다. 그런데 소유물 중심 표현은 소유물만 모습(figure)으로 드러나고 소유주는 겉으로 드러나지 않는 특징이 있다.

소유물 중심 표현도 크게 두 가지 꼴로 나타난다.

    (22) ㄱ. 돈이 들어오다.
         ㄴ. 돈이 벌리다.

(22)의 두 표현은 소유물 중심 표현이지만 의미적인 차이를 찾을 수 있다. 곧 ㄱ은 대상물인 돈이 스스로 움직이는 행위주로, ㄴ은 대상물이 입음 표현의 행동을 입는 대상으로 그려져 있다. 이에 따라서 ㄱ은 '행위주로서 소유물' 중심 표현, ㄴ은 '대상으로서 소유물' 중심 표현이라고 부르기로 한다. 이들의 특성과 차이점을 차례로 살피기로 한다.

### 2.2.2.1. 행위주로서 소유물

소유 표현에서 일반적으로 소유주의 원형은 유정물이다. 소유주 중심 표현에서는 소유주가 행위주로 오는 경우 행위풀이씨가 온다. 그래서 행위주가 취하는 풀이말에는 이동풀이씨 '오다/가다'15)를 대표로 들 수 있다. 그런데 소유 표현에는 '오다/가다'의 단독 꼴로 나타나기보다도 겹말로 주로 실현된다.

먼저 '나다+가다'의 겹말부터 보기로 한다.

 

(23) ㄱ. 재물이 나가다.
     ㄴ. 운이 나가다.

 

이 표현에서 '재물, 운' 따위는 스스로 움직일 수 없는 무정물임에도 불구하고, 유정물처럼 자의적인 이동체로 표현되고 있다. 또한 이 표현의 특징은 공간 개념과의 관련성이 분명히 드러나는 표현으로서 소유물을 하나의 공간 영역이라고 보고, 개념 화자의 관점(Perspective)16)이 소유물의 공간 영역의 안에 있을 수도 있고, 밖에 있을 수도 있다.

이 때 소유물의 이동 방향은 크게 두 가지로 나타나는데 '안→밖', '밖→안'이 있는데, '나가다, 나오다'는 소유물의 이동이 '안→밖'으로 이루어진다는 공통점을 찾을 수 있다. 그렇지만 개념 화자의 관점에 따라서 '나오다'와 '나가다'는 차이가 있다. 곧 개념 화자의 관점이 '나오다'의 경우는 소유 영역의 밖에 있고, 반대로 '나가다'는 소유 영역의 안에 있다.

---

15) '오다, 가다'는 공간, 시간, 심리에 다 쓰인다. 그런데 일반적으로 '가다'가 무표적이라면, '오다'는 유표적이라고 볼 수 있다(吉本一 1996 참조).
16) 관점(Perspective)은 공감도(Empathy)나 시점(Point of view)과 매우 비슷하지만, 인지언어학에서 볼 때 '관점'은 다른 두 요소보다 더 주관적인 요소가 많은 것이라고 볼 수 있다.

(24) ㄱ. 재물이 나오다.
　　　ㄴ. 운이 나오다.

(24)의 '나오다'는 개념 화자의 관점이 소유물의 소유영역 밖에 있다. (23)의 '나가다'는 개념 화자의 관점이 소유영역 안에 있으므로 반대로 되어 있다. 지금까지 논의된 '나오다'와 '나가다'의 차이점을 그림으로 그려보면 다음과 같다.

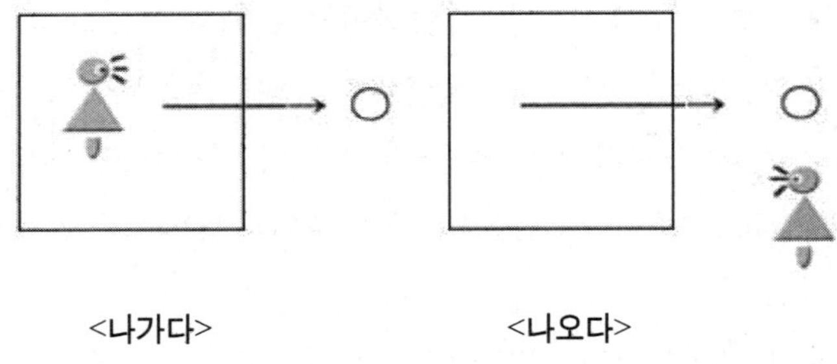


또한 '나오다, 나가다'의 경우 중의적인 해석이 가능한데, 보기를 들면 '회사를 나오다, 회사를 나가다'의 경우 객관적인 공간 이동 표현으로 쓰일 수 있지만, 다른 하나는 '회사를 그만 두다.'의 뜻으로도 쓰인다. 이 차이는 담화 상황에 따라서 결정된다.

'오다, 가다'와 합성된 풀이씨의 경우, 앞에 오는 풀이씨의 특성에 따라서 개념 화자의 관점이 다른 것으로 나타난다. 먼저 '들다'의 경우는 '나다'와 반대의 뜻으로서 개념 화자의 관점이 반대로 나타난다.

(25) ㄱ. 그 집에 운이 들어왔어.
    ㄴ. 그 집에 운이 들어갔어.


'들어오다'는 개념 화자의 관점이 안에 있고 '들어가다'는 밖에 있다. 이처럼 합성풀이씨의 뜻은 합성되는 두 낱말의 앞에 오는 낱말의 뜻이 중심이 된다. 곧 이동풀이씨 '가다'와 '오다' 앞에 오는 '나다'와 '들다'의 뜻이 반대이기 때문에 개념 화자의 관점도 반대로 나타난다.

또한 '행복이나 불행'도 '찾아오다/찾아가다'가 다 쓰일 수 있다.


(26) ㄱ. 친구 집에 행운/불행이 찾아오다.
    ㄴ. 친구 집에 행운/불행이 찾아가다.


'불행'은 달가운 것이 못 되므로 '불행이 찾아가다.'보다 '불행이 찾아오다.'나 '불행이 닥치다.'라고 표현해서 사람의 힘으로는 불가항력적임을 나타내는 표현이 일반적이다.

'빠지다, 새다, 구르다'의 경우도 '빠져나오다/빠져나가다', '새어나오다/새어나가다', '굴러오다/굴러가다'로 실현된다.


(27) ㄱ. 돈이 빠져나오다.
    ㄴ. 돈이 빠져나가다.
(28) ㄱ. 복이 새어나오다.
    ㄴ. 복이 새어나가다.

(29) ㄱ. 재물이 굴러오다.
　　　ㄴ. 재물이 굴러가다.


　그런데 위 표현들은 개념 화자의 관점이 안에 있는 경우, 1인칭 제약이 있는 경우가 있다. 먼저 '찾다'의 경우 임자말에 1인칭이 오면, '찾아가다'가 올 수 없다.


(30) ㄱ. 나에게 행운/불행이 찾아오다.
　　　ㄴ. *나에게 행운/불행이 찾아가다.


　임자말이 1인칭인 경우 '찾아가다'가 올 수 없는 것은 개념 화자의 관점이 임자말에 있는데, '찾아가다'는 개념 화자의 관점이 밖에 있으므로 서로 모순이 생기기 때문이다. 따라서 인칭과 개념 화자의 관점이 일치하는 '찾아오다'만 성립한다.
　'찾다'와 마찬가지로 '들어오다'는 1인칭이 성립하지만 '들어가다'는 성립하지 않는다.


(31) ㄱ. 재물이 나에게 들어왔어.
　　　ㄴ. *재물이 나에게 들어갔어.


　(30-31)로 볼 때 '찾아오다, 들어오다'는 1인칭과 공기하지만 '찾아가다, 들어가다'는 성립하지 않는다. 그리고 '찾아오다, 들어오다'는 도달점 토씨 '-에게'와 공기한다.
　그런데 다음의 합성풀이씨는 '가다'만 성립한다.

(32) ㄱ. *돈이 나에게서 빠져나오다.

　　 ㄴ. 돈이 나에게서 빠져나가다.

(33) ㄱ. *복이 나에게서 새어나오다.

　　 ㄴ. 복이 나에게서 새어나가다.

(34) ㄱ. *재물이 나에게서 굴러오다.

　　 ㄴ. 재물이 나에게서 굴러가다.

(35) ㄱ. *운이 나에게서 나오다.

　　 ㄴ. 운이 나에게서 나가다.


　'빠지다, 새다, 구르다, 나다'와 같은 합성풀이씨는 '오다'는 성립하지 않고 '가다'만 1인칭과 공기한다. 또한 이들은 출발점 토씨 '-에게서'와만 공기하는 특징을 갖고 있다. 이것은 1인칭 '나'가 출발점으로, 출발점에서는 '가다'만 성립한다.

　지금까지 '오다, 가다'와 결합되는 합성풀이씨는 '오다, 가다'가 중심이 아니라 이들 앞에 결합되는 풀이씨의 뜻에 따라서 1인칭 제약과 토씨 제약이 있음을 살펴보았다.

　앞에서 논의된 소유 표현은 소유물이 의인화되어 스스로 움직이면서 수평 이동을 하는 보기인데, 소유물 이동은 수직 이동으로도 나타난다. 대체로 위로 오르는 것은 사태가 좋아지거나 원하는 상태가 되는 것이고, 반대로 아래로 내려가는 것은 앞의 사태와 반대가 된다.


(36) ㄱ. 회사가 일어서다.

　　 ㄴ. 주가가 올라가다.

(37) ㄱ. 그 사업은 가라앉았다.
　　　ㄴ. 그 회사는 내려앉았다.

이 표현들에서 (36)의 '일어서다, 올라가다'는 바람직한 방향으로, (37)의 '가라앉다, 내려앉다'는 반대의 사태를 나타낼 때 쓰인다.

지금까지 논의된 행위주로서 소유물 표현에 오는 풀이씨의 특징은 수평 이동 풀이씨로서 '가다, 오다'와 합성된 풀이씨가 있고, 다음 '일어서다, 가라앉다' 따위의 수직 이동 풀이씨가 있다. 이 표현들의 특징은 이동 움직임의 주체인 소유물이 스스로 움직이는 것으로 나타난다.


## 2.2.2.2. 대상으로서 소유물

대상(Theme)으로서 소유물 표현은 소유물만 윤곽화되지만 이 소유물은 그 스스로 움직일 수 있는 주체는 아니고 어떤 움직임의 대상이 되는 것을 말한다. 곧 이 표현과 앞의 소유물이 행위주가 되는 표현의 차이점은, 대상으로서 소유물은 반드시 어떤 행위주에 의해서 소유물이 수동적으로 움직인다는 것이다.

대상으로서 소유물 표현은 상태풀이씨가 오는데 이들의 특성에 대해서 더 자세히 살피기로 한다.

첫째, 대상 중심 표현은 '이다'로도 실현되므로 'A는 B이다.'를 들 수 있다. 이 때 B는 A의 부분이거나 속성을 나타내는 것이 일반적인 성향인데 소유 표현에서는 속성을 나타내는 것이 일반적인 특징이다.


    (38) ㄱ. 그는 돈벌레다.
         ㄴ. 일본은 경제동물이다.
         ㄷ. 그는 자린고비다.
         ㄹ. 그는 수전노다.


(38)에서 '돈벌레, 경제동물, 자린고비, 수전노'는 주체의 속성을 보이는데, 주체는 유정물, 무정물 모두 가능하다.

다음은 '돈'을 사람에 빗댄 표현도 있다.


    (39) ㄱ. 돈이 원수다.
         ㄴ. 돈이 은인이다.


둘째, 소유물의 상태를 나타내는 표현으로서 '수분'과 관련해서 표현하기도 한다.


    (40) ㄱ. 돈이 마르다.
         ㄴ. 재물이 말라 버렸다.


네 번째, 본래는 입음 표현으로 볼 수 있으나 행위주가 없는 표현으로 굳어진 것으로 일종의 관용 표현에 속한다. 따라서 행위주 없이 대상인 소유물과 풀이씨의 입음꼴로 실현된다.

    (41) ㄱ. 재물이 흩어지다.

        ㄴ. 회사가 둘로 쪼개지다.

    (42) 재산이 박살나다.

    (43) 집안이 풍비박산(風飛雹散)되다.


(41-43)은 입음풀이씨에 의한 입음 표현들이다.

현대에 와서 소유 개념은 사회·심리적인 다양한 속성을 지닌 일반적인 개념의 하나로 볼 수 있다. 따라서 소유 개념이 언어화된 소유 표현은 범문화적·범언어적인 중요성을 갖는 언어 범주 가운데 하나임에 틀림없다.

지금까지 우리말에 나타나는 소유 표현을 크게 '소유주 중심' 표현과 '소유물 중심' 표현으로 나누었다. 전자는 소유주와 소유물이 모두 윤곽으로 드러나지만, 후자는 소유물만 윤곽으로 드러난다.


첫째, **'소유주의 윤곽화'**를 '행위주'와 '경험주'로 나눈 논의를 정리하면 다음과 같다.

① **행위주로서 소유주** : 이 표현은 주로 남움직씨로 실현되는데, 이 풀이씨는 소유물을 타동화하는 기능을 갖는다. 이 표현은 소유주와 소유물이 윤곽화되어 소유 표현 가운데는 가장 동적이면서 적극적이고 능동적으로 소유행위를 표현하는 것으로 나타난다. 이런 표현들의 특징은 소유주가 소유물을 타동화하여 소유물을 부풀리거나 써 버리거나 소멸하는 물

체로 대상화하는 표현이 원형이다. 다음 덜 원형적 보기로서 소유물을 수단이나 방법으로 나타내기도 한다. 이 표현에 오는 풀이씨는 '모으다, 벌다, 주무르다, 만지다, 쌓다, 날리다, 떡칠하다…' 따위의 행위풀이씨를 들 수 있다.

② **경험주로서 소유주** : 경험주 중심 표현은 경험주와 소유물의 관계가 상태 소유 풀이씨로 실현되어 소유상태를 나타낸다. 곧 경험주는 소유물을 계속 지속하거나 소유를 감각적으로 느끼거나 소유주가 소유를 경험하는 존재로 그려져 있다. 따라서 앞의 행위주 중심 표현이 동적이라면, 경험주 중심 표현은 정적인 표현이다. 풀이씨의 보기를 들면 '있다, 가지다' 따위의 상태 소유 풀이씨, '많다, 적다' 따위의 차원그림씨, '맞다, 받다, 되다' 같은 어휘적 입음풀이씨, '알다, 맡다' 같은 감각·인지 풀이씨들이 있다.

둘째, '**소유물의 윤곽화**'를 '행위주'와 '대상'으로 나눈 논의를 정리하면 다음과 같다.

③ **행위주로서 소유물** : 행위주로서 소유물 중심 표현은 무정물인 주체가 행위주로서 표현된다. 이 표현은 '가다, 오다'와 결합된 합성풀이씨로 주로 실현된다. 수평 이동의 경우 1인칭 제약과 토씨 제약이 있는 것으로 나타난다. 이것은 개념화자의 관점과 이동물의 이동 방향과의 관련성에서 생겨난다. '찾아오다, 들어오다'는 1인칭 '나에게'와 공기하고, '빠

져나가다, 새어나가다, 굴러가다, 나가다'는 1인칭 '나에게서'와 공기가 가능하다. 수직 이동의 경우는 '일어서다, 올라가다' 따위의 '위→아래'는 바람직한 방향을, '가라앉다, 내려앉다' 따위의 '아래→위'는 부정적인 뜻을 함축한다.

④ 대상으로서 소유물 : 소유물 중심 표현은 소극적이고 피동적 표현에 해당한다. 풀이씨도 '오다, 가다'와 합성된 풀이씨는 올 수 없다. 그리고 이 '대상 중심 표현'은 상태풀이씨나 입음풀이씨로 실현된다. 소유물이 스스로 움직이지 않는다는 점에서 앞의 '경험주 중심의 표현'보다 더 정적인 표현이다.

우리말 소유 표현의 특징은 ①③ '행위주 중심 표현'은 동적인 소유 행위를 나타내는 표현이라면, ②④ '경험주나 대상 중심의 소유 표현'은 정적인 소유 표현에 해당한다. 이 가운데 ④ 소유물 중심 표현을 보면 특히 우리나라 사람들의 재물에 대한 특별한 사고방식을 파악할 수 있다. 곧 우리나라 사람들은 재산이나 재물을 능동적이고 적극적으로 모으는 것이 아니라, 사람은 그대로 있고 재물 자체가 오기도 하고 가기도 하는 것으로 받아들인다는 것이다. 따라서 재물의 있고 없음은 나의 노력 여하에 딸린 것이 아니라 재물 자체가 올 수도 있고 그렇지 않을 수도 있어서, 일종의 운명에 의해 좌우되는 수동적이고 소극적인 가치관을 엿볼 수 있다.

　지금까지 소유 표현의 개념화를 통해서 우리나라 사람들이 갖고 있는 소유의 인지영역뿐만 아니라 사회적·심리적·문화적인 배경을 파악할 수 있었다. 이러한 논의를 발전시키면 한국 사람들이 갖고 있는 문화적인 원형도 찾을 수 있을 것이다.

# 제2부

# 인지언어학에서 본 비유

# 3장 소유 관용 표현에서 본 은유와 환유의 상호 작용성

　최근 언어학의 연구에서는 문학 작품뿐만 아니라 일상 언어의 많은 부분들이 비유법으로 이루어져 있으며, 나아가서 이들 비유법을 통하여 사람이 언어를 어떻게 개념화하는가를 알 수 있는 좋은 증거가 된다고 본다. 현재 인지언어학에서는 이런 관점에서 언어를 분석하고 있으며, 이 연구에 의하면 은유와 환유는 글말뿐만 아니라 입말인 일상 대화에도 관여한다고 보고 있다.

　관용 표현의 경우도 단순히 비유상의 문제가 아니라 그 언어를 쓰는 사람들의 사고 방식, 인식까지도 표현된다고 볼 수 있다. 따라서 우리가 관용 표현을 어떻게 개념화하여 이해하는가로 연구의 범위를 확대하는 것이 필요하다고 보고, 이들을 인지언어학적인 방법으로 접근하고자 한다.

　관용 표현(idiom)은 달리 익은말이라고도 부르는 것으로서 통사적인 짜임새를 취하고 있지만, 불완전한 문장 형태를 보인다[17]. 또한 이들의 뜻도 관용 표현을 이루는 요소들의 단순한 결합이 아니고 복잡한 양상을 보인다. 이처럼 관용 표현이 비유적인 뜻으로 해석되는 경우 은유와 환유가 주로 관여하는 것으로 볼 수 있다. 그런데 이 은유와 환유는 비슷한 점이 많아서 관련성을 갖는데, 관용 표현 가운데서도 은유, 환유 두 가지로 해석되기도 하고, 두 비유법이 겹치어 나타나기도 한다.

    (1) 하늘에서 떨어지다.
    (2) ㄱ. 손에 들어오다.
        ㄴ. 뿌리가 뽑히다.

(1)의 '하늘'은 두 가지 해석이 가능한데 '하늘처럼 높은 곳'의 뜻은 은유적 해석이라면, '하늘이라는 공간에 있는 존재'라는 '하느님'은 공간적 인접성에 따른 환유적 해석도 가능하다. 또한 관용 표현 가운데는 하나의 비유법만으로는 실현되지 않고, 은유와 환유가 겹치어 나타나기도 한다. (2ㄱ)의 '손에 들어오다.'는 '손'이라는 환유를 토대로 하여 '소유물이 소유주 안으로 이동하는 것'을 보이는 [소유물은이 동체이다.]라는 은유이므로 [환유-은유]가 겹치고, (2ㄴ)의 '뿌리가 뽑히다.'는 [소유물은 이동체이다.]라는 구조적 은유와 소유물이 '아래'에서 '위'로 이동함으로써

---

17) 이 글에서는 구 이상을 대상으로 삼으므로 '관용 표현'이라고 한다. 왜냐하면 '관용어'는 낱말을 대상으로 하는 것으로 보일 수 있기 때문이다.

생기는 방향적 은유가 겹치어서 [은유-은유]로 나타난다. 이처럼 은유와 환유, 은유는 은유끼리 서로 얽혀서 작용하는데, 이를 상호 작용성(interaction)이라 부른다. 그런데 은유와 환유가 상호 작용할 때 그 모습이 조금씩 달라서 두 비유법 가운데 하나가 중심이 되기도 하고 상호 작용의 과정도 다르게 나타날 수도 있어서 다양한 양상을 보인다. 따라서 이 글에서는 은유와 환유가 관련될 때 이들의 상호 작용 과정을 구체적으로 밝히는 것을 목적으로 삼는다.

이 글에서 다루게 되는 관용 표현의 범위는 관용어 사전(박영준·최경봉 엮음 1996)에 올린 관용 표현 3,778개 가운데 소유와 관련된 관용 표현 170개를 대상으로 삼기로 한다. 이들 표현의 문장 성분을 보면 '임자말-풀이말', '부림말-풀이말', '어찌말-풀이말'로 되어 있는데, '임자말-풀이말' 꼴'이 47개, '부림말-풀이말' 꼴이 101개, '어찌말-풀이말' 꼴'이 22개로서 '부림말-풀이말' 꼴로 실현되는 경우가 60%로서 가장 다양하게 발달되어 있다. 이것은 소유 표현이 소유물인 대상을 중심으로 하기 때문으로 보인다. 또한 소유를 나타내는 관용 표현을 비유적인 면에서 보면 신체, 식물, 음식물에 빗댄 표현이 대부분을 차지하므로, 이들을 논의의 대상으로 삼는다.

## 3.1. 문자 의미와 비유 의미

　지금까지 관용 표현은 본격적인 언어 연구에서 제외되어 왔는데, 그 이유는 관용 표현의 뜻이 이들을 이루는 구성 성분에서부터 예측할 수 없다는 점 때문이다. 따라서 그 뜻도 굳어져서 죽은 은유에 해당하고 통어적으로도 많은 제약을 갖는다고 보았다. 보기 들면 '대치의 제약, 매김마디의 제약, 꾸밈말 덧붙이기의 제약, 피동·사동 표현의 제약'이 있다고 보았다(강위규 1998:100-110).

> (1) ㄱ. 철수는 풀이 죽어 돌아 왔다.
>  　→ *풀{은, 도 만, 까지, 마저} 죽어 돌아 왔다.
> 　ㄴ. 영희가 나를 비행기를 태웠다.
>  　→ *영희가 나를 태운 비행기는 크더라.
> 　ㄷ. 어제 일은 죽을 쑤었다.
>  　→ *어제 일은 죽을 완전히 쑤었다.
> 　ㄹ. 철수가 미역국을 먹었다.
>  　→ *미역국이 철수에게 잘 먹힌다/먹어진다.

　(1)의 ㄱ은 '대치의 제약', ㄴ은 '매김마디의 제약', ㄷ은 '꾸밈말 덧붙이기의 제약', ㄹ은 '피동·사동 표현의 제약'이라는 통어적인 제약을 보인 것이다. 이러한 관점에서 관용 표현의 연구가 이들의 '유형'이나 '특성'(강위규 1998), '어휘·의미론적 고찰', '화용론적 고찰', '통사론적 고찰'이 있어 왔다(문금현 1999).

그런데 이러한 관용 표현에 대한 접근에서 잘못된 부분이 있음이 최근에 와서 지적되기 시작했다. 언어심리학자들에 의하면, 구성 성분의 의미 분석 가능성이 높으면 변형 가능성이 높고, 구성 성분의 의미 분석 가능성이 낮으면 변형 가능성도 낮게 나타나는 것을 보여 주고 있다. 그래서 이기동(1997:66-67)에서는 'lay down the law'는 구성 성분의 의미 분석이 잘 되기 때문에 입음꼴이 가능하지만, 'shoot the breeze'의 경우 구성 성분의 의미 분석이 잘 되지 않기 때문에 입음꼴이 가능하지 않다는 것이다. 또 변형이 안 된다고 생각한 표현도 적당한 계기가 생기면 변형이 가능한 것으로 밝혔다. 보기 들면 'to spill the beans'나 'to see the light'도 변형이 가능한 것으로 밝히었다[18].

정재은(2000), 정희자(2004)에서도 관용 표현은 단순한 비유적 해석의 죽은 은유가 아니라 부분적으로 일상의 사고로 이루어지며, 독자적으로 존재하는 개념적 은유에 의해 동기 유발되어 복합적 뜻을 갖는다고 본다. 곧 낱말이 완전히 관용적으로 쓰인 경우에는 본래의 뜻이 없기 때문에 그 낱말을 통해서 관용 표현의 뜻을 예측할

---

18) Langacker(1987:83)는 비유적 표현은 문자적 의미와 완전히 독립된 것이 아니라, 문자적 의미와 비유적 의미 사이의 상호작용 관계로 본다. 이 상호작용 관계는 범주화의 인과관계로서 문자적 의미는 인과구조이고, 비유적 의미는 목표구조로 보고, 이 두 구조는 완전히 일치하지 않으므로 두 개의 구조가 따로따로 존재한다고 본다. 그래서 대부분의 관용 표현은 문자적 의미와 비유적 의미를 동시에 갖고 있다는 것이다. 그는 'the cat out of the bag'를 보기 들어서 문자적 의미와 비유적 의미 사이의 관계를 보여주고 있다(김종도 옮김 1999:97-102 참조).

| 문자적 의미 | cat | out of | bag |
|---|---|---|---|
| 비유적 의미 | 정보 | 에서 | 숨겨진 장소 |

수 없지만 어떤 이름씨구가 비유적으로 사용되면 관용 표현의 의미 바탕을 어느 정도 예측할 수 있다는 것이다. 이종열(2002:171-180)에서는 개념적 은유설을 좀 더 정밀화하여 비유적 의미를 구성하고 이해하는데 관여하는 인지작용을 본뜨기와 투사, 그리고 근본적으로 이 두 가지 작용을 모두 포함하는 혼성(blending) 작용의 세 가지 양상으로 나누고 비유적 의미의 이해와 해석을 위한 새로운 인지모형을 제시한다. 특히 관용적으로 사용되는 언어 표현의 의미는 비유의 과정과 밀접한 관련을 맺고 있다고 본다.

이처럼 관용 표현의 경우 비유적 의미로 해석된다는 논의는 있었지만, 그것이 어떤 방식으로 어떻게 나타나는지에 대한 구체적인 논의는 많지 않다. 따라서 이 글에서는 관용 표현을 대상으로 하여 비유적인 뜻이 은유와 환유의 상호 작용에서 나온다고 보고 이들 작용의 과정을 구체적으로 살피기로 한다. 그런데 모든 관용 표현을 비유적인 뜻으로 해석할 수 있는 것은 아니고, 그 뜻이 투명할수록 비유적인 해석의 가능성이 높다고 볼 수 있다. 다음은 관용 표현의 정도성을 네 등급으로 나누어 본 것이다(임지룡 1992:200-202).


   (2) ㄱ. 학을 떼다.
       ㄴ. 바가지를 긁다.
       ㄷ. 국수를 먹다.
       ㄹ. 구멍이 나다.

(2)의 보기에서 ㄱ－ㄹ의 순서대로 보면 '불투명(transparent)', '반불투명(semi-transparent)', '반투명(semi-opaque)', '투명(opaque)'의 뜻으로 해석되는 관용 표현들이다. 이들이 문자적인 뜻을 가지면서 비유적인 특성을 갖는 순서를 매긴다면 'ㄹ>ㄷ>ㄴ>ㄱ'의 순서라고 볼 수 있다. 따라서 이 글에서는 ㄹ의 '구멍이 나다'처럼 투명한 관용 표현을 주 대상으로 한다.

## 3.1.1. 은유와 환유의 관련성

은유와 환유는 비유법이라는 일반적 특성을 공유하면서 모두 개념적 현상이라는 공통점을 갖고 있다. 그런데 두 비유법의 차이점은 은유가 유사성(similarity)에 바탕을 두고 있다면, 환유는 인접성(contiguity)에 바탕을 두는 데 있다[19].

Lakoff & Johnson(1980)의 개념적 은유설에 의하면, 은유 가운데 우리의 사고에 구조를 부여하는 역할을 하는 은유를 구조적 은유(structural metaphor)라고 한다. 또한 방향적 은유(orientational metaphor)는 우리의 신체적 경험에 바탕을 두고 어떤 개념 체계 전체를 방향적인 공간 구조로 이해한다고 본다. 존재론적 은유(ontological metaphor)는 우리의 경험을 물체나 물질로 개념화하고 그 개념에 따라 그것에

---

19) 제유는 인접성에 바탕을 두는 점에서는 환유와 비슷하지만 매체(vehicle)와 목표(tenor, target)가 부분과 전체 관계에 있는 점에서 다르다. 부분과 전체 관계를 인접성에 포함시켜 제유를 환유의 한 하위범주로 다루게 된다.

대한 경험을 언급하거나 양화할 수 있게 한 것을 말한다.

구조적 은유는 두 경험의 대상을 통합된 구조로 일반화하는 과정에 나타나는 도식적 본뜨기관계이다. 보기를 들면 [소유물은 이동체이다.]라는 은유는 '소유물'과 '이동물'이라는 영역 사이의 본뜨기(mapping) 관계이며 '소유물'이라는 목표영역(target domain)을 '이동체'라는 근원영역(source domain)으로 이해하는 것이다. 따라서 근원영역인 '이동체'를 통한 익숙한 경험인 모양, 성질, 상태가 목표영역인 '소유물'의 모양, 성질, 상태에 본뜨기되는 것은 '다수의 대응관계(many-correspondence)'에 의해서 성립된다. 이와는 대조적으로 방향적 은유나 존재론적 은유는 대상과 대상 사이의 본뜨기 관계가 특별한 속성의 차원에 대응되는 일대 일의 '단일한 대응관계(one-correspondence)'로 이루어져 있다.

환유는 한 사물의 이름으로 그것과 관련된 다른 사물의 이름을 대치하는 언어적 대치 현상이므로 'X로써 Y를 대신한다.'로 정의해 왔다. 인지언어학에서는 환유를 경험적으로 구축된 단일 개념영역이나 이상화된 인지모형(idealized cognitive model: ICM) 안에서 하나의 개체가 목표 대상인 다른 개념적 개체에 정신적으로 접근하는 인지 과정으로 본다[20].

---

20) 환유는 참조점(reference point) 현상으로 달리 설명할 수 있는데, 목표(target)를 찾아가는 사람은 개념 화자(concepter)이고, 심리의 출발점이 참조점이다. 이렇게 어떤 참조점을 중심으로 하여 위치 파악이 가능한 개체들의 집합 또는 실제 범위를 영향권(domain)이라 한다. 이 전제 조건에서 명시되는 쪽이 참조점이고 유추에 의해서 식별되는 것이 목표다. 이처럼 환유를 개념세계의 참조점 현상으로 설명 가능한 것은 참조점의 선택이 인지적으로 이루어진다는 의미이다.

따라서 환유가 지시적 기능(referential function)을 가질 때는 가리키는 것의 어떤 특별한 면에 더 많은 초점을 둔다. 보기 들어서 '손이 작다.'에서 '손'이라는 신체말을 활성영역으로 만들어 이를 두드러진 요소로 보고 '손'이라는 특정 국면을 부각시킴으로써 지시적 기능을 갖는다[21]. 이를 지시적 환유(referential metonymy)라고 한다. 환유는 지시적 기능뿐만 아니라 서술적 기능도 있다. 보기를 들면 '딴 주머니를 차다.'는 돈을 몰래 모으는 주체에 대한 부분적 행위가 주체의 소유 행위 전체를 나타내므로 서술적 환유(predicative metonymy)에 속한다. 이처럼 서술적 환유는 임자말의 특성, 행동 또는 사건의 특정한 양상을 간접적으로 서술하기 위해 사용되는 비유법의 하나다[22].

이처럼 은유와 환유의 인지적인 공통성은 이 두 원리가 개념적인 본성에 따라 인지영역 속에 존재하는 개념 요소들 간의 본뜨기관계로 명시될 수 있다는 점에 있다. 그래서 이 연속체의 양끝에 은유와 환유가 있고, 은유 가운데에는 구조적 은유가 다수의

---

21) 김종도(2005)는 '환유란 우리의 심리가 어떤 개념을 통하여 심리적으로 접촉하여 다른 개념을 의식 속에 환기하여 식별하는 인지적 기재'로 정의하고 있다.
22) 서술적 환유는 행위와 관련된 비유법으로서 부분 행위가 전체를 대신하거나 부분의 특성이 전체를 뜻하는 특성을 들 수 있다(정희자 2004:280-291).
　　ㄱ. 그는 에디슨이다./ ㄴ. 어머니는 숟가락을 들었다.
　　ㄷ. 소녀가 머리를 흔들었다./ ㄹ. 운전수는 차의 시동을 걸었다.
ㄱ의 '에디슨'은 임자말인 '그'가 에디슨처럼 훌륭한 과학자로서 특성을 지니고 있음을 두드러지게 하는 서술적 환유이고, ㄴ는 '숟가락'이라는 도구로써 이것과 관련된 행동, 곧 '밥을 먹다.'라는 전체 행위를 대신하는 환유이다. ㄷ는 행위자로 그 행위자의 특징적인 활동을 대신한 환유이고, ㄹ는 피행위자로 그 피행위자와 관련된 특징적인 행동을 대신한 서술적 환유이다.

본뜨기관계로 끝에 존재하고 방향적 은유와 존재론적 은유가 단일한 대응관계로서 중간에 위치한다고 볼 수 있다. 그리고 단일한 대응관계로만 실현되는 환유는 구조적 은유와 가장 멀리 떨어져서 존재한다고 볼 수 있다.

지금까지 논의된 은유와 환유의 차이점을 정리하면 다음과 같다.

- 은유는 두 개념 영역에 속하고, 환유는 오직 하나의 영역에 속한다.
- 은유의 근원영역과 목표 영역사이의 관련성은 같은 종류(유사성)를 이룬다. 환유에서는 한 영역 사이에서 생기는 관계로서 이는 인접성에서 비롯되며, '대신하는' 기능과 관련된다.
- 근원 영역과 목표 영역 사이의 대응관계는 <구조적 은유(다수의 대응관계) – 존재적/방향적 은유(일대 일의 대응관계) – 환유(일대 일의 대응관계)>의 관련성을 갖는다.
- 은유의 일차적 기능이 이해인 반면, 환유는 주로 지시 기능과 서술 기능을 갖는다.

## 3.2. 은유와 환유의 상호 작용성

관용 표현에서도 은유와 환유가 서로 작용하는데, 이 두 비유법이 동시에 나타나는 경우 모두 똑같이 관여하는 것이 아니라 이 가운데 하나가 더 중심이 된다고 본다. 우리말은 풀이말 중심 표현이므로 관용 표현의 경우도 첫째로 풀이씨의 특성에 따라서 중심 비유법이 결정된다고 볼 수 있다. 동시에 다른 하나는 이름씨의 특성에 따라서 이차적인 비유가 성립한다.

    (1) ㄱ. 손에 들어오다.
        ㄴ. 쪽박을 차다.

  (1)에서 풀이씨의 특성에 따라서 ㄱ의 '들어오다'는 두 사물의 유사성에 따른 은유라면, ㄴ의 '차다'는 공간적인 인접성에 따른 환유에서 비롯된다. 따라서 ㄱ은 '은유'가, ㄴ은 '환유'가 중심 비유법이 된다. 동시에 이들은 이름씨의 특성에 따라서 ㄱ의 '손'은 '소유주'를 가리키므로 부분-전체 관계에 따른 환유이고, ㄴ의 '쪽박'은 '작은 바가지'로서 바가지의 한 종류를 이루는 환유에 속한다. 그런데 ㄱ의 '들어오다'는 이름씨 '손'을 예측할 수 없으므로 '집, 가슴'과 같은 다른 이름씨도 올 수 있지만, ㄴ의 '차다'는 '사람이 몸에 달 수 있는 물건'이라는 범주가 어느 정도 정해진다. 곧 후자인 '차다'는 움직씨의 특성 때문에 부림말로 오는 이름씨의 뜻이 움직씨에 포함된다고 볼 수 있다. 이에 따라서 ㄱ을 '환유를 토대로 한 은유', ㄴ을 '환유를 포함한 환유'라고 부르기로 한다23).

---

23) Goossens(1990)는 은환유(metaphtonymy)를 'Metaphor from metonymy', 'Me tonymy within metaphor', 'Metaphor within metonymy', 'Demetonymization inside a metaphor'의 네 가지로 나누고 있다.

## 3.2.1. 환유를 토대로 한 은유

이 범주에 속하는 표현은 중심 비유법에서 은유가 한 가지만 실현되는 기본 도식과 두 가지 이상 겹쳐서 실현되는 확장 도식으로 나누기로 한다.

### 3.2.1.1. 기본 도식

이 글에서는 소유 표현도 우리가 갖고 있는 이상적인 인지 모형 속에서 이루어진다고 본다. 소유 표현을 이루는 요소는 '소유주, 피소유주, 소유물, 소유 사태'라는 네 가지가 있어야 한다.

소유주 : 소유를 하는 주체로서 소유물을 갖거나 피소유자에게 주
　　　　는 역할을 담당하는 사람 또는 기관이나 단체
피소유주 : 소유자로부터 소유물을 받거나 받은 소유물을 가지고
　　　　　있는 사람이나 기관이나 단체
소유물 : 소유자나 피소유자가 갖고 있거나 소유자에게서 피소유
　　　　자로 이동하는 물건이나 재산.
소유 사태 : 소유와 관련된 사태로서 소유자와 피소유자가 물건을
　　　　　주고받는 사건이나 재물, 재산을 유지하는 상태.

위의 네 요소들은 모두 확대되면 추상화되는 특징을 공유한다. 우리말에서 소유를 나타내는 관용 표현은 신체, 식물, 음식 은유로 주로 실현되는데, '환유를 토대로 하는 은유'가 대부분을 차지한

다. 은유는 '구조적 은유, 방향적 은유, 존재론적 은유'로 나눈다.

먼저 '환유에 기초로 한 구조적 은유'는 '가랑이, 살, 등, 배, 속, 눈, 마음, 가죽, 군침, 허리, 발, 입' 따위들에 빗대는 표현들을 들 수 있다. 이들은 부분-전체(part-whole) 관계[24]로 된 환유의 전형적인 보기로서 '신체의 한 특징→소유주'라는 확대지칭의 원리가 관여하고 있다[25].

(2) 가랑이가 찢어지다 / 살(을) 찌우다, 군살(을) 빼다 / 빈손을 털다, 손을 벌리다, 손을 빌리다, 손이 맑다, 손(이) 작다, 손(이) 크다, 손(이) 묶이다, 손에 넣다, 손아귀에 쥐어 잡다, 손아귀에 넣다, 손 안에 넣다, 손을 털다, 손아귀에 있다, 손 안에 (놓여 있다) / 등이 휘다, 등골이 빠지다, 등가죽을 벗기다, 등골을 빨아먹다, 등골을 뽑다, 등골을 우리다, 등을 치다 / 배에 기름이 오르다, 배에 기름이 지다 / 속(을) 차리다, 속셈이 있다 / 마음을 비우다 / 눈이 어둡다, 눈에 헛 기미가 잡히다 / 생가죽을 벗기다, 등가죽을 벗기다 / 군침이 돌다, 군침을 삼키다 / 허리(띠)를 졸라매다 / 발등을 찍다 / 입에 거미줄 치다 / 불알 두 쪽만 차다 / 누구 코에 바르겠는가? / 한숨(을) 돌리다

---

24) 환유는 크게 '부분-전체(part-whole) 관계', '원인-결과(cause-effect) 관계', '상보적 관계(complementarity)'의 세 가지와 관련된 경험을 들 수 있다. 이 글에서는 주로 '부분-전체 관계'를 다루게 된다.

25) 임지룡(1997:193-201)에서는 확대지칭 양상의 보기로서 '한 특징→사람/사물', '소유물→소유자', '개체→유형', '원인↔결과'의 유형을 들고 있다.

이들 신체와 관련된 표현은 손(26), 등(7), 속(2), 군침(2), 눈(2), 배(2)의 순서로 나타나는데, '손'과 관련된 비유법이 가장 많다.

이들 가운데 '손에 들어오다.'의 경우를 움직씨 '들어오다'를 중심으로 비유법을 살펴보면 소유물은 이동체가 되고 이동체가 소유주에서 피소유주로 이동하는 구조이다. 따라서 이 표현은 '이동'이라는 이상적인 인지구조 속에서 [소유물은 이동체이다.]라는 이동도식이 성립한다. 곧 잘 알려진 근원영역인 '이동체'로서 잘 알려지지 않은 목표영역인 '소유물'을 개념화하는 것인데 이것은 이동체가 출발지, 도달지, 경로가 있는 것처럼 소유물도 같은 경로를 갖는 이동체라고 보면 구체물이 추상물에 본뜨기됨으로써 은유적 본뜨기(metaphoric mapping)가 일어난다. 이를 은유①이라고 부르는데, 이것이 이 관용 표현 전체를 지배하는 구조적 틀이다. 이 구조적 은유가 성립되는 과정을 살펴보면, 먼저 풀이씨 '들어오다'가 '얻다, 벌다'의 뜻으로 확장될 때 근원영역과 목표영역 사이에 은유적 본뜨기가 일어난다. 이를 은유②라고 부른다. 또한 '손'은 '손→신체→소유주'라는 과정을 거친다. 먼저 '손→신체'로 확장 되는 것은 '손'이라는 근원영역이 활성화되어 '신체'라는 목표영역으로 '환유적 본뜨기(metonymic mapping)'가 일어나기 때문이다. 이를 환유①이라고 부른다. 이 환유는 지시적 기능을 가지므로 지시적 환유에 속한다. 다음 두 번째 확장에서 '신체→소유주'는 은유가 관여하는데, 이를 은유③이라고 부른다. 따라서 '손에 들어오다.'는 구조적인 은유 속에서 근원영역에 환유①이 일어나고, 이 영역이 목표영역에 본뜨기되는 과정에서 은유②③이 상호 작용하여 기본 도식을 이룬다. 신체를 통한 소유 표현은 '소유주'에 관한 비유 표현이다. 이를 그림으로 그려보면 다음과 같다.

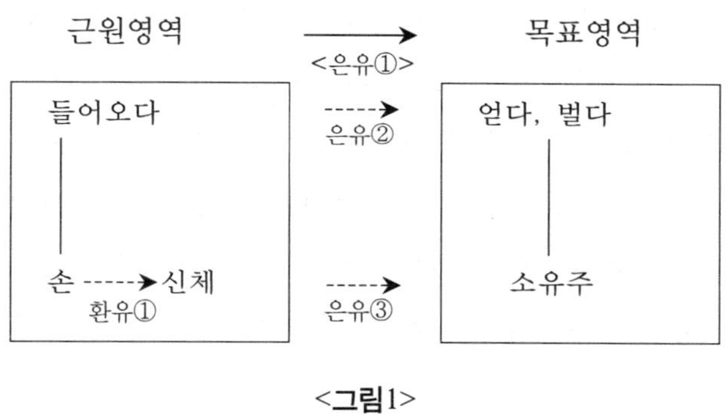


<그림1>

<그림1>은 '손에 들어오다'를 '환유를 토대로 한 구조적 은유'로 나타낸 것인데, <은유①>은 중심적인 비유법을 보인 것이다.

다음 소유 관용 표현은 식물의 한 부분을 통해서도 나타낼 수 있다.

(3) 뿌리를 뽑다, 뿌리를 뽑히다 / 꽃이 피다, 꽃을 피우다 / 싹도 없다 / 열매를 맺다

식물 은유는 소유물을 식물의 부분인 '뿌리(4), 꽃(2), 싹(1), 열매(1)' 따위에 빗대고 있는데, '뿌리'와 관련된 표현이 가장 많다. 이 가운데 '꽃이 피다.'를 보기를 들면 [소유물은 식물이다.]라는

구조적인 은유가 가장 큰 틀로서 성립한다(은유①). 이 틀의 성립 과정을 보면 풀이씨 '피다'는 '번영하다'로 의미 확대가 일어나는데, 이 때 은유적인 본뜨기가 일어난다(은유②). 동시에 이름씨 '꽃'은 '꽃→식물→소유물'의 두 단계의 비유가 일어나는데, 첫째 단계인 '꽃→식물'에는 부분-전체 단계의 환유(환유①)가, '식물→소유물'의 단계에서는 은유가 관여한다(은유③). 이 표현은 '꽃→소유물'을 가리킴으로써 부분을 활성화해서 전체를 지시하는 지시적 환유에 속한다. 이들도 신체 은유와 마찬가지로 '환유를 토대로 한 구조적인 은유'에 해당하는데, 그 원리는 신체 은유와 같다.

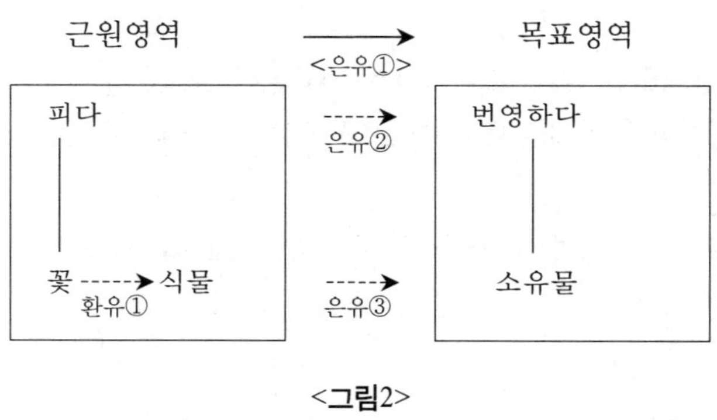


<그림2>

<그림2>는 '꽃이 피다'를 '환유를 토대로 한 구조적 은유'로 나타낸 것이다.

식물 은유와 신체 은유의 차이점은 전자가 '소유물'에 관한 비유라면, 후자는 '소유주'에 관한 비유라는 점이다.

다음 음식 은유는 음식물의 한 종류나 음식물의 하위 영역을 통해서 소유 상태나 소유물을 나타내는 표현으로서, 하위 영역이 상위 영역의 종류를 이루거나 부분을 이루고 있다.

(4) 떡이 생기다, 떡고물이 떨어지다, 떡을 치다, 굴러들어 온 떡 / 밥술이나 먹다, 밥(을) 축내다, 밥줄을 끊다, 제 밥 찾아먹기 / 죽을 쑤다
(5) 건더기가 없다 / 국물도 없다
(6) 단맛(을) 다 빼 먹다 / 단물(을) 다 빼 먹다 / 구미가 나다, 구미가 당기다
(7) 굴러온 호박

음식 은유는 '떡'(4)과 '밥'(4)과 같은 음식물에 빗댄 표현이 가장 많고 이 밖에도 '건더기(1), 국물(1), 죽(1), 단맛(1), 단물(1), 약발(1), 호박(1)' 같은 음식(물)과 관련된 비유들로서 '음식물의 종류이거나 음식물의 한 부분, 음식물의 재료, 음식 맛'과 관련되어 있다. 이들의 비유 과정을 '건더기가 없다.'를 가지고 살피면, [소유물은 음식물이다.]라는 존재론적 은유가 관여한다(은유①). 이때 관여하는 비유의 과정을 살펴보면 '없다'는 추상화되어 '소득이 없다.'라는 소유의 뜻이 생기는데, 이 과정에 관여하는 것이 은유이다(은유②). 또한 '건더기'는 근원영역이 되어 목표영역인 '음식물' 전체를 가리키므로 지시적 환유가 성립한다(환유①). 이 '음식물'이 '소유물'의 뜻이 되는 것은 은유적 본뜨기에 의해서 가능하다(은유③).

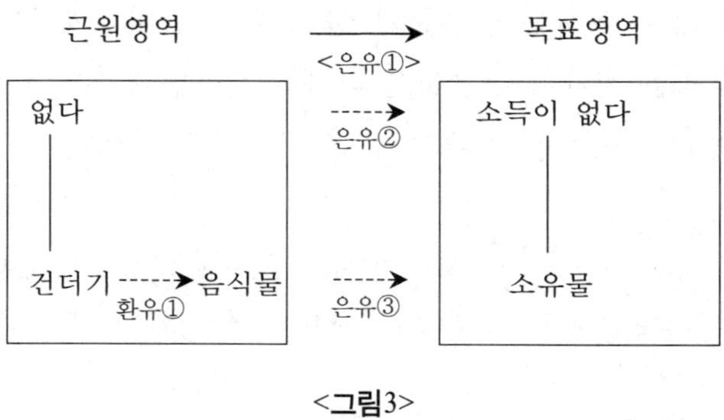


<그림3>

<그림3>은 '건더기가 없다.'를 '환유를 토대로 한 존재론적 은유'로 나타낸 것이다.

음식 은유는 '소유물' 중심 비유로서, 식물 은유와 같은 양상을 보인다.

지금까지 살펴본 기본 도식은 모두 확대 지칭의 원리로 설명이 가능하며, 신체 은유는 '소유주' 중심 표현이라면, 식물 은유와 음식 은유는 '소유물' 중심 비유법임을 살펴보았다.

### 3.2.1.2. 확장 도식

이동은 출발지, 도달지의 과정을 거치는데, 이동체의 이동 방향도 수직 이동과 수평 이동으로 나누어진다. 그런데 이 이동의 방향에는 긍정적인 이동 방향이 있는가 하면 그렇지 않는 방향도 있다. 이와 관련된 함축적 의미는 방향적 은유에 의해서 가능하다. 이처럼 구조적인 은유와 동시에 방향적 은유가 성립되는 보기를 확장 도식이라고 부른다.

먼저 소유물인 이동체가 수직 이동하는 경우, 이동체의 방향이 수직 이동은 '위→아래'와 '아래→위'의 두 방향이 가능하다.

수직 이동에서 '위→아래'의 이동은 노력 없이 얻어지는 소유와 관련된 표현들이 많다.

> (8) ㄱ. 그녀는 외제 물건이라면 무조건 군침을 삼킨다.
> ㄴ. 많은 이윤이 중간 상인의 수중에 떨어졌다.
> ㄷ. 중간이득을 주인 몰래 부동산 업자가 꿀컥 삼켰다.

(8)의 '군침을 삼키다, 수중에 떨어지다, 꿀컥 삼키다, 돈벼락을 맞다' 같은 수직 이동에 나타난 관용 표현은 이윤이나 유익한 일이 본인의 의사와 상관없이 하늘에서 떨어지듯이 절로 생기는 상황이나 그러한 욕구, 욕심을 나타낸다. 이런 함축적인 뜻은 '위→아래'의 수직 운동에서 비롯되며, 이는 방향적 은유에 해당한다.

다음 '아래→위'의 이동체 이동은 경제적으로 망하거나 불행한 일을 함축적으로 갖는다.

> (9) ㄱ. 혼인 한번 치루고 나면, 집안의 뿌리가 빠진다.
> ㄴ. 그들 부부는 딸 시집보낸다고 등골이 빠졌다.

(9)의 '뿌리가 빠지다, 뿌리가 뽑히다, 등골이 빠지다.' 따위들은

경제적으로 상황이 나빠진 경우를 빗대어 말할 때 쓴다. 이처럼 '아래→위'의 수직 이동은 부정적인 뜻을 많이 함축하는 방향적인 은유에 해당한다.

다음 수평 이동도 '안→밖'과 '밖→안'의 두 이동 표현이 있다. 이들은 긍정과 부정의 대립이 나타나는데, 앞의 수직 이동보다 더 뚜렷하다.

먼저 '안→밖' 수평 이동은 돈이나 재물이 나가는 형상으로서 부정적인 뜻을 담고 있다.

(10) ㄱ. 회사가 다른 사람 손에 넘어갔다.
ㄴ. 아무리 동생이지만 계속해서 손을 벌리는 데 두 손 들었다.
ㄷ. 굶을 죽을망정 남에게 손을 내밀지는 않겠다.

(10)의 '손(아귀)에 넘어가다, 손을 벌리다, 손을 내밀다.' 따위들은 소유주는 '안'을, 피소유주는 '밖'을 비유하는 것이므로 [소유물은 이동체이다.]라는 구조적 은유에 속한다. 그런데 손 안의 물체가 밖으로 나가게 되면 재물이 나가거나 불행한 일을 당하는 것을 뜻한다. 따라서 '안→밖' 이동의 부정적인 뜻은 방향적 은유가 관여한 것으로서 [구조적 은유-방향적 은유]가 겹쳐 나타난다. 또한 '뒷손(을) 내밀다, 뒷손을 벌리다.'도 은유와 은유가 겹치는데, '손'은 환유에 속하지만, '뒷손'에서 '뒤'는 부정적인 뜻을 함축하므로 방향적 은유에 해당한다. '따라서 '뒷손을 내밀다.'는 [방향적 은유-구조적 은유]로서 도식화할 수 있다.

또 소유물이 '밖→안'으로 움직이는 표현도 [소유물은 이동체이다.]라는 구조적인 은유와 관련된다.


    (11) ㄱ. 바라던 것도 일단 손에 들어오면 금세 싫증이 난다.
         ㄴ. 돈을 주고 사기 전에는 한 평의 땅이나마 손에 넣을 수
             없었다.
         ㄷ. 남의 손을 빌릴 생각은 아예 하지 말고 혼자서 열심히 일해라.


  (11)의 보기에서 '손에 들어오다, 손에 넣다, 손을 빌리다.' 따위는 손 안에 물체가 있거나 들어오는 표현은 재물이나 행운이 들어오는 것을 뜻함으로써 긍정적인 뜻을 함축한다. 이러한 개념화는 방향적 은유가 관여한 것이다. 지금까지 살펴본 관용 표현은 확장 도식으로서, 앞에서 살펴본 기본 도식에 방향적 은유가 겹쳐 나타난다.

  확장 도식 가운데 '뿌리가 빠지다.'를 대상으로 살피면, 먼저 [식물은 소유물이다.]라는 구조적 은유가 성립한다(은유①). 이 비유법의 과정을 살펴보면 풀이씨 '빠지다'가 '없어지다'로 추상화되는데, 이는 은유적 본뜨기에 의해서 가능하다(은유②). 다음 '뿌리'가 '나무'로 확대되는 데는 환유가 작용하고(환유①), 이 '나무'가 '근원'이나 '재물'로 추상화되는 과정에는 다시 은유가 관여한다(은유③). 이에 따라서 '뿌리가 빠지다.'는 '근본이 없어지다.' 또는 '재물이 없어지다.'의 관용적 뜻을 갖는다. 또한 '뿌리가 빠지다.'는 '뿌리'인 소유물의 이동 방향이 '아래→위'의 수직 이동이므로 부정적인 뜻을 함축하게 된다(은유④). 이 표현들은 소유물

중심 표현이 된다.

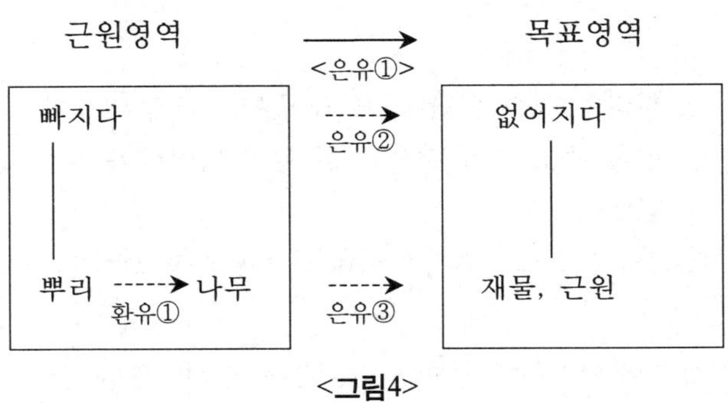


<그림4>

<그림4>는 확장 도식을 보인 것인데, 기본 도식에 방향적 은유가 겹친 것을 보이고 있다.

## 3.2.2. 환유를 포함한 환유

'환유를 포함한 환유'에서 중심적인 비유법은 서술적 환유이다. 이것은 풀이씨의 특성에서 비롯되는데, 이에 해당하는 보기를 들면 다음과 같다.

> (12) 깡통을 차다, 딴 주머니를 차다, 바가지를 쓰다, 바가지(를) 차다, 쪽박(을) 차다, 바가지(를) 씌우다, 빈대를 붙다

(12)는 움직씨 '차다, 쓰다, 씌우다, 붙다'가 오는 경우로서, 소유

물이 소유주의 몸에 닿는 과정을 보이므로 소유물 '깡통'과의 관련성에서 환유가 성립한다. 이것은 인접성에 의한 환유적 본뜨기에서 비롯된다(환유①). 이 틀 속에서 또 다른 환유가 이름씨에 의해서 실현되는데, '깡통, 주머니, 바가지, 쪽박'이라는 사물에 의해서 실현된다26). 그런데 '차다'는 부림말에 올 수 있는 사물이 '사람이 몸에 달 수 있는 물건'이라는 범주가 정해져 있기 때문에 '깡통'과 같은 물건은 예측이 가능하다. 따라서 이와 같이 예측이 가능한 '차다–달 수 있는 물건'과의 관련성은 '차다'의 의미 속에 '깡통' 따위가 함의되어 있으므로 '깡통을 차다.' 전체가 서술적 환유를 이룬다. 따라서 '환유를 포함한 환유'에서는 서술적환유 속에 지시적환유가 포함되어 나타난다. 이것은 근원영역에서 일어나는 인지 과정이다. 이 근원영역이 목표영역으로 확대되어 '빈 주머니가 되다.'라는 뜻이 되는 것은 은유적 본뜨기에 의해서 가능하다(은유①). 이 서술적 환유는 담화 상황에 나타나는 주체에 대한 설명을 함으로써 우리의 이해를 돕게 된다.

---

26) 환유는 '확대지칭 원리'뿐만 아니라 다른 원리에 의한 보기들도 있다(김종도 2004:121-130 참조).
　　ㄱ. 청와대는 말이 없다. ㄴ. 마피야 두목은 상해에 살고 있다. ㄷ. 세익스피어는 읽기 쉽다.
　　ㄱ은 '장소→기관→사람들'로 된 영역축소 환유, ㄴ은 '머리→지도자→지도 행위'의 확대 이중 환유, ㄷ은 '작가→작품→판형'의 혼합 이중적 환유로 되어 있다.

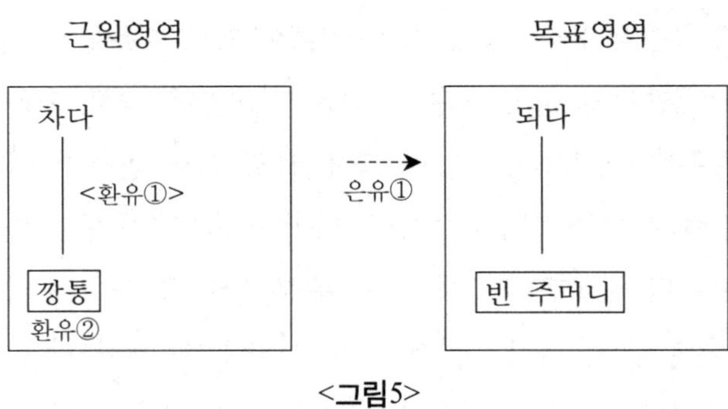


<그림5>

<그림5>에서 '환유를 포함한 환유'는 '서술적 환유'에 '지시적 환유'가 포함되는 과정을 보인 것으로서, □는 포함을 나타낸다.

그런데 서술적 환유 표현인 '깡통을 차다.'는 또 다른 환유 표현으로 바꿀 수 있다.

(13) ㄱ. 그는 깡통이다.
   ㄴ. 깡통이 온다.

(13ㄱ)의 '그는 깡통이다.'는 다른 서술적 환유로, (13ㄴ)의 '깡통이 온다.'는 지시적 환유로 바꾼 것이다. 그런데 '깡통을 차다.'라는 관용 표현에서 움직씨 '차다'에 꼭 '깡통'만 와야 하는가 하는 의문을 가질 수 있는데, 그것은 사람들이 갖고 있는 경험, 다양한 개념적 지식, 문화적 지식, 추론 능력에 따라서 달라질 수도 있다고 본다. 이러한 요인에 의해서 각 나라마다 관용 표현이 다르게 발달되었을 것이다.

또한 관용 표현 가운데 같은 뜻의 다른 표현들이 있는데, 보기 들면 '깡통을 차다.'는 '바가지를 차다, 쪽박을 차다.' 따위를 들 수 있다. 이 관용 표현은 죽은 은유가 아니라 비유적인 뜻이 많이 남아 있기 때문에 다른 표현들이 가능하다.

관용 표현의 연구가 오랫동안 언어학 연구에서 제외되어 온 것은 관용 표현의 뜻이 그것을 이루는 글자의 결합으로 예측할 수 없다고 생각했기 때문이다. 그런데 이 글에서는 관용 표현이 비유적인 의미를 가질수록 은유와 환유가 관여한다는 관점에서 이들의 상호 작용성에 초점을 맞추어서 논의를 전개했다.

소유를 나타내는 관용 표현 가운데 신체, 식물, 음식물에 빗댄 표현은 어느 정도 성분 요소들이 갖고 있는 문자 의미가 토대가 되어 비유적으로 쓰이므로, 이들 성분들의 의미 확장을 분석해 보았다. 이 과정에서 은유와 환유가 관여할 때 이 두 비유법이 똑같이 관여하는 것이 아니라 이 가운데 하나가 더 중심이 된다고 보았다. 우리말은 풀이말 중심이므로 풀이씨의 특성에 따라서 은유나 환유 가운데 하나가 먼저 관여하게 되면, 이것이 중심 비유법이 된다. 동시에 이름씨의 특성에 따라서 이차적인 비유법이 관여한다.

소유 관용 표현은 '환유를 토대로 한 은유'와 '환유를 포함한 환유'의 두 꼴이 있는데, 이 가운데 전자가 대부분을 차지한다. '환유를 토대로 한 은유'의 기본 도식에서는 구조적 은유 또는 존재론적 은유가 큰 틀이 되고, 이 틀 안에서 은유적 본뜨기와 환유적 본뜨기가 일어나 상호 작용한다. 확장 도식에는 기본 도식에 방향적 은유가 동시에 나타나서 함축적인 뜻을 갖게 되는 것을 일컫는다. 둘째 '환유를 포함한 환유'에서는 서술적 환유 속에 지시적 환유가 포함되어 나타나는 것을 말한다.

그런데 이 글에서 논의의 대상으로 삼은 것은 소유의 뜻을 갖는 관용 표현이므로 이것이 전체 관용 표현에 모두 적용된다고는 볼 수 없다. 그래서 나머지 관용 표현에 대한 연구가 계속 되어야 할 것이고, 또한 은유와 환유의 상호 작용성에 관한 연구도 다른 영역, 곧 낱말이나 문장 단위에서도 이루어 져야 할 것이다. 또한 이를 국어 교육에 활용하면 관용 표현을 이해하는 데 드는 시간을 단축할 수 있을 것으로 본다.

# 4장 소유 표현에 나타나는 비유적 의미 확장
## —신체말 '손'을 중심으로

    비유는 단순한 언어상의 문제가 아니라 그 언어를 쓰는 사람들의 사고 방식, 인식까지도 나타내는 중요한 단서를 제공한다. 따라서 이 장에서는 우리가 비유 표현을 어떻게 개념화하여 이해하는가로 연구의 범위를 확대하는 것이 필요하다고 보고, 이들을 인지언어학적인 방법으로 접근하고자 한다. 신체말 '손'은 기초 낱말로서 사용 빈도가 높아서 홑말로서도 그 중심 뜻이 많이 번져 나가서 쓰이고, 겹말과 익은말로도 확장되어 쓰이고 있다. 이 글에서는 '손'과 관련된 표현들을 모두 대상으로 하여 그 뜻이 어떻게 확장되는가를 의미론적, 문법론적인 관점에서 살피기로 한다. 그 방법으로서 은유와 환유라는 기제가 어떻게 관여하는가에 초점을 맞추기로 한다. 보기를 들면 다음의 겹말은 '손'과 다른 낱말이 결합하여 만들어진 것으로서 '손'의 뜻이 확장된 보기에 해당한다.

(1) ㄱ. 들손, 쥘손
　　ㄴ. 일손, 큰손

(1)의 표현들은 '손'이 뿌리가 된 겹말이지만 이들에서는 신체말로서 '손'의 뜻은 찾기가 어렵다. (1ㄱ)의 '들손, 쥘손'은 모두 물건의 일부분 가운데, '손잡이'를 가리키는 말로 확장되었다. (1ㄴ)도 '손'의 중심 뜻에서 확장되어 '사람'을 가리키므로, '일손'은 '일꾼'을, '큰손'은 '씀씀이가 후하고 큰 사람'을 뜻하는 것으로 확장되었다. 이렇게 신체말 '손'은 중심 뜻에서 번져나가 확대되어 쓰이는데, 이 때 관여하는 비유가 주로 은유와 환유이다.

또 '손'과 관련한 표현 가운데서는 은유와 환유 두 가지로 모두 해석되기도 한다

(2) 손에 들어오다.

(2)는 두 가지 해석이 가능한데, 하나는 '손'과 '그릇'의 유사성에 따른 그릇 은유로 해석되는 것이다. 다른 하나는 '손'의 기능 가운데 '무엇을 잡거나 유지하는 기능'인데, 이에 따라서 '손'의 작용 결과 어떤 '물건'이 손 안에 들어오게 되고 인과관계에 따라서 '무엇을 소유하다.'라는 뜻을 가리키게 되는 것은 공간적 인접성에 따른 환유로 해석 가능하다.

이처럼 언어 표현에는 은유와 환유, 은유는 은유끼리 서로 얽혀서 작용하는데, 이를 상호 작용성이라 부른다. 이 글에서는 은유

와 환유의 특징을 살핀 다음 이들의 관련성을 '손'이라는 신체말의 의미 확장에 나타난 과정들을 통해서 살피기로 한다. 이러한 언어에 나타나는 비유 과정을 통해서 우리는 사람의 머릿속에서 일어나는 인지 과정을 살필 수 있는 계기를 마련하게 될 것이다.

## 4.1. 은유와 환유의 관련성

은유와 환유는 개념적인 비유법이라는 공통점이 있지만, 전자가 '유사성(similarity)'에 근거를 둔다면 환유는 '인접성(contiguity)'에 근거하는 비유법이라는 차이도 있다. 그런데 이 두 비유법은 관련성이 많을 뿐더러 어느 정도 연속선상에 있음을 본뜨기의 대응 관계를 통해서 알 수 있다.

은유와 환유의 인지적인 공통성은 이 두 원리가 개념적인 본성에 따라 인지영역 속에 존재하는 개념 요소들 사이의 본뜨기(mapping)관계로 명시될 수 있다는 점이다. 그런데 은유는 두 개의 다른 영역 사이의 본뜨기에 의해서 성립한다.

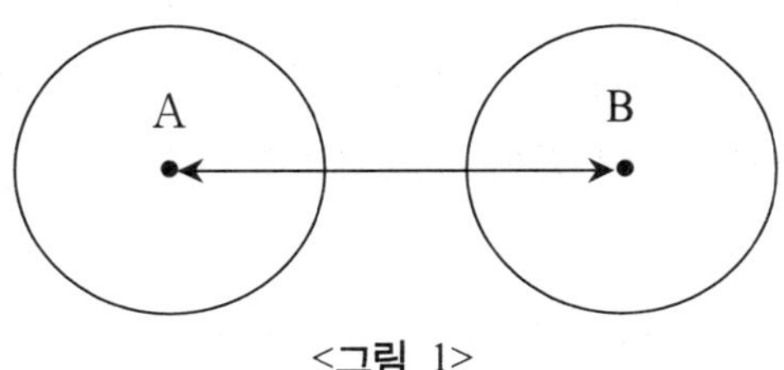


<그림 1>

<그림 1>에서 A와 B는 비슷한 성질을 갖고 있어서 이 둘의 본 뜨기에 의해서 은유가 성립한다. 실제로 은유의 보기를 들면 다음과 같다.

    (1) ㄱ. 사랑은 불꽃이다.
        ㄴ. 주가가 올라가다.
        ㄷ. 행복이 넘치다.

(1)에서 ㄱ은 구조적 은유, ㄴ은 방향적 은유, ㄷ은 존재론적 은유에 해당하는데, 이 세 은유의 차이점이라면 근원영역과 목표영역에 나타나는 본뜨기의 양상이 다르다는 점이다. (1ㄱ) '사랑은 불꽃이다.'는 구조적 은유로서 구체적인 '불꽃'이 근원영역이 되어 추상적인 '사랑'에 본뜨기되는데, 이 때 모양, 성질, 상태가 겹쳐 다수의 본뜨기를 나타낸다. 이처럼 구조적 은유가 다수 대응에 의해서 가능하다면 방향적 은유와 존재론적 은유는 일 대 일의 본뜨기가 일어난다. (1ㄴ) '주가가 올라가다.'에서 주가의 수직 이동이 위로 올라감이 긍정적이라면, 주가가 떨어지는 것은 아래의 이동으로서 부정적인 이동이다. 이 때 '이동'은 근원영역이고, '주가의 이동'은 목표영역이 된다. (1ㄷ) '행복이 넘치다.'는 행복을 공간 안에 들어가는 구체적 이동물로 인식한 것으로서 구체적인 '이동물'이 근원영역이 되어 목표영역인 '행복'에 대응한 '그릇 은유'이다.

그런데 환유는 근원영역과 목표영역 사이의 대응관계가 한 영역 안에서 본뜨기로 일어난다는 점이다. 이것이 두 영역 사이의 대응에 따른 은유와 다른 점이다. 이들을 그림으로 나나내면 다음과 같다.

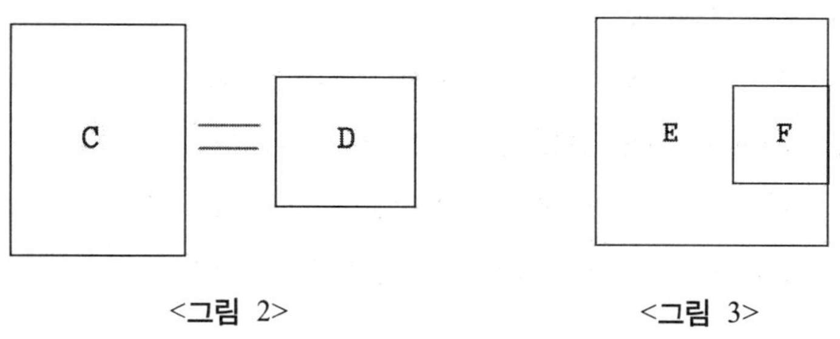


<그림 2>　　　　　　　　<그림 3>

<그림 2>는 C와 D의 인접성에 의한 환유를 보여주는 그림이고, <그림 3>도 부분-전체 관계로서, 상위개념 E가 하위개념 F를 대신하거나 반대로 하위개념 F가 상위개념 E를 대신하는 것을 보여주는 그림이다. 이 때 상위개념이 하위개념을 대신할 때의 인지과정은 구체적인 언어보다 일반성이 더 높은 것에 <초점을 맞추는 것>이고, 하위개념이 상위개념을 대신할 때는 일반적인 것보다 구체적인 언어가 <대표되는 것>이라는 처리가 일어난다. 다음의 보기는 부분이 전체를 대신하는 보기이다.

　(2) 안경이 오고 있다.

위 보기에서 '안경'은 '안경을 긴 사람'으로서 공간적 인접성에 따른 환유 표현이다. 이 때 '안경'이라는 부분이 근원영역으로서 목표영역인 '안경을 낀 사람'에 본뜨기되어 전체인 '사람'을 가리키는 것은 '부분'이 '전체'를 대신하는 환유적 확장에 의해서 가능하다.

최근 R. Dirven(2002:93)은 환유를 은유와의 관련성에서 비유적인가 다의적인가의 기준을 가지고 선적인(linear) 환유, 연결적인(conjunctive) 환유, 포함적인(inclusive) 환유의 세 가지로 나누고 있다. 이것은 달리 말하면 환유성(metonymicity)의 정도에 따라서 셋으로 나눈 것인데, 보기를 들면 다음과 같다.

<br>

(3) ㄱ. 나라의 <u>다른 지역들</u>은 같지 않다.
　　ㄴ. <u>차</u>는 말을 위해서는 큰 먹이였다.
　　ㄷ. <u>왕</u>은 그것의 승인을 보류하지 않는다.
　　ㄹ. 그는 <u>좋은 머리</u>를 가졌다.
　　ㅁ. 크릭-람빅은 함께 <u>먹고</u> 마시고 있다.

<br>

이 (3ㄱ)의 '지역'은 환유 가운데 가장 낮은 등급인 '선적인 환유'로서 (a)는 '비-비유적(non-figurative)·비-다의적(non-polysemous)'이고 (b) (3ㄴ) '차'는 '비-비유적·다의적'인 특성이 있는 '연결적 환유'이고, (3 ㄷ, ㄹ) '왕, 머리'는 '비-비유적·다의적' 또는 (d) '비유적·다의적'인 특성 두 가지를 다 갖고 있는 '포함적 환유'이다. 다음 '은유성(metaphoricity)'을 갖는 (3ㅁ)의 '먹다'는 '비유적·다의적'인 특성을 갖는다. 그래서 환유는 통합적인(syntagmatic), '은유'는 선택

적(paradigmatic)인 특성을 갖고 있다고 본다. 이를 그림으로 나타내면 다음과 같다.

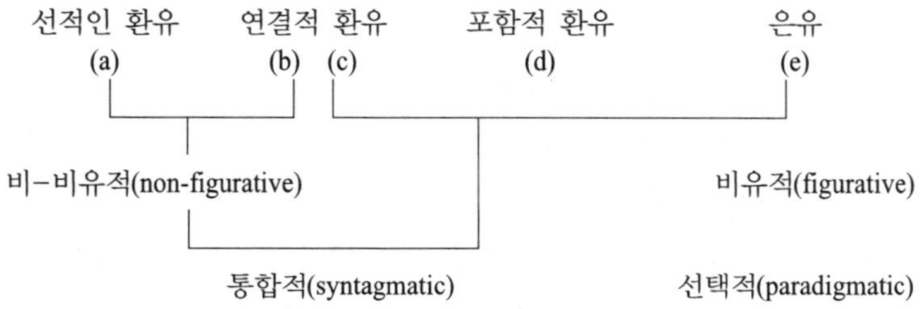


<그림 4. 환유-은유 연속>

## 4.2. 비유의 의미적 확장

신체말 '손'은 중심 뜻에서 많이 번져 나가서 주변 뜻으로 확대된다. 임지룡(1992:119-220)에서는 '손'의 뜻을 다음과 같이 기술하고 있다.

(1) ㄱ. 손을 씻고 밥을 먹어라.(수)
　　ㄴ. 손꼽아 기다린다.(손가락)
　　ㄷ. 손에 땀을 쥐고 응원한다.(손바닥)
　　ㄹ. 손이 모자란다.(사람)
　　ㅁ. 그 사람 손이 가야 한다.(기술)

ㅂ. 오랜 친구와 손을 아주 끊을 수야 있나.(교제)

ㅅ. 그의 손에 녹아나다.(수완/잔꾀)

ㅇ. 손이 거칠다.(손버릇)

ㅈ. 그 사람의 손을 빌었다.(원조)

ㅊ. 손이 크다.(아량)

ㅋ. 손이 맑다.(마음씨)

ㅌ. 손을 놓치지 말아라.(기회/시기)

ㅍ. 남의 손에 넘어가다.(소유)

ㅎ. 국토 통일은 우리의 손으로.(역량)

신체말 '손'은 인접구조와 유사구조에 의해서 그 뜻이 '기술, 교제, 수완, 손버릇, 원조, 아량, 마음씨, 기회, 소유, 역량' 따위로 번져 나갔다. 이 글에서는 이 가운데 '소유'의 뜻으로 확대된 경우를 주된 대상으로 하여 신체말가 어떻게 확장되는지를 살피기로 한다.

(2) ㄱ. 그는 나와 손을 잡았다.

ㄴ. 손이 크다.

ㄷ. 손에 넣다.

ㄹ. 손이 부족하다.

신체말 '손'도 몸의 일정 공간을 차지하므로 일정 장소로 해석할 수 있다. 그런데 이 표현이 (2ㄱ)처럼 소유 표현으로 쓰인다면, 이 표현도 비유적 확장으로 볼 수 있다. 따라서 이 표현은 [소유는 장소이다.]라는 은유로 해석이 가능하다. (2ㄴ)은 '손'을 '그릇'에 빗댄 것이므로 [소유는 그릇이다.]로, (2ㄷ)은 '손'을 '물건'에 빗대고 있으므로 [소유는 물건이다.]로, (2ㄹ)은 '손'을 '사람'에 빗대고 있으므로 [소유는 사람이다.]로 나누어서 살피기로 한다27).

## 4.2.1. [손은 장소이다.]

'손'을 대상으로 하여 소유 표현의 확장을 살피고자 하는 것은 신체말 가운데 '손'이 어떤 물건을 손에 쥐는 것에서부터 그것을 계속 유지하는 것이 모두 소유와 관련된 행위로서 소유와 관련성이 크다고 보기 때문이다. 신체말로서 '손'의 중심 뜻은 [손은 장소이다.]라는 은유에 기초하고 있다. 신체말도 사람의 몸의 한 부분으로서 일정 공간을 차지하므로 이런 비유가 성립한다.

 (3) ㄱ. 손꼽아 기다린다.(손가락)
   ㄴ. 나의 손에 땀이 났다.(손바닥)
   ㄷ. 그는 나의 손을 탁하고 쳤다.(손등)

'손'은 '손가락, 손바닥, 손등'의 부분으로 이루어진 신체말로서 '손'도 일정 공간을 차지한다. 이것이 '손'의 가장 원형적인 표현이다.

공간 개념은 시간 개념으로 전이가 일어난다. '손'의 경우에도 이런 비유화가 일어난다.

———————————————

27) 배도용(2002)에서는 '손'의 의미 확장을 '사람>대상>대상과 공간의 겹침>공간>공간과 소유의 겹침>소유>공간과 시간의 겹침>시간'의 방향으로 확장됨을 살핀 바가 있다.

(4) ㄱ. 손을 붙이다.

　　ㄴ. 손을 늦추다.

　　ㄷ. 손이 나다.

　　ㄹ. 손이 떨어지다.

　　ㅁ. 손이 빠르다.

　　ㅂ. 손이 재다.

　　ㅅ. 손이 뜨다.


　(4)의 표현들은 모두 [손은 시간이다.]라는 은유로 비유화한 표현으로 볼 수 있다. (4ㄱ) '손을 붙이다.'는 '어떤 일을 시작하다.', (4ㄴ)의 '손을 늦추다.'도 '긴장을 풀고 일을 더디게 하다.', (4ㄷ) '손이 나다.'는 '어떤 일에서 조금 쉬거나 다른 것을 할 틈이 생기다.' (4ㄹ) '손이 떨어지다.'는 '일이 끝나다.', (4ㅁ) '손이 빠르다.'는 '일 처리가 빠르다.', (4ㅂ) '손이 재다.'는 '손이 빠르다.'와 같은 뜻으로 쓰인다. (4ㅅ)의 '손이 뜨다.'는 '일하는 동작이 매우 굼뜨다.'의 뜻으로서 이들에서는 더 이상 신체말 '손'이 갖는 원형적인 뜻은 찾아볼 수 없고, 시간 개념만 남는 것으로 해석된다.

　그런데 이런 '공간의 시간화'라는 추상화가 바로 일어나는 것이 아니라 공간 개념과 시간 개념이 겹쳐 나타나다가 나중에는 시간 개념만 남는 형식으로 전이가 일어난 것으로 볼 수 있다. 이것은 공간 개념과 시간 개념이 겹친 표현이 있는 것으로 알 수 있다.


　(5) 손이 걸다.

(5)의 ‘손이 걸다.’ 표현은 ‘이 일 저 일 두루 일솜씨가 날쌔거나 좋다.’로서 ‘손’이라는 신체말를 토대로 해서 [손은 장소이다.]에서 온 공간 개념과, 이것에서 번져 나간 것으로 ‘일솜씨가 빠른 것’은 시간개념으로서 [손은 시간이다.]가 겹친 표현으로 볼 수 있다.

지금까지 손의 중심 뜻이 [손은 장소이다.]라는 은유가 공간 개념에서 시간 개념으로 확대되는 것을 살펴보았다. ‘손’에 나타나는 원형적인 뜻에는 아직 ‘소유’의 뜻은 찾기 어렵지만, 점차 추상화되면서 ‘손’은 ‘소유’의 뜻을 갖게 되는 것이다.

## 4.2.2. [손은 소유물이다.]

신체말 ‘손’은 공간 개념에서 소유 개념’의 뜻으로 확대된다. 앞의 예문 (1)에서 ‘손’이 소유의 뜻을 갖는 보기로는 (1ㅍ)으로서 ‘남의 손에 넘어가다.’가 전형적인 보기에 해당한다. 이 표현은 ‘손’이 ‘소유권(ownership)’을 가리키게 되는데, 이것은 ‘소유’가 ‘손’을 통해서 이루어지므로 공간적인 인접성에 의해서 확대된 보기이다.

‘손’은 ‘모양, 성질, 기능’에서 ‘그릇’과 유사성을 보인다. 이러한 신체적 경험을 통해서 우리는 손을 그릇으로 보는 체험적 게스탈트(gestalt)로서의 영상도식에 의해서 [손은 그릇이다.]라는 은유적 개념을 갖는다[28]. 그런데 [손은 그릇이다.]라는 은유적 개념

---

28) 손과 그릇의 인접성에 의해서 ‘손’ 대신 ‘그릇’을 쓴다면 이는 환유에 해당한다.

은 그릇(container) 은유로서 이 은유가 성립되기 위해서는 [손은 물건이다.]라는 은유가 성립한다. 이들 두 비유법인 [손은 그릇이 다.], [손은 물건이다.]는 모두 상위 은유인[손은 소유물이다.]의 하 위 은유로 묶을 수 있다. 이들을 차례로 살피기로 한다.

### 4.2.2.1. [손은 그릇이다.]

이 비유법과 관련된 표현은 크게 두 종류로 나눌 수 있는데, 하 나는 소유 상태와 관련된 것이고, 다른 하나는 소유 행위와 관련 된 표현이다. 먼저 소유 상태와 관련된 표현들은 [손은 그릇이다.] 라는 은유적 개념을 토대로 하는데, 이 때 '손'은 소유물을 담는 그릇들의 용량 질, 속성과 관련된 비유로 나타난다.

    (6) ㄱ. 손이 크다/손이 작다
         ㄴ. 손이 맑다[29]

(6)의 관용 표현들은 모두 그림씨로 실현된다는 공통점이 있다. 이 표현에서 '손'은 '그릇'과의 유사성을 찾을 수 있는데, (6ㄱ) '크 다, 작다'는 그릇의 용량을, (6ㄴ) '맑다'는 그릇의 질과 관련한 표 현들이다. 이들 표현은 결국 '손 → 그릇'의 단계를 거쳐서 뜻이

---

29) '손이 맑다.'는 '재수가 없어서 생기는 것이 없다.', '인색하여 남에게 물건을 주는 품이 후하지 못하다.'의 뜻이 있는데, 이 글에서는 후자의 뜻을 주된 대상 으로 한다.

확대된다고 볼 수 있다. 이 과정에서 관여하는 것이 은유와 환유
이다. 먼저 '손'과 '그릇'의 유사성에 의해서 [손은 그릇이다.]라는
구조적인 은유가 성립한다. 곧 근원영역은 '손'이고, 목표영역은
'그릇'이다. 이들의 본뜨기를 대응시켜 보면 다음과 같다.


| (7) | 근원영역 | 목표영역 |
|---|---|---|
| | 그릇 | 손 |
| 모양 | 오목 | 오므림 |
| 성질 | 담다 | 잡거나 쥐다 |
| 기능 | 보관 | 획득, 유지 |


이들은 다수의 대응관계에 의해서 은유가 성립한다. 그런데 이
들은 실제로 문맥에 따라서 다양하게 쓰일 수 있다.


(8) (그녀는) 손이 크다.


(8)에서 '손'이 '그녀'를 대신하여 쓰이는데, 이것은 '손'을 '그
릇'에 비유한 표현이다. 곧 '손이 크다.'는 근원영역인 '그릇'과 목
표영역인 '손'의 유사성에 의한 은유로서, 물건을 쥐는 신체 기관
이므로 공간적 인접성에 따라서 '손'이 두드러진 요소가 되어 이
부분이 부각됨으로써 소유 표현이 성립된다. 달리 말하면 '손'을
모습(profile)으로 하고, 나머지 신체를 바탕(ground)으로 하여 소
유 상태를 나타내게 된다. 이것은 동시에 [부분이 전체를 대신함]
이라는 환유에 해당한다. 그러므로 [손은 그릇이다.]라는 구조적

은유 속에서 '손'을 토대로 하여 소유 상태를 나타내는 [부분이 전체를 대신함]이라는 환유가 상호작용하여 뜻이 확대된다고 볼 수 있다.

다음은 부분 행위가 전체 행위를 대신하는 보기를 들 수 있다. 곧 '손'을 통한 행위가 전체 행위를 대신하는 표현들이 이에 해당하는데, 이 때 오는 풀이씨는 움직씨로 실현된다는 공통점을 들 수 있다. 이들 표현은 '손'이라는 신체말의 기능이 그릇을 통하여 소유라는 행위 전체를 나타내므로 [손은 그릇이다.]라는 구조적 은유가 성립한다.

　　(9) 손에 건네다, 손에 넣다, 손에 들어오다

(9)의 '손'은 '그릇'이라는 전형적인 보기로서, '손'이 소유물이 들어오는 공간으로 표현되어 있다. 따라서 '손' 뒤에 장소역 토씨 '-에'로 실현되는 공통점이 있다.

다음은 '손'이 소유 동작으로 확대된 보기이다.

　　(10) 손을 벌리다, 손을 내밀다, 손을 펴다[30]

(10)의 표현에서는 '손' 뒤에 부림말 토씨 '-을'이 와서 '손'을 대상화한 표현이다. 이 때 '손'은 앞의 (9)의 '손'과 차이가 있는데,

---

30) '손을 펴다.'는 '세력이나 사업 범위 따위를 뻗치다.'의 뜻이다.

(9)의 '손'은 그야말로 '그릇'으로 비유된다면 (10)에서의 '손'은 '그릇'이 '원조, 도움'의 뜻으로 확대된다. 따라서 (10)의 '손을 벌리다, 손을 내밀다, 손을 펴다.' 따위의 표현에서 '손'은 '정신적 물질적인 도움'을 뜻하는 것으로서 전체적인 뜻은 '정신적 물질적인 도움을 요청'한다는 뜻을 담고 있다. 이처럼 '그릇 → 그릇의 내용물 → 도움'의 두 단계를 거치는데, 첫 번째 단계로서 '그릇 → 그릇의 내용물'로의 확대는 [손은 그릇의 내용물이다.]라는 환유에 의해서 성립되고, 두 번째 단계로서 '그릇의 내용물 → 도움'으로의 확대는 유사성에 의한 것으로 [손은 도움이다.]라는 은유에 의해서 가능하다. 곧 '그릇의 내용물'은 일반적으로 먹을 것으로서 사람의 몸에 이로운 것이다. 이것이 확대되면 '도움'으로 추상화될 수 있다. 따라서 소유 행위의 경우에는 [손은 그릇이다.]라는 은유 속에 환유, 은유가 단계적으로 나타나서 이 둘의 상호작용에 의해서 비유가 성립된다.

<br>

[손은 그릇이다.] ------------ 구조적 은유
   ↓ 환유
[손은 그릇의 내용물이다.]
   ↓ 은유
[손은 도움이다.]

<그림 5. [손은 그릇이다.]의 비유 과정>

### 4.2.2.2. [손은 물건이다.]

손은 물건을 쥐거나 그런 행위를 지속하는 기능을 갖는다. 이런 손의 기능의 확대에 따라서 손이 물건을 가리키게 된다. 곧 손의 기능이 물건을 잡는 것이므로 '손 → 물건'으로 확대되는데, 이것은 이 둘의 공간적 인접성 때문이다. 그런데 '손 → 물건'으로 확대가 바로 연결되는 것이 아니라 '손 → 그릇 → 물건'의 단계를 거쳐 확대된다고 볼 수 있다. 곧 '손'은 '그릇'과의 유사성에 따라서 [손은 그릇이다.]라는 은유가 성립되고, 또한 이 은유는 [손은 그릇 속의 내용물이다.]로 확대되고, 다음 [손은 물건이다.]로 확대되는 양상을 보인다. 이 확장은 공간적 인접성에 따른 환유에 의해서 가능하다[31].

그런데 [손은 물건이다.]라는 비유법에서 '물건'도 여러 종류가 있을 수 있는데, 먼저 '손'이 물건의 '손잡이'를 가리키는 보기를 들 수 있다.


   (11) 맷손, 노손, 들손, 키손, 톱손, 당길손, 대팻손, 물렛손,
        부두손, 씨아손


손은 모두 그것이 만지거나 쥐는 사물 곧 '맷돌, 노, 그릇, 키,

---

31) 이 환유는 인과에 따른 환유로도 해석되는데, 곧 '손으로 잡는 동작' 다음에
   결과적으로 '물건이 손 안에 있게 됨'으로써 두 행위의 인과관계가 성립한다고
   도 볼 수 있다.

톱, 대패, 물레, 씨아’ 따위의 ‘손잡이’를 가리킨다. 따라서 (11)은 모두 손의 형태면이 사물의 가장자리나 끝 부분으로 대치된 것이라 할 수 있다.

다음의 보기들은 ‘손’이 ‘손잡이’에서 ‘연장이나 도구’의 의미가 첨가된 보기들이다.

(12) 흙손, 쇠손, 부손

흙손은 ‘①흙일을 할 때에, 이긴 흙이나 시멘트 따위를 떠서 바르고 그 겉 표면을 반반하게 하는 연장 ②흙투성이가 된 손’의 두 가지 뜻이 있으나 (12)에서는 ①의 도구의 뜻이고, ‘쇠손’은 ‘쇠로 된 흙손’, ‘부손’은 ‘화로에 꽂아 두고 쓰는 연장인 부삽’을 뜻한다. 또한 ‘손’은 ‘뜸손, 이음손, 탁잣손’으로 ‘줄, 자리, 받침대’로 확장되어 물건명으로 확대되어 쓰인다(배도용 2002:80-89).

다음 ‘손’의 뜻은 ‘물건’ 가운데서도 ‘본전’의 뜻으로 확대되기도 한다.

(13) 손을 씻다

‘손을 씻다.’는 ‘부정적인 일이나 찜찜한 일에 대하여 관계를 청산하다.’의 뜻과 ‘본전을 모두 잃다.’의 뜻도 있는데, 후자의 경우, ‘손’은 ‘본전’ 또는 ‘금전’을 뜻하는 것으로 확대된 보기에 해당한다.

지금까지 [손은 물건이다.]에서 ‘손’이 ‘사물의 손잡이’, ‘도구’,

‘본전’으로 확대됨을 살펴보았는데, 이를 그림으로 나타내면 다음
과 같다.


[손은 그릇이다.] ------------ 구조적 은유
    ↓ 환유
[손은 그릇의 내용물이다.]
    ↓ 환유
[손은 물건이다.]

<그림 6. [손은 물건이다.]의 비유 과정>


## 4.2.3. [손은 사람이다.]

신체말 ‘손’이 ‘사람’을 가리키는 것으로 확대되는 것은 [손은
사람이다.]라는 은유적 원리가 토대로 된다. 이 표현이 성립되기
위해서는 몇 단계의 비유 과정을 거치게 되는데, 먼저 가장 토대
가 되는 비유법은 [손은 장소이다.]라는 은유라고 볼 수 있다. 이
것은 신체말로서 가장 중심적인 뜻이다. 이 뜻에서 ‘사람’으로 확
대되어 쓰인다.

먼저 ‘손’이 ‘사람’으로 쓰인 보기부터 들면 다음과 같다.


(14) 손이 부족하다, 손이 달리다, 손이 많다,
     손이 모자라다, 손이 필요하다

이 관용 표현들은 '손 → 손을 가진 사람 → 사람'의 두 단계를 거쳐서 뜻이 확대된 것이다. 먼저 [손은 사람이다.]라는 은유는 '손'과 '사람'의 두 기능의 유사성에 따라서 생긴 구조적 은유 표현이다. 근원영역은 '사람'이고, 목표영역은 '손'이다.

|  | 근원 영역 | 목표영역 |
|---|---|---|
|  | 사람 | 손 |
| 모양 | 손동작 | 오므리거나 폄 |
| 성질 | 획득 | 잡거나 집음 |
| 기능 | 소유 | 보관 |

이 [손은 장소이다.]라는 은유에서 '손'은 공간적 인접성에 따라서 [손은 손을 가진 사람이다.]로 확장되고, 이것은 다시 [손은 사람이다.]로 확장된다. 이 때 '손 → 손을 가진 사람 → 사람'의 두 단계는 모두 공간적 인접성에 따른 환유가 관여한다. 또한 이들은 부분을 토대로 전체를 대신하는 환유가 관여하는데, 모두 공간적 인접성에 의해서 설명이 가능하다.

[손은 사람이다.]라는 비유법에 따라서 '손'의 겹말도 만들어진다.

(15) ㄱ. 일손
ㄴ. 큰손

(15ㄱ)의 '일손'은 '일'과 '손'이 결합되어 '일 하는 사람'의 뜻으로서 '소유'의 뜻은 없어지고 '사람'의 뜻만 남게 된다. (15ㄴ)도

마찬가지로 '큰손'은 '씀씀이가 후한 사람'으로서 역시 '사람'을 가리킨다. 지금까지 논의된 [손은 사람이다.]라는 비유를 정리하면 다음과 같다.

[손은 장소이다.] ------------ 구조적 은유
↓ 환유
[손은 손을 가진 사람이다.]
↓ 환유
[손은 사람이다.]

**<그림 7. [손은 사람이다.]의 비유 과정>**

## 4.3. 비유의 문법적 확장

언어학에서 비유는 주로 의미론 분야에서 다루어 지지만 문법론에서도 '문법화'와 관련해서 은유와 환유가 다루어지고 있다. '손'의 경우에도 다른 낱말과 결합하는 과정에서 품사 전이가 일어날 수 있는데, 이에는 두 가지 꼴을 세울 수 있다. 하나는 풀이씨가 이름씨로 품사 전이가 일어나는 것이고, 다른 하나는 거꾸로 이름씨가 풀이씨로 품사 전이가 일어나는 것을 들 수 있다. 그런데 이들은 두 범주 사이에 전이가 일어난 것으로서 문법화를 거쳐 생겨나는 결과라고 볼 수 있다. 이 때 두 품사의 연결은 공간적 인접성에 따른 환유에 의해서 설명이 가능하다.

먼저 풀이씨가 이름씨로 품사전이가 일어나는 보기들인데, '손'과 합성되는 풀이씨로서 '집다'를 들 수 있다. 먼저 '집다'의 합성 과정부터 보기로 한다.

    (1) 집다 --집기/집음 -- 집게

'집다'라는 움직씨는 '집기' 또는 '집음' 같은 움직씨의 이름꼴로 파생되는데, 이것은 어휘적인 것에서 문법적인 것으로 문법화(grammaticalization)가 일어난 것으로서 움직씨와 움직씨의 활용꼴이 공간적으로 인접해 있기 때문에 가능하다. 다음 이름꼴 '집기' 또는 '집음'은 이름씨 '집게'로 품사 전이가 일어나는데, 이것 또한 공간적 인접성에 따른 품사의 전이 현상이다. 이 '집게'가 '손가락'과 합성되어 '집게손가락'으로 확대되어 쓰인다32). 이 또한 '손'의 의미 확장에 의한 것으로 볼 수 있다. 또 '집게'는 '집게뼘33), 쪽집게, 집게발, 집게벌레' 따위로 번져나간다.

'쥐다'도 '쥐기, 쥠' 따위로 번져나가서 '쥘손'으로 품사 전이가 일어난다. 이것도 다른 문법 범주로 문법화가 일어난 것이다. '쥘손'은 '어떤 물건을 들 때에, 손으로 쥐는 데 편리하게 된 부분'으로서 주로 '손잡이' 부분을 일컫는다. 이 낱말도 [손은 물건이다.]

---

32) '집게손가락'은 둘째손가락을 가리킨다. 또는 순 우리말로 '검지손가락'이라고도 한다.
33) 엄지손가락과 집게손가락을 벌렸을 때에 손가락 사이의 길이. '집뼘'이라고도 한다.

라는 비유에 의해서 성립된 것으로 볼 수 있다.

그림씨 '크다'가 그림씨의 이름꼴 '크기'로 파생되었다가 합성이름씨 '큰손'으로 문법적 전이가 일어나는데 이 또한 [손은 사람이다.]라는 비유에 의해서 가능하다.

둘째, 품사 전이의 다른 하나는 이름씨가 풀이씨로 품사 전이가 일어나는 것을 들 수 있다. 곧 이름씨 '손'이 풀이씨와 결합하여 합성풀이씨로 품사 전이가 일어나는 보기이다.

　(2) 손쓰다

'손쓰다'는 '①어떤 일에 필요한 조치를 취하다. ②(…을) 남에게 선심을 쓰다.'의 뜻을 갖는데, 이는 '손'과 '쓰다'의 합성에서 온 말이다[34].

그런데 아직 겹말은 아닌 것으로서 구의 형태로 굳어져서 익은 말(idiom)로 쓰이는 소유 표현들이 있다.

　(3) 손 넘어가다, 손 크다, 손 작다

(3)의 구는 주격 토씨 '-이'가 생략된 보기들이다. 이 표현들은 토씨가 생략됨으로써 겹말과 같은 특징을 보인다.

지금까지 논의를 정리하면 다음과 같다.

---

34) '손꼽다'도 '손'과 '꼽다'의 합성말로서 '손가락을 하나씩 고부리며 수를 헤아리다.'의 뜻인데, 소유 표현이 아니므로 이 장에서 다루지 않는다.

첫째, 은유와 환유는 근원영역과 목표 영역사이의 본뜨기라는 공통점을 갖고 있다. 은유는 유사한 두 영역 사이의 본뜨기에 의해서 성립된다면, 환유는 같은 영역 사이의 인접 관계에 따라서 본뜨기가 성립한다.

둘째, '손'의 중심 뜻은 [손은 장소이다.]라는 은유에 기초하고 있다. 신체말도 사람 몸의 한 부분으로서 일정 공간을 차지하므로 이런 비유가 성립하는데, 가장 원형적인 비유법에 해당한다.

셋째, [손은 소유물이다.]는 [손은 그릇이다.], [손은 물건이다.]로 나눌 수 있다. [손은 그릇이다.]는 '손 → 그릇'의 단계를 거쳐서 뜻이 확대되는데, '손'과 '그릇'의 유사성에 의해서 [손은 그릇이다.]라는 구조적인 은유가 성립한다.

넷째, 손의 기능이 물건을 잡는 것이므로 '손 → 물건'으로 확대되는데, 둘의 관계가 바로 연결되는 것이 아니라 '손 → 그릇 → 물건'으로 확대된다. 곧 '손'은 '그릇'과의 유사성에 따라서 [손은 그릇이다.]가 성립되고, 또한 이 비유법은 [손은 그릇 속의 내용물이다.]로 확대됨으로써 [손은 물건이다.]를 가리키게 된다. 이 또한 공간적 인접성에 따른 환유에 의해서 가능하다

다섯째, [손은 사람이다.]라는 관용 표현들은 결국 '손 → 손을 가진 사람 → 사람'의 단계를 거쳐서 뜻이 확대된다. 따라서 [손은 사람이다.]라는 은유는 '손'과 '사람'의 인접성에 따른 것이다. 손의 기능이 물건을 잡는 것이므로 이 둘의 공간적 인접성에 따라서 '손'은 '손을 가진 사람', 또 '손을 가진 사람'은 더 추상화되어 '사람'으로 확대된다. 이런 추상화는 공간적 인접성에 따른 환유

라는 인지과정이 우리 머릿속에서 단계적으로 활동하기 때문에 가능하다.

'손'은 중심 뜻에서 주변 뜻으로 확장되어 다의어가 되고 또 문법화되기도 하는데, 이에 관여하는 기제가 주로 은유와 환유임을 살펴보았다.

# 제3부

# 소유 표현에 나타나는 문법화 양상

# 5장 '있다'의 문법화에 나타나는 의미·화용적 양상
## -부산 방언을 중심으로

지금까지 논의된 '있다'에 관한 연구를 정리하면 다음과 같다. 첫째는 으뜸풀이씨로서 '있다'의 품사와 관련된 연구로서 '있다'를 움직씨, 그림씨 두 종류로 보거나 그림씨로만 보는 견해와, '있다'를 존재사로 보는 견해가 있다. 둘째는 도움풀이씨로서 '-어 있다'와 '-고 있다'의 상적인 분석인데, '-고 있다'를 진행상, 반복상, 습관상, 완결상태상/결과상, 상태상 따위의 상적인 뜻을 갖는 것이고, '-어 있다'에서 '있다'의 뜻을 사건의 끝에 있거나, 결과 유지를 나타내거나, 한계점을 가지고 있다고 본다. 셋째는 '-어 있다'와 '-고 있다'의 발달 과정에 초점을 맞춘 것으로서 씨끝 '-아', '-고'와 관련한 연구, 또는 '-에'와 '-에서'와 관련한 연구 따위가 있다.

‘있다’에 관한 연구는 이 가운데 으뜸풀이씨나 도움풀이씨에 관한 연구가 주류를 이루어 온 것으로 볼 수 있다. 그런데 ‘있다’는 으뜸풀이씨와 도움풀이씨뿐만 아니라 어찌씨나 담화표지로 폭넓게 쓰이고 있는데, 이들을 종합적으로 다룬 연구는 찾기가 어렵다. 그래서 이 글에서는 ‘있다’의 용법을 부분적으로 다루는 것이 아니라 모든 용법을 대상으로 삼아 문법화 현상을 폭넓게 다루어 보고자 한다. 보기를 들면 다음과 같다.

(1) ㄱ. 나무가 있다.
ㄴ. 집에 나무가 있다.
ㄷ. 아이에게 과자가 있다.
ㄹ. 아이가 과자를 먹고 있다.
ㅁ. 아이가 누워 있다.
ㅂ. 이따가 만나자.
ㅅ. 있잖아 나 안 가면 안 돼.

(1)에 나오는 ‘있다’들은 꼴에서는 모두 ‘있다’와 관련이 있다. 그렇지만 이들을 모두 같은 ‘있다’로 볼 수 없는 것은 이들의 문법적, 의미적 기능까지 같다고는 볼 수 없기 때문이다.

보기를 들면 먼저 (1ㄱ-ㄷ)의 으뜸풀이씨와 (1ㄹ, ㅁ)의 도움풀이씨 사이의 관련성에서 보면, 두 ‘있다’의 공통점은 꼴이 같고 풀이말로서 활용을 한다는 점이지만, 둘의 차이점은 으뜸풀이씨는 어휘소로서 자립형식이고, 도움풀이씨는 문법소로서 통사론적인 짜임새를 취하는 의존형식이라는 것이다. 이들의 차이점을 ‘있다’

가 으뜸풀이씨에서 도움풀이씨로 문법화되었다고 볼 때, 이 둘의 어떤 부분이 어떻게 관련성이 있으며 어느 정도로 관련이 있는가 하는 정도성의 문제 따위들은 여전히 문젯거리로 남는 것이다. 이러한 문제는 도움풀이씨들과 어찌씨, 담화표지에 오는 '있다'에도 모두 적용 가능하다.

(1ㄹ, ㅁ)의 도움풀이씨들 사이에서도 같은 도움풀이씨이라고 하더라도 의미적·통사적 특성은 각각 다르게 나타난다. 곧 '–고 있다'는 진행상, '–어 있다'는 완료상이라는 상적인 의미에서 차이가 나고, 또 '–고 있다'는 남움직씨 제약이 없지만, '–어 있다'는 남움직씨가 올 수 없는 제약이 있으므로 통사적인 특성도 다르다. 나아가서 (1ㅂ)의 어찌씨나 (1ㅅ)의 담화표지는 원형의 '있다'에서 꼴이나 뜻에 변형이 생겼을 뿐만 아니라 품사 전이까지 일어난 보기들이다.

이처럼 사람의 인지가 조금씩 발전함에 따라서 언어의 꼴과 뜻에서도 변형이 일어난다. 그런데 본래 어떤 어휘에는 그 표현의 가장 기본적인 뜻이 있었을 것이고 이를 원형이라고 한다면, '있다'의 경우도 마찬가지다. 원형의 '있다'에서 문법화가 일어나서 (1)과 같은 여러 용법으로 확장되었을 것이다. 그래서 이를 밝히기 위한 방법으로서 문법화의 층위를 두 가지로 나누기로 하는데, 거시적인관점과 미시적인 관점이 그것이다. 거시적인 관점은 위 (1)의 보기들을 전체적·종합적인 관점에서 살피는 것으로 ①[구체어 → 추상어]로 전이되는 추상화 과정을 은유적 관점에서 살필 것이다. 미시적인 관점은 세부적·구체적인 관점에서 ②[원형 →

도움풀이씨] ③[원형 → 어찌씨] ④[원형 → 담화표지]의 세 단계로 나누어서 각 단계에 나타나는 전이 양상을 살필 것이다. 따라서 '있다'의 문법화는 위의 ①-④에 나타나는 양상을 포괄하는 것으로서 의미론적 측면에서는 구체적인 뜻에서 추상적인 뜻으로, 문법적인 측면에서는 주요 범주에서 주변 범주로 바뀌는 현상을 말한다.

따라서 이 글의 목적은 '있다'를 대상으로 해서 이것의 문법화를 첫째 그것이 어떻게 번져나갔는가 하는 양상을, 둘째 어떤 원리에 의해서 번져나갔는가를 밝히고자 하는 데 있다.

대상 어휘는 김정한 소설 선집(창작과 비평사 1993)과 한국 구비문학 대계(한국 정신문화 연구원 1980 김해편)에 실린 부산 방언을 대상으로 한다. 방언을 대상으로 한 것은 실제로 쓰이는 입말을 연구하기 위한 것으로서, 입말이 살아있는 언어로서 언어 연구의 자료가 되기 때문이다. 그리고 부산 방언과 표준말이 차이가 나는 경우는 두 언어를 비교, 대조하여 그 차이점을 밝히도록 한다.


## 5.1. '있다'의 원형적 뜻

으뜸풀이씨로서 '있다'의 가장 구체적인 표현은 존재 표현을 들 수 있다. '존재'는 '현존하여 있는 것'(새 국어 대사전 1999)을 뜻한다.

(2) ㄱ. 집이 한 채 있는데(구비, 459)[35]
    ㄴ. 큰 호수가 있어. 호수가 있는데(구비, 458)


(2)는 구체적인 어떤 사물이 존재하는 것을 보이는 표현으로서, '있다'라는 뜻의 출발점으로 보고자 한다. 이를 원형이라고 하면 그 꼴은 'X가 있다.'로 도식화된다. 그런데 이 구체적인 존재는 공간적, 시간적인 배경을 필요로 하게 되었고, 그에 따라서 공간, 시간 표현들과 자주 접촉하게 됨으로써 의미에 변화가 생기게 된 것이다.

먼저 공간과 관련된 개념부터 살피면, 존재 개념에 공간적 배경이 덧보태어 지면 장소 표현으로 확대된다.


(3) ㄱ. 집이 한 채 (어디에) 있는데(구비, 459)
    ㄴ. 큰 호수가 있어. 호수가 (어디에) 있는데(구비, 458)


(3)은 장소 표현으로서 (2)의 'X가 있다.'라는 존재 도식에 'Y에'라는 장소말이 들어간 표현으로서 'Y에 X가 있다.'로 도식화된다. 이처럼 존재 개념이 장소 개념에 선행한다는 것은 우리가 어떤 사물을 인지할 때, 어떤 구체적인 물체를 먼저 인지한 다음, 그 물체의 공간적 위치로 인지가 확대되는 것으로도 추정 가능하다. 이

---

35) 이 글에서 '구비'는 '한국구비문학대계(한국정신문화연구원, 1983)'의 약자로 쓰기로 한다. 특히 이 글에서 인용한 부분은 김승찬 교수가 채록한 것으로서 경상남도 김해시·김해군 편 가운데 부산시로 편입된 김해군 녹산면의 설화 부분이다.

것은 장소 표현이 존재 표현을 안는 통사 구조로도 나타난다.

    (4) ㄱ. Y에 X가 있다.
        ㄴ. Y에 [X가 있다].

  (4)에서 ㄱ의 장소 표현은 존재 표현이 안겨있는 구조이므로 ㄴ으로 분석 가능하다.

  그리고 우리말에서는 장소 표현 'Y에 X가 있다.'라는 도식에서 장소말 'Y'에 유정물이 오면 소유 표현으로 확대된다.

    (5) 언제든지 내 재산이 많이 있이께(구비, 463)

  (5)에서 '내'는 주격토씨가 축약된 꼴로서 소유주에 해당한다. 이 소유 표현도 역시 존재 표현을 안는 통사 구조로 해석된다.

    (6) 내가 [재산이 있다].

  (4, 6)의 통사 구조로 볼 때 장소와 소유 표현은 존재 표현을 안는 통사 구조이고, 의미적으로도 장소 표현은 '어떤 존재의 위치'를, 소유 표현은 '존재의 위치가 있는 소유주'와 관련된 표현이므로 두 표현 모두 존재를 전제로 하는 것이다. 이로 볼 때 존재, 장소, 소유 표현은 통사 구조나 의미 구조에서 밀접한 관련성이 있음을 알 수 있다.

또한 존재 개념은 공간뿐만 아니라 시간적인 배경도 필요로 하므로 시간 표현으로 확대된다.

    (7) 조곰 있으면 비둘기가 여섯 바리 날라 갑니다.(구비, 468)

(7)에서 어찌씨 '조곰'은 '있으면'을 수식하는 어찌씨로서, '조곰 있으면'은 '조곰 시간이 있으면'으로 해석 가능하다. 이처럼 '있다'의 원형인 존재 표현은 '시간' 표현으로 확대되는데. 이 과정에서 시간 개념은 더 다양한 의미로 분화된다.

    (8) ㄱ. 다들 깨어 있는데, 혼자서 <각설이>를 하고 있잖아요.
        (인간단지, 365)
      ㄴ. 감나무가 쭉 서가 있는데, 감나무 큽지요.(구비, 519)

(8)에서 ㄱ의 '-고 있다', ㄴ의 '-어 있다'는 진행상, 완료상으로서 분화되지만 이들에는 시간 개념이 여전히 남아 있다. 그런데 이 시간 개념도 문법화가 진행됨에 따라서 완전히 없어지게 된다.

    (9) 있제 있제, 나 어제 서울역에서 장동건이 봤다.

(9)에서 '있제 있제'는 어휘적 의미는 없어지고, 화용적 기능만 남게 되어 담화표지가 된 보기이다. 따라서 시간 개념도 찾을 수 없다.

지금까지 '있다' 표현에서 원형이 '존재'이고, 이 원형에서 '장소, 소유, 시간' 따위로 의미가 확대·변화되는 양상을 보기를 통해 살펴보았다. 다음은 이런 의미의 확대가 어떤 문법화의 기제가 관여하여 어떻게 어느 정도 달라지는가를 살피기로 한다.


## 5.2. '있다'의 문법화 기제


이 글에서는 '있다'의 문법화(Grammaticalization) 현상을 아래의 네 가지 꼴을 모두 포함하는 광범위한 관점에서 고찰하고자 한다 (이효상 2000:262).

> 가. 문법성 : 어휘 표현 > 문법 표현 또는 덜 문법적 > 더 문법적
> 나. 추상성 : 구체적 > 추상적
>      (사람>대상>행위>공간>시간>질 Heine et al. 1991)
> 다. 형태 구조 : 구절 및 통사적 구조(자유표현) > 형태소적 구조(의존
>      적 표 현)(Givón 1971)
> 라. 담화운영 : 명제적 > 담화적 > 표현적(Traugott 1982, 1988 ; Traugott
>      & König 1991)

한국어에서 문법화와 관련된 연구는 위의 (가) '문법성'과 (다) '형태 구조'가 주류를 이루어 온 것으로 볼 수 있다. 이들 (가, 다) 가운데서도 더 많이 연구된 부분은 (가)의 '어휘 표현에서 문법

표현'으로, (다) '통사적 구조에서 형태소적 구조'를 들 수 있다. 또한 이들 연구를 품사별로 보면, 풀이씨의 문법화와 임자씨의 문법화가 주류를 이루었다. 전자인 풀이씨의 문법화는 풀이씨가 씨끝이나 도움토씨가 되는 과정을 보이는 연구로서 이태영(1988), 김명희(1996), 권영환(1993), 김미영(1996), 고영진(1997), 이정애(2002) 따위를 들 수 있다. 후자인 임자씨(의존이름씨 포함)의 문법화는 이름씨가 씨끝이나 도움토씨로 굳어지는 과정에 관한 연구로서 김태엽(1990), 정재영(1996), 박승윤(1997), 안주호(1997), 정희영(2002) 따위를 들 수 있다.

이처럼 문법화의 양상에서 보면 (가, 다)처럼 많이 다루어진 부분이 있는가 하면 그렇지 않은 부분들도 있는데, 보기를 들면 (가) 가운데서도 덜 문법적인 것에서 더 문법적인 것으로 변한 것, (나) 구체적인 뜻에서 추상적인 뜻으로 바뀌는 의미론적 관점의 연구, (라)에서 본래 추상적인 뜻을 가졌던 어떤 낱말의 의미가 담화 상에서 응집성을 유지하기 위한 담화표지로 변하는 과정들에는 크게 주목하지 않았던 것으로 보인다. 이 글에서는 '있다'의 문법화를 위의 네 관점에서 접근하고자 한다.

이 글에서는 문법화의 양상과 작용 원리를 몇 가지 기제로 살피기로 한다. 기제란 문법화가 어떠한 장치(device)에 의해서 이루어 지는지를 말하는 것인데, 주된 기제는 환유-은유 모형36)(Metonymic-Metaphorical

---

36) 박근영(2001:24)도 은유와 환유의 차이와 문법화의 역할을 제시하면서 은유는 문법화의 거시구조에, 환유는 미시구조에 작용한다고 보고 있다.

Model)이다(Heine 1991:114). 이 모형은 두 가지 양상을 포함하는데, 하나는 인지적 영역에서 다른 인지영역으로 전이되는 은유의 과정이고, 다른 하나는 문맥에 의해 재해석되는 환유의 과정이다. 이 환유는 연속적으로 의미 중복을 일으켜서 연쇄 구조를 갖게 한다. 이렇게 은유적 추론은 문법화의 거시구조에 작용하고, 환유적 추론은 문법화의 미시구조에 작용하여 상호보완적으로 문법화에 기여한다. 이 모형에 따르면 문법화는 환유에 의해 점진적으로 변화를 거치는데, 그 뒤 결과적으로 보면 개념에서 영역의 변화가 일어나서 은유의 기제가 작용했다고 보는 것이다. 이것은 연속성이 지속되어 궁극적으로는 불연속성처럼 보이는 결과를 만들어 내며, 불연속처럼 보이는 현상들이 그 변화의 내부 과정은 실제로 연속성이 있다는 것을 설명하는 데 유용한 모형이 될 것이다.

## 5.2.1. 거시적 관점

먼저 거시적 관점에서 '있다'의 문법화를 은유의 과정을 통해서 살피기로 한다.

어떤 언어의 경우든지 말은 변하기 마련이어서, 뜻이 확대되기도 하고, 꼴도 조금씩 변화하기도 한다. 이것은 원형적 범주에서 새로운 범주로의 전이가 일어나는 것으로서, 전자가 구체적이고 명확한 개념이라면, 후자는 전자에 비해서 상대적으로 추상적이고 일반적인 개념이다. 이를 각각 근원영역(Source domain), 목표영역(Target domain)이라고 부르면, 전이는 근원영역에서 목표영역으로 확대되는 것이고 이러한 전이를 은유 확장 가설(Metaphorical extension hypothesis)이라고 부른다. 이러한 은유 확장은 개념적 경계를 가로지르는 추론을 통해서 가능하다. 추론은 '본뜨기(mapping)'에 의해서 성립되는데, 이것은 한 영역에서 다른 영역으로의 연상적 도약(Associative leap)이 일어나는 것이다. 그래서 구체적인 개념이 상대적으로 추상적인 개념으로 본뜨기가 일어나는데 이를 '영상도식'이라고도 한다. 이 경우 근원영역에 있는 모든 의미들이 목표영역으로 전이되는 것이 아니라 영상도식만이 전이된다. 은유적 과정에 대한 가장 전형적 보기는 시·공간적 용어의 추상화를 들 수 있다. 공간말이 시간말로 발전하는 경우, '시간은 공간이다.'라는 은유가 가능한데37), 이것은 추상적인 시간을 구체적인 공간으로 인지화한 것이다.

'있다'의 경우도 구체적인 인지영역에서 추상적인 인지영역으로 추상화되면서 확대된다.

(10) ㄱ. 큰 호수가 있어. 호수가 있는데(구비, 458)
ㄴ. 그런데 너 아니끼는 지금 어데 가 있노?(지옥변, 357)
ㄷ. 언제든지 내 재산이 많이 있이께(구비, 463)
ㄹ. 조곰 있으면 비둘기가 여섯 바리 날라 갑니다.(구비, 468)

---

37) 공간적 개념 가운데 특히 위상적인 개념은 문법화가 잘 일어난다. 보기 들면 선조적인 관계로서 '앞-뒤', '위-아래' 따위가 있다. 그런데 척도 위의 점들 사이의 정확한 거리, 정확한 각도, 구석점 같은 것은 실제로 잘 문법화하지 않는다.

ㅁ. 다들 깨어 있는데, 혼자서 <각설이>를 하고 있잖아요.(인간
단지, 365)

(10) 표현은 '있다'가 ㄱ은 존재, ㄴ은 장소, ㄷ은 소유, ㄹ, ㅁ은
시간의 뜻으로 확대된 보기이다. 이것은 원형인 존재 개념에서 확
대되어 다른 개념으로 은유의 전이(metaphorical transfer)가 일어나
는데 'X가 있다.'라는 원형도식이 원래의 복잡한 내용들이 없어진
영상도식에서 목표영역으로 본뜨기가 일어나서 추상화되는 것으
로 볼 수 있다. 곧 장소, 소유, 시간 표현이 'X가 있다.'라는 영상
도식을 통해서 추론됨으로써 전이가 일어나는 것이다. 이러한 본
뜨기는 추상물도 구체적인 대상(theme)으로 인지한 것으로써 개
념적 은유 가운데서도 존재론적 은유(Ontological metaphor)라고
볼 수 있다.

## 5.2.2. 미시적 관점

이 장에서는 '있다'의 문법화를 부분적이고 세부적인 관점에서,
이 과정에 관여하는 기제를 크게 셋으로 보고자 한다.

(11) ㄱ. 내게 죄가 있다면, 이것 가졌던 죄뿐이요!
(산서동 뒷이야기, 453)
ㄴ. 게다가 품삯이나 어디 제대로 받고 있나요?
(오끼나와에서 온 편지, 474)

ㄷ. 저 서쪽 등-. 쉬 밭도 일굴 수 있겠고요...
　　(인간단지, 381)


(11)ㄱ에서 '있다'가 존재에서 소유로 번져나간 것은 공간적 인접성에 따른 환유로 본다. ㄴ의 '-고 있다'는 원형인 존재의 뜻은 없어지고 시간이라는 새로운 뜻이 생긴 것이므로 원형이 비범주화 또는 탈색(Bleaching)된 것으로 본다. ㄷ의 '-ㄹ 수 있다'의 가능성은 인식적 범주로서, 이들은 주관화에 의한 것으로 보고자 한다.


### 5.2.2.1. 환유

앞에서 으뜸풀이씨로서 '있다'의 원형은 존재 표현이고, 이것은 'X가 있다.'라는 도식으로 단순화된다고 보았다. 이 때 '있다'는 X가 어떤 상태에 있음을 보이므로 상태풀이씨의 특성을 갖는다. 따라서 이를 꾸미는 어찌씨도 상태성이라는 특성을 갖는다.


(12) ㄱ. 왔다갔다 많이 하고 이래 있는데(구비, 463)
　　　ㄴ. 이래가 있는데 그러구로 과개 한다는 방이 붙었다.(구비, 495)


'이래, 이래가'는 사물의 어떠함을 꾸미는 모양어찌씨로서 이 꾸밈을 받는 풀이씨도 어떠함이라는 상태풀이씨에 해당한다.
이 '있다'는 존재에서 전이되어 '발생하다'로 확대되기도 한다.

(13) ㄱ. 희안한 일이 다 있어.(구비, 477)

　　　ㄴ. 그 처녀가 지혜가 있었든지(구비, 486)

위 예문에서 ㄱ은 '발생하다'로, ㄴ은 '많다'로 해석되지만, 이 두 뜻 모두 존재와 여전히 관련이 있는 것으로 보인다. 그런데 존재 표현에 장소역(Locative)이 자주 나타나서 그 인접성 때문에 장소 표현으로 확대된다[38].

(14) 어데 갈 데가 있나?(사밧재, 428)

(14)는 '어데(어디에)'라는 의문대이름씨가 장소역이 되어 장소 표현으로 바뀐 것이다. 곧 존재 표현은 공간적 배경을 필요로 하게 되고, 그에 따라 장소역이 자주 나타나서 존재에서 장소로 확대되는 것은, 공간적 인접성에 따른 환유로 볼 수 있다. 환유(Metonymy)란 '한 대상이 다른 대상에 대해 어떠한 방식으로 연속성을 가지고 있을 때 그것을 이용하여 그 연속성 있는 대상을 지칭하기 위해 사용되는 일종의 언어 표현'(Heine 1991:61)이다. 그래서 장소 표현은 존재 표현의 공간적 확대로 볼 수 있다. 이처

---

38) ㄱ. 모든 생물에게 천적이 있다.
　　ㄴ. 철수가 집에 있다.
　　위는 본문의 예문을 그대로 옮긴 것인데, 최기용(1998:124)에서는 ㄱ은 그림씨, ㄴ은 움직씨로서 내면격은 다르다고 보고, 전자를 '도달－대상', 후자를 '대상－장소'라고 보고 있다. 이 글에서는 ㄱ은 소유 표현, ㄴ은 장소 표현으로 보고 주로 의미론적인 특성에 초점을 맞추어 이들을 모두 상태풀이씨로 보고자 한다.

럼 존재 개념과 장소 개념은 밀접한 관련성이 있지만, 전자가 후
자에 선행하는 개념이기 때문에 편의상 '존재'를 원형으로 삼기
로 한다.

이 때 존재가 장소 표현으로 확장될 때 A가 B로 변하는 것이
아니라 A가 본래의 의미 A에 의미 B가 새로 추가되는 것을 말한다.
따라서 문법화가 진행됨에 따라서 '존재'라는 원형에 '장소'라는
뜻이 추가되어 두 층(Layering)을 이루게 된다. 이것은 '존재'라는
초기 개념(earlier concept)에서 '장소'라는 후기 개념(later concept)으
로 문법화가 일어났지만, 완전히 바뀐 것이 아니라 '존재'와 '장소'
라는 두 개념이 동시에 존재하는 양상이므로 중복 모형(Overlapping
Model)에 해당한다. 이 때 A를 존재 개념, B를 장소 개념으로 나타
내면, 이 양상은 [A>A·B]로 도식화할 수 있다.

또한 'Y에 X가 있다.'는 장소에서 소유로 확대된다. 그런데 장
소 표현은 장소역 자리 Y에 무정물이 온 것이지만, 이 자리에
토씨 '-에게'가 오면 유정물의 소유주로 바뀌게 된다. 이 또한
두 사물인 '장소'와 '소유'의 공간적 인접성에 따른 환유의 보기
이다[39].

(15) 내게 죄가 있다면, 이것 가졌던 죄뿐이요!
    (산서동 뒷이야기, 453)

---

[39] 우리의 인식 세계 속의 인접성에 의한 환유도 있다. 영어의 접속사 while은
  [구체적인 시간적 상황>두 사건의 동시성에 대한 상관성> 두 명제간의 대조성
  에 대한 평가]의 변화 경로를 거친 것으로 볼 수 있다(이성하 1998:240).

(15)는 장소역 자리에 온 '내게'는 '내 거기에'라는 의미를 가진 구조에서 발달한 것으로 해석된다. 이것은 장소역이 오는 일정 자리에 소유주가 온 표현으로서, 장소와 소유의 겹침 현상에서 나타난다. 그러므로 위 (14)에서 '나'는 '죄가 있는 장소'와 '죄를 소유하는 사람'의 두 가지로 해석되어서, '있다'는 장소 개념과 소유 개념의 두 층을 이루고 있다. 따라서 이들의 양상도 앞의 존재, 장소 개념처럼 중복 모형으로 나타난다. B는 장소 개념, C는 소유 개념이라고 하면, [A>B·C]로 도식화할 수 있는데, [B·C]는 장소와 소유 개념이 겹쳐있는 양상을 보인 것이다.

그런데 소유 표현은 소유주 중심 표현인데, 소유주 '-에게'가 '-이'로 실현되기도 하고, 소유주가 생략되기도 한다.

> (16) ㄱ. 언제든지 내 재산이 많이 있이께(구비, 463)
>      ㄴ. 그래서 살림이 있고 한께(구비, 475)

(16)에서 ㄱ은 소유주 '내' 중심 표현으로서, 소유주는 대상을 소유하는 경험주(Experiencer)이다. ㄴ은 소유물 '살림' 중심의 표현이다. 후자인 소유물 중심 표현은 또한 존재 도식과 같은 'X가 있다.'로 실현되기도 해서 소유 도식도 존재 도식과의 관련성은 여전히 남아 있는 것이다.

따라서 '있다'의 문법화는 존재 개념이 단일 방향적으로 연속적인 변화선상에서 일어나면서 그 뜻이 한꺼번에 달라지는 것이 아니라 원형인 존재 개념이 계속되는 지속성(Persistence)[40]을 찾을 수 있다. 곧 소유의 뜻이 생기면서 의미 변화가 일어나서 새로운 뜻을 얻게 되더라도 그 본래 존재의 뜻을 완전히 잃는 것이 아니라 어느 정도 그 뜻을 유지하면서 변하는 것으로 해석된다.

그런데 '있다'가 소유의 뜻을 가지는 경우, 부산 방언에서는 '가지다'와 결합하는 빈도가 높다.

(17) ㄱ. 그 달부터 태기가 있어가지고(구비, 477)
ㄴ. 일단 요것에 정신이 있어갖고는 이것얼 어떻게 해서
(민중, 7:62)

(17)은 '있다'와 '가지고'가 통합이 된 보기인데, 이들 표현에서 '있다'는 '소유'로 해석된다. 그런데 같은 '소유'의 뜻을 갖는 '있다'와 '가지고'가 겹쳐 있는 것으로 보이지만 '가지고'는 어휘적인 뜻 없이 허사화한 것으로 볼 수 있다. 왜냐하면 '가지고'는 활용도 하지 않고 꼴이 굳어져서 화석형으로만 실현되고41), 생략도 가능하기 때문이다. 따라서 소유의 관점에서만 본다면 '있다'와 '가지다'의 경우, '가지고'가 '있다'보다 문법화가 더 빨리 일어난 것으로 볼 수 있다.

---

40) 연속성은 여러 가지 형태로 나타날 수 있다(Traugott & König 1991:210).
①사회-물리적, 사회문화적 경험상의 연속성
②제유 곧 전체-부분 관계의 연속성
③병치관계, 곧 발화상의 연속성
41) 이정애(2002:146-156)에서 '가지다'의 근원적 의미는 소유이며 이러한 소유 개념에는 '소재(location)>수반(comitation)>소유(possession)'의 의미 전이가 있었고, 또 소유에서 '도구, 상태지속, 원인' 등으로 확대되었다고 본다.

다음 으뜸풀이씨로서 '있다'는 존재 개념에서 시간 개념으로 확대
된다.


    (18) ㄱ. 젖먹이를 두고 들에 가서 그래 오래 있음 우짜노.(뒷기미
         나루, 263)
      ㄴ. 기러니까 그마 하루 더 있이라고 자꾸(구비, 480)


    (18ㄱ)의 '있음'은 '머무르다'로 해석되는데 이 표현은 장소를
배경으로 해서 일정 시간의 흐름을 나타낸다[42]. 이것은 시간어찌
씨 '오래'가 '있음'을 꾸미는 데서 근거를 찾을 수 있다. 영어의 go
도 일차적 공간의 이동 개념이 be going to에서는 점차 미래시제
의 조동사 표지로 쓰이면서 [공간 이동>미래 표지]의 전이가 일어
나는데, 시간으로만 쓰이지 않고 [공간→시간]이 공존하기도 한다
(김미영 2002:13)고 한다.

    나아가서 '있다'는 '기다리다, 참다, 지내다'로 확대되어 시간의
간격을 배경으로 하는 동작풀이씨의 특성을 갖는다.


    (19) ㄱ. 가만 있자 보니.(사밧재, 432)
      ㄴ. 가만이 있다가(구비, 500)


    (19)의 '있자, 있다가'는 주체가 시간적 배경 아래 일정 장소에

---

42) '있다'는 장소 표현에서 조금 더 번져 가면, '참다'의 뜻으로도 확대된다.
    ㄱ. 그냥 안 있을 끼데잇.(지옥변, 340)
  '머무르다'는 '참다'라는 뜻에서는 장소의 뜻은 거의 찾아 볼 수 없다.

서 기다리는 행위와 관련된 것으로서 존재와 시간의 인접성에 따른 의미의 확대에 해당한다. 이 때도 '존재와 시간'이 두 층을 이루고 있기 때문에 '있다'의 원형이 약화되기는 하였지만 여전히 남아 있다고 볼 수 있다. 이 양상은 [A>A·D]로 도식화가 가능한데, A는 존재 개념, D는 시간 개념을 나타낸다. 이 때 '있자, 있다가'들은 사물의 어떠함을 나타내는 어찌씨 '가만'의 꾸밈을 받는 동작풀이씨의 특성을 가진다. 곧 앞의 존재, 장소, 소유의 뜻으로 쓰이는 '있다'는 상태풀이씨의 특성을 갖지만, 시간의 뜻으로 쓰이는 '있다'는 지속성이라는 특성 때문에 동작풀이씨의 특성을 갖는 것이다. 이것은 존재, 장소, 소유 표현의 '있다'에는 (18, 19)에 오는 '오래, 가만'과 같은 어찌씨가 올 수 없는 것으로 알 수 있다.


(20) ㄱ. 무슨 죄가 {*오래, *가만} 있다고.
　　 ㄴ. 어데 갈 데가 {*오래, *가만} 있나?
　　 ㄷ. 내게 죄가 {*오래, *가만} 있다면, 이것 가졌던 죄뿐이요.


(20)의 ㄱ은 존재, ㄴ은 장소, ㄷ은 소유 표현인데 어찌씨 '오래, 가만'이 올 수 없다. 그래서 '있다'는 어떤 주체가 일정 시점에 존재하거나 장소에 있거나 소유 상태에 있음을 나타내다가 그러한 사건이 시간적으로 지속되는 동작성으로 확대된 것으로 간주된다. 이러한 확대는 존재가 시간성을 획득한 것에서 비롯된 것으로, 이에 따라서 '있다'의 특성이 상태풀이씨에서 동작풀이씨로

그 특성이 바뀐 것으로 볼 수 있다.

지금까지 으뜸풀이씨로서 '있다'의 문법화를 미시적인 관점에서 살펴보았는데, 존재라는 원형에서 장소, 소유로 확대된 것은 공간적 인접성으로, 시간의 뜻이 생긴 것을 시간적 인접성에 의한 환유가 작용한 것으로 보았다. 그런데 으뜸풀이씨에 나타나는 존재, 장소, 소유, 시간의 네 개념이 선적으로 존재하는 것이 아니라 서로 겹쳐져서 중복 모형으로 존재한다. 이에 따라 으뜸풀이씨로서 '있다'의 특성도 상태풀이씨에서 동작풀이씨로 전이되는 특성을 보인다.

### 5.2.2.2. 비범주화와 다양성

으뜸풀이씨로서 '있다'는 어찌씨와 도움풀이씨로 문법화된다. 으뜸풀이씨로서 '있다'는 '존재, 장소, 소유, 시간'이 겹쳐서 존재했다면, 어찌씨나 도움풀이씨로서 '있다'는 다른 개념은 없어지고 시간 개념만 남는 양상을 보인다. 곧 원형을 비롯한 다른 뜻은 의미 고갈(Semantic depletion)되고, 그 가운데 시간 개념만 남는 양상은 탈색 모형으로서 [A·B·C·D>D]로 도식화가 가능한데, 이 가운데 'A·B·C'는 의미가 탈색된 것이다.

먼저 으뜸풀이씨로서 '있다'가 어찌씨로 품사의 전이가 일어나는 문법화 현상에 대해서 살피기로 한다. 으뜸풀이씨는 주요 범주이지만, 어찌씨는 주요 범주에서 주변 범주로 가는 중간 단계의 범주이다. 그리고 꼴도 변형이 일어나서 소리 나는 대로 '이따가'로 화석화

(Fossilization)된다.

> (21) ㄱ. 그래 강판사가 이따가 하는 말이(구비 456)
> ㄴ. 이따 온나.

'이따'는 '있다'의 맺음씨끝 '-다'가 소리 나는 대로 그대로 굳어졌고, '이따가'는 '있-'에 이음씨끝 '-다가'가 굳어진 꼴이다. 곧 '있다'의 활용꼴이 그대로 화석화한 보기로서 뜻도 원형인 '있다'에서 어느 정도 멀어졌기 때문에 소리 나는 대로 표기하게 된 것이다. 그래서 '이따, '이따가'는 풀이씨에서 어찌씨로 품사의 전이가 일어나면서, 의미적으로도 원형인 존재에서 '시간'으로의 전이가 일어난 것이다. 이처럼 '있다'가 원형과 함께 다른 뜻은 탈색되고 시간 개념만 남는 양상에 관여하는 기제는 비범주화이다.

비범주화(Decategorization)[43] 또는 재범주화(Recategorization)란 어원어들이 문법소로 변해 가는 과정에서 나타난다. Hopper(1991)는 일차적 문법범주에서 이차적 문법범주로 나아가는 단계를 다음과 같이 제시한다.

이름씨/움직씨>그림씨>전·후치사>이음씨>도움풀이씨>대이름씨/지시사

---

43) 비범주화(Decagorization)는 어휘적 의미가 약화된다고 해서 탈범주화, 또는 탈색(bleaching)이라고 쓰기도 한다. 이 글에서는 품사가 바뀌거나 문법범주가 바뀌는 것도 비범주화에 포함시키기로 한다.

이를 더 간추리면 다음과 같다(김은일·박기성·채영희 1999:138).

주요 범주(major category)>(그림씨, 어찌씨)>주변 범주(minor category)

이처럼 '이따가'는 품사가 움직씨에서 어찌씨로 바뀌지만, 시간 개념은 그대로 유지되고 있는 것이다. 이 때 시간 개념은 '잠시 뒤, 나중에'라는 새로운 뜻으로 확장되는데, 시간적으로 그리 멀지 않은 간격을 가리킨다. 그래서 '이따가'는 긴 간격의 시간과는 어울릴 수 없다.

(22) ㄱ. *이따가 내년에 만나자.
      ㄴ. 이따가 오후에 만나자.

(22ㄱ)이 비문인 이유는 '내년에'가 너무 먼 미래이기 때문에 어찌씨 '이따가'와 양립할 수 없지만, (22ㄴ)의 가까운 미래인 '오후'와는 통합이 가능하다. 영어의 경우 be going to도 원래 구문이 진행형이지만 미래를 지시하는 구문에 쓰일 때에는 현재와 밀접한 관련이 있는 '가까운 미래'를 표시한다고 한다(김미영 2002:13-14).

다음은 '있다'가 으뜸풀이씨에서 도움풀이씨로 문법화하는 양상으로서 내용말에서 기능말로, 어원어가 문법소로 바뀌는 현상을 들 수 있다. 그런데 '있다'의 경우 으뜸풀이씨와 도움풀이씨의 꼴이 같으므로, 이들을 보는 관점은 이 둘을 각각 별개의 낱말로 보는 방법과 같은 낱말로 보는 두 가지 견해가 있다. 만일 이들을 별개의 낱말로 다룬다면 동음이의어로 처리하거나 영 파생으로 처리하는 방법이 있다. 그런데 이들은 꼴이 같을 뿐만 아니라 활용을 하고 모두 풀이씨라는 점에서 공통점이 많으므로 같은 낱말로 보지 않을 수 없다44). 그리고 무엇보다 으뜸풀이씨와 도움풀이씨가 모두 시간 개념을 갖는다는 공통점이 있으므로, 이들을 별개의 낱말로 보기는 어렵다. 따라서 후자의 다의어적인 관점에서 으뜸풀이씨가 도움풀이씨로 확대된 것으로 보고자 한다.

먼저 으뜸풀이씨의 도움풀이씨 되기에서 의미적인 관점부터 보면, 으뜸풀이씨 '있다'에 있던 뜻 가운데 존재, 장소, 소유는 탈색되고 이 가운데 시간 개념만 남게 된다. 또한 문법범주로 보면 주요범주에서 주변 범주로 비범주화가 일어난 것이다. 그리고 같은 도움풀이씨라도 여러 가지의 뜻으로 분화(Split)가 일어나서 다양화(Divergence)되는 양상을 보인다.

먼저 '-고 있다'를 보면 진행상이라는 시간 개념에서 더 분화되어 반복상, 완결상태상으로 다양화된다.

---

44) 고영진(1997:74)에서는 으뜸풀이씨와 도움풀이씨를 같은 낱말로 봐야 하는 근거를 다음과 같이 제시하고 있다. 하나의 풀이말은 그것이 으뜸풀이씨로 쓰이든 도움풀이씨로 쓰이든 간에 ①꼴이 같을 뿐만 아니라 그 뜻에 있어서도 유사성이 꽤나 많다. ②활용이 거의 같다. ③도움풀이씨가 으뜸풀이씨에서 왔다고 말할 수 있는 근거는 이들 둘이 통사적으로 일치하는 부분이 많다는 점이다. 보기 들어 '있다, 주다' 따위는 으뜸풀이씨나 도움풀이씨로 쓰일 때나 주체 또는 객체를 높일 때에는 그 모습이 완전히 같다는 점을 들고 있다.

(23) ㄱ. 게다가 품삯이나 어디 제대로 받고 있나요?

　　　　(오끼나와에서 온 편지, 474)

　　　ㄴ. 친정에 가라가라 캤는데 앙큼스럽게 안 가고 있디이, 이기

　　　　무슨 짓고? (축생도, 194)


　　(23)의 '-고 있다'는 꼴은 하나지만 상적 의미는 두 개 이상씩 겹쳐서 나타나기도 한다. (23ㄱ)의 '-고 있다'는 일반적으로 진행상으로 해석되지만 품삯을 되풀이해서 받는다면 반복상으로도 해석된다. 또 (23ㄴ)의 '-고 있다'도 진행상이면서 이것이 어떤 행위가 끝난 상태로 길게 지속되는 완결상태상이라는 상적 뜻을 갖게 된다. 이처럼 '-고 있다'가 완결상태상으로 해석되는 다른 풀이씨의 보기를 더 들면 '지다, 맡다, 입다, 업다, 들다, 마르다, 믿다, 알다' 따위가 있다. 그런데 '-고 있다'에 나타나는 완결상태상은 으뜸풀이씨의 '-고'와 '-어'의 대치가 일어나면서 '-어 있다'와 뜻이 겹쳐서 완결상으로 문법화하는 것으로 볼 수 있다(이기갑 1981).

　'-어 있다' 꼴도 같은 시간 개념이면서 그 뜻이 완결상, 완결지속상으로 다양화된다.


(24) ㄱ. 다들 깨어 있는데, 혼자서 <각설이>를 하고 있잖아요.

　　　　(인간단지, 365)

　　　ㄴ. 감나무가 쭉 서가 있는데, 감나무 큽지요.(구비, 519)

　　　ㄷ. 오라 캐도 잘 안 나가고 하니 밉기 비이가(보여) 있었겠지요.

　　　　(축생도, 203)

(24) ㄱ의 '-어 있다'는 완결상, ㄴ은 완결상태상, ㄷ은 완결지속
상으로 해석된다. 따라서 '-고 있다'와 '-어 있다'는 모두 '반복
상>완결상태상>완결상>완결지속상'으로 문법화하는데, '완결상
태상'은 '-고 있다'와 '-어 있다' 두 형태에 모두 나타나므로 두
상을 이어주는 교량적 역할을 하는 것이다. 이러한 문법화는 시간
개념이 비슷한 상으로 쪼개지는 것에서 비롯되는 것이므로
[D>D1>D2>D3>D4.....]로 도식화가 가능하다. 그런데 '-어 있다'는
(24)의 풀이말 '깨다, 서다, 보이다'에서처럼 제움직씨 뒤에만 오는
제약이 있는데 대해서, '-고 있다'는 남움직씨, 제움직씨가 모두
올 수 있어서 '-어 있다'가 '-고 있다'보다 범위가 더 좁게 나타난
다. 또한 '-어 있다'의 경우45) 문법화의 정도로 볼 때 표준말이
부산 방언에 비해서 문법화가 더 많이 진행되어 통사적 구성이 거
의 한 단위로 움직이는 특성이 있다. 곧 표준말에서는 '-어'와 '있
다'가 비분리적이라면, 부산 방언에서는 두 풀이말의 관계가 더 분
리적이다. 그 증거를 몇 가지 들면, 부산 방언의 경우 '-어 있다'는
두 풀이씨 사이에 다른 풀이씨가 자주 나타난다. 그 전형적인 보기
가 '가지고'로서 이것의 문법화는 임자씨 뒤에 올 때와 풀이씨 뒤
에 올 때가 있다. '가지고'가 임자씨 뒤에 올 때는 'NP을 가지고

---

45) 김미영(1996:69-78)에서는 '-어 있다'의 접어화의 단계를 통시적·공시적으로
고찰하고 있는데, 접어화 이전의 단계(접속 구성), 접어화 1단계(도움풀이씨
구성), 접어화 2단계(접어구성), 접어화 이후의 단계(접사화한 단계)로 나누고
그 보기를 다음과 같이 들고 있다.
[-어]#[있다]>[-어#있다]>[-어 있다]>{-었]

> NP(을) 가지고 > NP가지고 > NP갖고'의 형태적 변화을 거친다면, 풀이씨 뒤의 '가지고'는 'V가지고 > V가'의 꼴로 축약된 것으로 나타난다. '-어 있다' 사이에 오는 '가지고'는 후자인 풀이씨 뒤에 오는 경우로서 다음과 같은 세 단계의 문법화 과정을 거친다고 볼 수 있다.

  (25) ① 그 별이 비쳐 가지고 있는 기라(구비, 470) >
      ② 그 별이 비쳐 가 있는 기라 >
      ③ 그 별이 비쳐가 있는 기라

  (25)의 ②에서 '가지고'의 축약꼴 '가'는, 입말에서 말할이의 판단에 의해서 '가지고'의 뜻을 어느 정도 가진다고 보면 앞말과 어느 정도 휴지를 두지만, ③처럼 완전히 허사화하면 앞말에 붙여 쓴다.
  또한 부산 방언에서는 '-어 있다' 사이에 토씨 '-로'가 자주 나타난다.

  (26) ㄱ. 그런 분이 와서로 있으이께네(구비, 480)
      ㄴ. 올라가서러 있어요(구비, 523)

  (26ㄱ)의 '와서-로'의 구조에서 '-로'는 토씨이고, (26ㄴ)의 '올라가서러'에서 '-러'도 '-로'의 변이꼴인 것으로 보인다[46]. 이정

---

46) 자리토씨 가운데 '-를'이 으뜸풀이씨 뒤에 와서 성립될 때가 있다.
    ㄱ. 나는 학교에 가고를 있습니다.
    ㄴ. *나는 지금 누워를 있습니다.

애(2002:96-104)에서는 전라도 방언의 '-로'를 화용표지로 보고 다음과 같은 기능이 있다고 본다[47].

> (27) ㄱ. 그렇게로(연결)
>   ㄴ. 야든 다섯잉께로(화자의 강조적 태도)
>   ㄷ. 나주로 감시로(동시성)
>   ㄹ. 방이 충께로 갈레?(원인)
>   ㅁ. 요새같이로(어조 고르기)

전라도 방언에서 '-로'의 분포를 보면 이음씨, 이음씨끝, 어찌씨 따위에서 다양하게 나타난다. 부산 방언에서도 토씨 '-로'는 전라도 방언과 같은 기능을 한다고 볼 수 있다[48].

또한 표준말에서는 부정어찌씨 '안'이나 '못'이 '-어 있다' 중간에 오면 어색하지만 부산 방언에서는 오히려 자연스럽다.

> (28) ㄱ. 나는 뭐 배필이 정해져 안 있습니까?
>   ㄴ. 나는 뭐 배필이 정해져가 안 있읍니꺼(구비, 492)

---

위 ㄱ의 '-를'이 성립하는 것은 토씨 '-를'의 기능이 자리토씨에서 도움토씨로 바뀌는 것을 보여주는 증거라고 볼 수 있다. 따라서 ㄱ의 '-를'은 강조의 뜻을 갖는 도움토씨의 기능으로 보아야 할 것이다.

47) 안동말씨에는 '-로'가 의문사 의문씨끝 '-고' 대신에 쓰인다.
  ㄱ. 누구로?
  ㄴ. 뭐로?
  보기의 '-로'는 '-고'의 변이형태라고 하겠다.
48) 경상도 방언에서는 부림자리토씨 '-를'이 '-로'로도 실현된다.
  ㄱ. 내가 소로 몰고 가니깨 사람들이 마니 모여 있더라.
  '소로'는 표준말의 '소를'에 해당한다.

(28)에서 ㄱ은 표준말의 보기인데 비문은 아니지만 어색하다. 이에 대해서 ㄴ은 부산 방언으로서 부정사 '안'이 으뜸풀이씨와 도움풀이씨 사이에 들어가지만 자연스럽다.

이것으로 볼 때 '-어 있다'의 경우 부산 방언이 표준말에 비해서 으뜸풀이씨와 도움풀이씨가 더 분리적이지만 표준말은 덜 분리적이어서 부산 방언이 표준말에 비해서 통사적인 구조가 형태소적 구조로 덜 진행된 양상을 보인다. 이 경우 부산 방언이 표준말보다 문법화가 덜 진행된 양상을 보인다.


### 5.2.2.3. 주관화

'있다'는 문법화가 진행됨에 따라서 시간 개념에서 말할이의 판단과 관련된 주관적 범주로 발전한다. 보기를 들면 '있다'가 '-ㄹ 수 있다'로 화석화하기도 하고 '있잖아, 있제'처럼 담화표지로 바뀌는 것이 이에 해당한다. 이들을 주관화와 관련이 있다고 보는 이유는, '-ㄹ 수 있다'의 경우 이를 쓰는 언어적 상황에서 말할이가 어떤 사태를 보고 그것의 가능, 불가능을 분별하는 것은 말할이의 주관적인 판단에서 비롯되기 때문이고, 담화표지도 말할이의 책략에 따라서 사용 여부가 결정되므로, 언어 외적 요소가 작용하기 때문이다. 그러므로 '주관화(Subjectification)'란 주로 언어 형태의 의미적 변화를 설명하는 기제로서 언어 형태의 의미가 변화할 때 덜 주관적인 의미에서 점점 더 주관적인 의미의 방향으로 이동할 때 관여하는 원리이다. 곧 명제 혹은 외연 위주의 의미에 말할이가 자신의 관점을 투사함으로써 점점 주관적인 의미로 변하는 과정을 가리키는 것이다. 이러한 주관화는 실제적 상황에서 담화적 상황으로 옮겨가는 것이다(이성하 1998:153).

먼저 '있다'가 화석화한 표현으로서 '-ㄹ 수 있다'에 대해서 살피면, 이 꼴은 한 단위로 움직이면서 가능성 또는 개연성의 뜻으로 발전한다. 그러므로 이것은 어찌씨나 도움풀이씨에 있던 시간 개념과 직접적인 관련성은 찾아볼 수 없다.

> (29) ㄱ. 저 서쪽 등--. 쉬 밭도 일굴 수 있겠고요...(인간단지, 381)
> ㄴ. 철수는 기차를 놓쳤을 수 있어.
> ㄷ. 그래도 알 수 있읍니꺼.(사밧재, 425)

(29)에서 ㄱ은 가능성 또는 능력, ㄴ은 산발성, ㄷ은 우발성의 뜻으로 쓰인 보기이다. 이 예문들의 짜임새는 [[명제]-ㄹ 수 있다]]로 되어 있으므로 '-ㄹ 수 있다'는 명제 내용에 대한 말할이의 생각이나 판단이 드러나는 부분이다. 곧 이것은 주관적인 태도를 나타내는 인식론적 서법(Epistemic modality)에 속한다. 이 표현들도 ㄱ의 '가능성'을 이 범주에서는 원형으로 본다면 이것에서 ㄴ, ㄹ의 '산발성', '우발성'으로 확대되는 것으로 볼 수 있다.

또한 '-ㄹ 수 있다'는 양보의 뜻으로 확대된다.

> (30) 그 사람 눈치가 없을 수도 있어, 하지만 사람이 나쁜 것 아냐.

(30)에서 '-ㄹ 수 있다'는 양보의 뜻으로 해석된다. 따라서 '-ㄹ 수 있다'의 추상화는 '가능성>산발성>우발성>양보'의 순서(염재상 2002:199)로 매겨볼 수 있다.

이들 가운데 가능성 또는 개연성은 아직 어떤 사태가 이루어 지지 않은 것이므로 시간 개념으로 볼 때 미래와 관련이 있다. 그런데 이것은 인식론적 서법으로서 시간과는 간접적으로 관련성이 있다고 할 것이다. 그런데 '-ㄹ 수 있다'가 '산발성, 우발성, 양보'의 뜻을 갖게 되면 시간 개념은 없어지는 것으로 볼 수 있다. 이것은 D라는 시간 개념이 없어지고 대신에 '산발성, 우발성, 양보'와 같은 E라는 새로운 개념을 얻게 되면서 그 뜻이 다양화되므로 [D>E1, E2, E3...]로 도식화가 가능하다.

나아가서 '있다'가 어휘적, 문법적인 뜻을 완전히 잃고 허사화하는 보기로서 담화표지(Discourse marker)가 있다. 이 때 '있다'는 원형인 존재 개념은 물론 소유 개념, 시간 개념도 없어짐으로써 실질적인 어휘적 뜻을 완전히 잃게 된다. 이들 담화표지는 명제 내용 자체에는 영향을 끼치지는 않는 언어 외적 요소에 해당한다[49].

(31) ㄱ. 한 호부래비가 있잔아, 5년을 혼자 살았데.
　　　ㄴ. 있제 있제, 나 어제 서울역에서 장동건이 봤다.

---

49) 이정애(2002:33-34)는 화용표지를 (가)기능어에서 화용표지로 쓰인 보기(로, 들, 요...), (나)실질적 내용어에서 화용표지로 쓰인 보기(이제, 가지고, 그냥, 좀, 말이야...), (다)비실질적 내용어에서 화용표지로 쓰인 보기(이, 그, 저, 그렇게, 그래, 뭐, 어디, 무슨..)로 나누고 있다. '있다'는 (나)에 해당된다.

ㄷ. 나 어제 서울역에서 장동건이 봤다. 아있나, 생각보다 별로대.
ㄹ. 한 호부래비가 있었는데, 있다 아이가 5년을 혼자 살았데.

이들 '있잔아, 있제, 아있나, 있다아이가' 따위는 어휘적 뜻이 소멸한 담화표지들이다. 이들은 말할이가 담화 책략상 들을이를 고려하여 ㄱ은 주제 표지, ㄴ은 관심 끌기, ㄷ은 주제전환 표지, ㄹ은 시간 벌기 같은 화용적 기능을 드러내고 싶을 때 쓰는 용법이다.

또 이들 담화표지가 앞의 으뜸풀이씨, 도움풀이씨, 어찌씨 따위 '있다'와 다른 점은, 담화표지는 문장에서 더 이상 필수 성분이나 보충 성분이 아닌 잉여적인 성분으로서 생략되어도 명제 내용 자체에는 변동이 없다는 점이다. 또 풀이씨로서 '있다'는 문장의 맨 끝으로 자리가 대체로 정해져 있지만, 담화표지로서 '있다'는 자리가 고정적이지 않다. (34)에서 보면 담화표지의 위치는 임자말 다음(34ㄱ), 문장 첫머리(34ㄴ, ㄷ), 이은월에서 뒷마디의 머리 부분(34ㄹ)처럼 어디에서나 나타날 수 있다.

또한 담화표지는 하나의 표현에서 반복해서 나타나기도 한다. (34ㄴ)처럼 '있제 있제'가 거듭 반복해서 나타나기도 하기도 하고, 다음 (35)처럼 하나의 문장에서 거리를 두고 나타나기도 한다.

(32) 있제, 한 호부래비가 있잔아 5년을 혼자 살았데.

(32)의 '있제', '있잔아'가 하나의 문장에서 떨어져 나타나는 보기이다. 그리고 담화표지는 '있잔아, 있제, 아있나, 있다아이가'처

럼 '있다'의 활용꼴 몇 개가 고정되어 있어서 일반적 활용은 하지 않는 특징을 들 수 있다. 이러한 담화표지의 특성은 어휘적이거나 문법적인 뜻은 찾아볼 수 없고 화용적 기능만 남게 되므로 [D>Ø]로 도식화가 가능하다.

지금까지 '있다'가 말할이의 주관성에 의해서 확대되는 보기를 두 가지 살펴보았는데, '-ㄹ 수 있다'는 화석화한 형태로서 시간 개념에서 가능성 또는 양보 같은 인식적인 서법 요소로 문법화한 것이고, 담화표지로서 '있다'는 명제 내용과는 상관없이 말할이의 담화상의 책략에 의해서 화용적 기능을 갖는 표지로 변한 보기에 해당하는 것이다. 따라서 '-ㄹ 수 있다'는 시간 개념에서 출발하지만 시간 개념이 없어지는 양상이고, 이것에서 문법화가 더 진행되면 '있다'는 시간 개념마저 완전히 없어지고 화용적 기능만 남는 담화표지로 남게 된다. 이러한 문법화에 관여하는 기제를 주관화로 보았다.

이 글은 '있다'가 원형인 존재 표현에서 장소, 소유, 시간 표현으로 확장되어 쓰이다가 결국에는 그 시간 개념마저 없어짐으로써 완전히 허사화하는 것을 문법화라고 보고, 이를 거시적, 미시적 두 관점에서 살펴보았다.

거시적인 관점은 전체적·종합적인 접근으로서 구체적인 근원 영역에서 추상적인 목표영역으로 전이가 일어나는 것으로서 은유라는 기제가 관여한다. 이에는 'X가 있다.'라는 존재 도식에서 출발하여 이 도식이 목표영역으로 본뜨기 되어서 '있다'는 '장소,

소유, 시간' 도식으로 추상화하는 것으로 본다.

미시적인 관점은 원형인 존재 표현에서 담화 표현까지 문법화하는 양상을 구체적·부분적으로 접근한 것으로써 원형인 존재 개념이 어떻게 다른 의미로 전이되어 확장되는가를 환유, 비범주화와 다양화, 주관화의 기제로써 살펴보았다.

으뜸풀이씨로서 '있다'가 원형인 존재에서 장소, 소유로 확대되는 것은 공간적 인접성에 따른 환유에 의한 것이고, 원형인 존재에서 시간으로 확대되는 것은 시간적 인접성에 따른 환유에 의해서 설명 가능하다. 또한 존재, 장소, 소유풀이씨는 상태풀이씨이고, 시간 개념의 '있다'는 동작풀이씨로서, '있다'는 상태풀이씨에서 동작풀이씨로 전이된 것이다. 그런데 '있다'에 나타나는 '존재, 장소, 소유, 시간'은 각각 별도로 존재하는 것이 아니라 연속성을 가지면서 서로 중복되어 겹쳐 있는 양상을 보인다.

으뜸풀이씨로서 '있다'가 어찌씨 '이따(가)'로 화석화되는 것과 도움풀이씨로 문법화하는 것은 비범주화라는 기제에 의한 것으로 볼 수 있다. 먼저 '있다'가 어찌씨 '이따(가)'로 화석화하는 것은 주요 범주에서 주변 범주로 문법화가 일어나는 것으로서, 품사의 전이는 일어났지만 시간 개념은 그대로 유지되고 있다. 다음 으뜸풀이씨가 도움풀이씨로 바뀌는 것은 어원어가 문법소로 전이됨으로써 문법적인 기능만 남게 된다. 곧 존재, 장소, 소유의 뜻은 의미 고갈이 일어나고 시간 개념만 남는다. 또한 도움풀이씨로서 '있다'는 '-고 있다'와 '-어 있다'로 문법화되는데, 이 둘은 별도로 존재하는 것이 아니라 연속성을 갖는다. 이들 상적 의미의 발달은 '진행상>반복상>완결상태상>완결상>완결지속상'로 다양화되는데, 이 가운데 '완결상태상'은 '-고 있다'와 '-어 있다'를 연결하는 중간 역할을 한다. 이 경우 부산 방언은 표준말에 비해 '-어'와 '있다'가 분리적이어서 문법화가 덜 진행된 양상을 보인다.

'있다'는 인식적인 서법과 담화표지로 확대되는데, 이들은 말할이의 주관적인 태도가 드러나는 표지로서 주관화라는 기제에 의해서 문법화된 것이다. 먼저 서법은 '-ㄹ 수 있다'로 실현되는데, 이것은 화석화된 형태로서 명제 내용에 대한 가능성, 개연성의 뜻을 가진다. 이런 원형적인 뜻은 시간 개념과 간접적으로 관련이 있지만, '산발성, 우발성, 양보'에 오면 시간 개념은 다른 개념으로 바뀌게 된다. 이처럼 시간 개념은 '가능성>산발성>우발성>양보'로 확대되는 양상을 보인다.

다음 담화표지로서 '있잔아, 있제, 아있나, 있다아이가' 따위는 어휘적 뜻은 완전히 없어지고, 대신에 강조, 관심 끌기, 주제 전환, 시간 벌기 따위의 화용적 기능만 남게 된다. 이것은 말할이가 들을이를 고려하여, 명제 내용과는 상관없이 담화 책략상 선택할 수 있는 임의요소이다.

지금까지 논의를 거시적·미시적 관점으로 나누어 정리하면 다음과 같다. A는 존재 개념, B는 공간 개념, C는 소유 개념, D는 시간 개념, E는 인식적 서법을 대신한 약호로 쓴다.

1. 거시적인 관점 ; 존재의 은유화
2. 미시적인 관점 ; 환유, 비범주화와 다양화, 주관화
   1) 환유에 의한 문법화 :
      ① 공간적 환유　[A]> [A·B]>[B·C]
      ② 시간적 환유　[A]> [A·D]
   2) 비범주화와 다양화에 의한 문법화 :
      ① 비범주화　[A·B·C·D>D]
      ② 다양화　[D>D1>D2>D3>D4.....]
   3) 주관화에 의한 문법화 :
      ① 인식적 서법 [D>E1, E2, E3...]
      ② 담화표지　[D>Ø]

이 글은 입말을 대상으로 하기 위해서 부산 방언을 주된 대상으로 삼았다. 또한 이 글은 '있다'의 문법화에 관한 공시론적 연구이지만, 통시론적인 연구의 밑거름이 될 수 있기를 기대해 본다.

# 6장 소유풀이씨 '가지다'의 문법화 양상

　우리가 언어생활을 할 때 원형적 표현을 하면 말할이가 말하기 쉽고, 듣는 사람의 쪽에서도 이해가 빨라서 의사소통을 할 때 매우 유익하면서 편리하다[50]. 그러나 표현의 범위가 넓어지면서 원형적인 표현만으로 의사소통을 하기에는 어려움이 많다. 따라서 비원형적 표현도 나타나게 되는데, 이것은 지금까지 써 오던 원형에 가까운 표현들을 활용해서 생겨난 언어 현상이다. 이처럼 원형에서 비원형으로 표현의 범위가 넓어지는 것을 넓은 뜻에서 '가지다'의 문법화라고 부르기로 한다. 문법화란 '①문법적, ②의미·화용적, ③음운적, ④표기법의 변화'(고영진 1997:42-57)의 기준에

---

50) 원형이론(原型, prototype theory)은 Rosch(1975)가 내세운 이론으로서 범주의 구성 요소가 동등한 자격을 갖지 않는다는 견해이다. 원형은 그 범주를 대표할 만한 가장 '전형적, 적절한, 중심적, 좋은' 보기를 말한다. 곧 원형적인 보기는 중심적 보기이며, 비원형적인 보기는 주변적 보기가 된다(임지룡 1997:62-66). 이 글에서는 통사 구조와 의미의 경우에 각각 '원형'이 있다고 보고 논의를 전개하기로 한다.

서 나누어 볼 수 있는데 이 글에서는 주로 ①②의 관점에서 '가지다'를 다루게 될 것이다.

이에 따라서 이 글에서는 소유풀이씨인 '가지다'를 대상으로 해서 으뜸풀이씨로서 의미 확장, 도움풀이씨, 토씨, 담화표지로 문법화되는 현상에 대해서 전반적으로 살피기로 한다.

> (1) ㄱ. 아이가 공을 가지다.
> ㄴ. 아이가 희망을 가지다.
> ㄷ. 아이가 침대에 누워 가지고 있다.
> ㄹ. 아이가 인형 갖고 논다.
> ㅁ. 아이가 울다가 그래 갖고 엄마한테 뛰어가더라.

(1)에서 ㄱ은 '가지다'가 으뜸풀이씨로 쓰인 보기로서 유정물인 소유주 '아이'가 무정물인 '공'을 취하는 행위이므로 [소유]라고 부르기로 한다. 이 뜻은 '가지다'의 중심적인 뜻으로서 원형으로 보고자 한다51). ㄴ은 소유물이 구체적인 '공'에서 '희망'을 소유하는 뜻으로 추상화된 보기이고, ㄷ은 도움풀이씨로 문법화되고, 다

---

51) 원형은 어떤 부류에서 가장 일반적인 뜻으로서 가장 많이 쓰이는 것을 대표로 삼을 수 있다. 이를 위해서는 빈도수를 찾아야 하지만 일일이 그러기는 쉬운 일이 아니므로, 사전에서 첫 번째 의미소로 기술되는 것을 편의상 중심의미로 보고 원형으로 삼고자 한다. 다음은 '가지다'의 중심에 해당하는 사전의 기술이다.

가지다¹　　① 손에 지니거나 몸에 지니다.(우리 토박이말 사전, 한글학회)
　　　　　① 손이나 몸에 지니다.(표준 국어 대사전, 국립국어연구원)
　　　　　① (무엇을) 일시적으로 손에 쥐고 있거나 몸에 지니다.(연세 한국어 전자 사전, 연세대학교 언어정보개발연구원)

음 품사의 전이가 일어나서 ㄹ처럼 토씨로 문법화됨으로써 어휘적 뜻은 없어지고 문법적 기능만 남게 된다. 또 ㅁ은 문법적인 뜻마저 없어지고 화용적 기능만 남아서 담화표지로 문법화된 보기에 해당한다.

또한 (1)의 ㄱ과 ㄴ은 모두 으뜸풀이씨이지만 ㄱ이 ㄴ보다 더 원형적인 보기에 해당한다. 왜냐하면 ㄱ의 소유물은 구체적이지만, ㄴ은 추상적이기 때문이다. 따라서 같은 범주로 실현되는 표현들도 원형의 정도성이 있음을 전제로 한다.

이 글은 소유풀이씨로서 '가지다'가 어떻게 확장되어 변화되는가를 살피기 위해서 이들의 양상을 모두 문법화로 보고 이에 관여하는 문법화의 기제를 살핌으로써 '가지다'의 특징을 밝히고자 한다. 이러한 접근법은 범시적(panchronic)인 방법으로서, 언어의 참 구조를 이해하기 위해서 통시적인 변화와 공시적인 변이를 모두 포괄하는 관점을 취하고자 한다[52].


## 6.1. [X가 Y를 가지다.]


<표준 국어 대사전>에서 '가지다'를 다음과 같이 기술하고 있다.

---

[52] 언어의 경우 공시와 통시의 구별은 관점에 의한 인위적인 산물이지 사실상 공시와 통시는 별개로 존재하지 않는다고 볼 수 있다. 자세한 논의는 이성하(1998:112-117) 참조

가지다[1] ① 손이나 몸에 지니다.

② 자기 것으로 하다

③ 직업 자격증 따위를 소유하다.

④ (모임을 나타내는 말과 함께 쓰여) 모임을 치르다.

⑤ 아이나 새끼, 알을 배 속에 지니다.

⑥ 거느리거나 모시거나 두다.

가지다[2] (--에/에게 --을) 생각, 태도, 본뜨기 따위를 마음에 품다.

가지다[3] (--과 --을) 관계를 맺다.


위의 기술을 볼 때 '가지다'는 크게 세 가지 통사 구조를 갖는데, '가지다[1]'은 [X가 Y를 가지다.], '가지다[2]'는 [X가 Z에게 Y를 가지다.], '가지다[3]'은 [X가 Z와 Y를 가지다.]의 세 꼴이다. 이 가운데 '가지다[1]'인 [X가 Y를 가지다.]가 가장 일반적이고 많이 쓰이므로 원형적인 구조로 볼 수 있다. 또한 이 통사 구조에서도 '① 손이나 몸에 지니다.'가 가장 중심적이므로 이를 원형의 뜻으로 보고, 이를 [소유]라고 부르기로 한다.

'가지다'는 소유주와 소유물을 취하는 두 자리 풀이씨인데, 우리말의 소유 표현에서 임자말로 실현되는 소유주는 유정물만 가능하다.


(1) ㄱ. 아이가 인형을 가지다.

　　ㄴ. 아내가 아이를 가지다.

(2) ㄱ. *돌이 돌멩이를 가지다.

　　ㄴ. *집이 창문을 가지다.

(1)은 소유주 자리에 '아이, 아내'처럼 유정물인 사람이 와서 성립하지만, (2)처럼 소유주의 자리에 '돌, 집' 같은 무정물이 오면 성립하지 않는다.

그렇지만 부림말로 실현되는 소유물의 자리에는 무정물과 유정물 모두 올 수 있다. (1)에서 ㄱ은 '인형'이 무정물이고, ㄴ의 '아이'는 유정물이다. 그런데 (1ㄱ)처럼 소유물이 무정물이면 [소유]의 전형적인 보기이지만 (1ㄴ)처럼 유정물이면 '임신을 하다.'의 뜻으로 소유 표현으로서는 덜 원형적인 보기에 해당하다. 왜냐하면 후자가 전자보다 빈도수도 낮고 뜻도 보편적이 아니기 때문이다. 이와 같이 소유물의 특성에 따라서 소유 표현의 정도성도 달라지므로 '소유물'을 '무정물, 유정물'로 나누어서 소유 표현에 대해서 살피기로 한다.

## 6.1.1. 소유물이 무정물인 경우

소유 표현에서 소유물이 무정물인 경우도 두 가지 유형이 있다.

(3) ㄱ. 소녀가 인형을 가지다.
　　ㄴ. 그 소녀가 많은 시간을 가지고, 그 일에 몰두했다.

(3ㄱ)의 소유물인 '인형'은 구체적이지만, (3ㄴ)의 '시간'은 추상적이다. 이에 따라서 '가지다'의 의미 특성도 달라지므로 소유물

이 구체적인 것과 추상적인 두 유형으로 나누기로 한다.

## 가. 소유물이 구체물인 경우

앞에서 으뜸풀이씨로서 가지다'에 있는 뜻의 원형은 [소유]라고 했는데 이 원형도 두 가지 하위 범주로 이루어져 있다고 볼 수 있다. 하나는 [소유 획득]이고, 다른 하나는 [소유 지속]을 들 수 있다.

먼저 '가지다'가 [소유 획득]의 뜻으로 쓰일 때는 소유주가 소유물을 가지지 않은 상태에서 그것을 가지는 과정을 보이는 것을 말한다. 이 경우 '가지다'는 현재상으로서 '-는-, -ㄴ다'와 같은 현재상을 나타내는 형태소가 와서 '갖는다, 가진다'로 실현된다.

(4) ㄱ. 그가 공을 가지다.
    ㄴ. [그가 공을 가진다.]
    ㄷ. [그가 공을 갖는다.]

(4ㄱ)에서 소유주인 '그'가 소유물인 '공'이 없는 상태에서 '공'을 획득하는 행위를 말할 때는 '가지다'의 현재형인 '가진다'와 '갖는다'가 가능하다. 그래서 (4ㄱ) 월의 현재형 매김꼴도 '-는'으로 실현된다.

(5) 공을 가지는 그

그런데 '가지다'가 후자인 [소유 지속]으로 쓰이는 경우 '가지다'는 현재 진행형 '가지고 있다.'로 해석된다.

(6) ㄱ. 그가 공을 가지다.
ㄴ. [그가 공을 가지고 있다.]

(6)의 '가지다'는 소유를 나타내는 지속풀이씨로서 ㄱ은 ㄴ으로 해석된다. 또한 '가지다'의 매김꼴로서도 진행상의 매김꼴인 '-고 있는' 꼴은 자연스럽지만 매김꼴 '-는'이 오면 어색하다.

(7) ㄱ. 그가 가지고 있는 집을 팔았다.
ㄴ. *그가 가지는 집을 팔았다.

(7)의 경우 '-는'은 어색하고 '-고 있는' 꼴이 더 자연스럽게 나타나는데, 이것은 '가지다'가 [소유 지속]이라는 특징을 갖기 때문이다53).

그런데 '가지다'에 있는 [소유 획득]과 [소유 지속]의 두 행위는 별개가 아니고 연속적인 행위로 볼 수 있다. 왜냐하면 '가지다'는 소유물을 '취하는 행위'가 '소유하는 상태'와 시간적 인접성을 갖고 있기 때문이다. 이것은 환유라는 기제에 의한 의미의 확대로 볼 수 있다. 환유(Metonymy)란 '한 대상이 다른 대상에 대해 어떠한 방식으로 연속성을 가지고 있을 때 그것을 이용하여 그 연속성 있는 대상을 지칭하기 위해 사용되는 일종의 언어 표현'(Heine

---

53) 이 글에서 [소유 지속]은 [소지]나 [보유]의 뜻으로 바꾸어 쓸 수 있다.

1991:61)이다. 이러한 보기는 다른 언어들에서도 나타나는데 영어에서도 'have'가 'have a seat'에서처럼 '취하는 행위'를 나타내면서도 광범위하게 소유의 뜻을 나타내고, 스페인어의 'tener'도 'take'와 'have'의 뜻을 가진다. 이처럼 한국어에서도 '가지다'는 [소유 획득]과 [소유 지속]의 뜻을 모두 갖는다.

이처럼 '가지다'는 [소유 획득]과 [소유 지속]의 두 가지로 해석이 되는데 이들을 달리 상적인 특성으로 보면 전자는 [동작상], 후자는 [지속상]에 해당한다. 지금까지 '가지다'가 시간상의 인접성에 의한 환유에 의해서 두 가지로 해석됨을 살펴보았다.

## 나. 소유물이 추상물인 경우

[소유]는 소유주가 구체적인 소유물을 소유하는 것에서 출발해서 추상적인 소유물을 소유하는 것으로 확대된다.

(8) ㄱ. 소녀가 인형을 가지다.
    ㄴ. 소녀가 많은 시간을 갖고, 그 일에 몰두했다.

(8)에서 ㄱ의 '인형'은 구체적인 소유물이고 ㄴ의 '시간'은 추상화된 표현으로서 '권리, 체험, 경험, 여유' 같은 추상적인 것을 소유하는 것으로 발전한다. 이러한 표현이 가능한 것은 추상적인 '시간'을 소유하는 것을 구체적인 '인형'을 소유하는 것과 같은 도식으로 받아들이는 것으로서, 은유라는 기제에 의한 인지 과정에서 가능하다고 볼 수 있다. 곧 구체적이고 명확한 개념에서 상

대적으로 추상적이고 일반적인 개념으로 뜻이 확대되는 것으로서, 이를 각각 근원영역, 목표영역이라고 부르면, 전이는 근원영역에서 목표영역으로 확대되는 것이고 이러한 전이를 은유 확장 가설이라고 부른다. 이러한 본뜨기는 추상물도 구체적인 물체로 인지한 것으로써 개념적 은유 가운데서도 존재론적 은유의 보기에 해당한다.

지금까지 살펴본 '가지다' 표현은 이 표현의 원형에 속하는 것으로서 [X---Y]로 도식화할 수 있는데, 그 뜻은 [소유 획득]과 [소유 지속] 두 가지로 해석된다. 이 때 관여하는 문법화의 기제는 환유와 은유이다. '소유 획득'을 A, '소유 지속'은 B라고 하면, '가지다'는 이 두 뜻을 동시에 갖고 있으므로 [A·B]로 요약할 수 있다.

## 6.1.2. 소유물이 유정물인 경우

'가지다'의 경우 소유물 자리에 유정물이 오는 표현은 '임신하다, 새끼나 알 등을 배다'의 뜻으로 쓰이는 경우로서 원형에서 확대된 표현이다.

(9) 아내가 아이를 가지다.

(9) 예문에서 '아내'와 '아이'의 관계는 '전체—부분 관계'로 볼 수 있는데, 하나는 '아이를 새로 임신하게 된' 일이고, 다른 하나

는 '임신한 상태'를 뜻한다. 전자는 [소유 획득]에 속한다면, 후자
는 [소유 지속]에 해당한다. (9) 경우는 아직 두 의미가 공존하는
보기이다.

또한 '가지다'는 '몸에 병이나 병의 증세 등을 지니다.'의 뜻으
로도 확대된다(연세 전자 사전).

(10) 혹시 주변에 비슷한 증상/감기를 가지고 있는 사람이 없습니까?

(10)에서 '증상', '결벽증' 따위를 지니는 것은 [소유 지속]으로
해석된다. 그런데 (10)처럼 매김꼴이 현재 진행꼴인 '가지고 있는'
으로 실현되는 것이 일반적이므로 현재꼴이 올 때는 성립은 가능
하나 자주 쓰이는 표현은 아니다.

(11) 혹시 주변에 비슷한 증상/감기를 가지는 사람이 없습니까?

(11)은 간혹 어떤 병에 걸리는 과정을 말할 때 쓰일 수 있으나
흔한 표현은 아닌 것으로 보인다. 이처럼 '가지다'는 [소유 획득]
은 점차 소멸되면서 [소유 지속]의 뜻만 남게 되는 것으로 나타
난다.

다음은 '가지다'가 [소유 지속]으로만 해석되는 보기들이다.

먼저 사람의 내면적 특성을 이루고 있는 성격, 성향을 나타내는
표현은 소유주가 소유물을 소유한다기보다 소유주의 여러 속성
가운데 한 부분을 이루는 요소 사이에 전체-부분 관계가 성립하

는 보기들이다. 이 경우 소유물로 표현되는 부분도 유정물의 한 부분이므로 유정물의 범주에 넣기로 한다.


    (12) ㄱ. 소녀가 잠재력을 가지다.
          ㄴ. 그가 내향적인 면을 가지다.
          ㄷ. 그가 반항 기질을 가지다.


(12)는 소유주가 내면적인 특성 곧 '잠재력, 내향성, 기질, 특질' 따위를 지니는 표현으로서, 우리가 이들을 소유한다기보다는 이런 특성은 우리의 내면에 존재하는 것이기 때문에 존재 표현에 가깝다. 하지만 우리말에서 이 표현들이 '가지다'로 실현되므로 소유의 확대 표현으로 보고자 한다. 이 경우 '가지다'의 문법화는 [소유 획득]은 없어지고 [소유 지속]만 남게 되어서 [소유 획득]이라는 뜻이 탈색(bleaching)되는 현상이 나타난다.

이처럼 '가지다'의 문법화는 단일 방향적으로 연속적인 변화선상에서 일어나면서 그 뜻이 한꺼번에 달라지는 것이 아니라 원형의 일부인 [소유 획득]은 탈색되고 [소유 지속]은 지속성(Persistence)을 갖는 것으로 볼 수 있다.

다음 단계로서 우리말에 유정물이 자기 신체의 일부분을 나타낼 때도 '가지다'로 표현한다54).

---

54) 연세 전자 사전에 '가지다' : (ㅁ) '(몸의 한 부분이나 특정한 신체적 특성 등을) 지니다.'로 기술하고 있다.

(13) ㄱ. 소녀가 흰 피부를 가지다.
ㄴ. 아이가 파란 눈을 가지다.

이 표현은 '가지다'보다 '있다'를 써서 'X에게 Y가 있다.'로 표현하는 것이 우리말다운 표현이다.

(13)′ㄱ. 소녀가 흰 피부가 있다.
ㄴ. 아이가 파란 눈이 있다.

그런데 '있다' 대신 '가지다'도 많이 쓰이는 것이 우리의 언어 현실이다. 사람이 갖고 있는 '신체'의 일부는 우리가 소유하는 것이 아니라 태어날 때부터 본래 우리 몸 안에 잠재해 있는 본유적인 요소이다. 그런데 우리말에서 (13)처럼 신체말도 '가지다'로 표현하게 되었는데, 이것을 소유 표현에서 본다면 [소유 지속]의 성질을 갖기 때문으로 보인다. 이처럼 '가지다'에 의한 자연스럽지 못한 소유 표현이 자꾸 생겨나는 원인은 영어의 영향이 큰 것으로 볼 수 있다. 본래 우리말은 '상황 중심 언어'이다. 이에 대해서 영어는 'I have a headache.'로 표현하는 언어로서 '신경질'이나 '두통' 따위도 소유하는 것으로 보기 때문에 '인간 중심적인 언어'(문용 1999:26-30)라고 부른다. 이처럼 소유물의 양상이 무정물에서 유정물로 바뀜에 따라서 소유 표현도 정도성을 가지면서 확대된다고 할 것이다. 따라서 위 (13)의 전체−부분 표현들도 현재 진행 매김꼴인 '가지고 있는'은 성립되지만 매김꼴인 '가지는'은 성립되지 않는다.

> (14) ㄱ. 흰 피부를 가지고 있는 소녀
> ㄴ. 파란 눈을 가지고 있는 소녀
> (15) ㄱ. *흰 피부를 가지는 소녀
> ㄴ. *파란 눈을 가지는 소녀

(14) 현재 진행 매김꼴은 성립하지만, (15) 매김꼴은 성립하지 않는다.

다음은 '가지다'가 비원형적인 표현들로 확대되는 보기들이다.

먼저 인간관계를 나타내는 표현들 가운데 혈연관계는 '가지다'로 실현될 수 없다.

> (16) ㄱ. *내가 형을 가지다.
> ㄴ. *내가 부모님을 가지다.

혈연, 친척관계는 사람이 태어나면서 본래부터 타고나는 관계이므로, 혈연관계는 소유 개념이라기보다 존재 개념에 더 가깝다. 따라서 존재개념에는 '가지다'가 올 수 없다.

그런데 요즘 와서 혈연관계가 아닌 인간관계의 경우, 보기 들면 '친구, 애인' 따위는 '가지다'로 표현하는 경향이 높다.

> (17) ㄱ. ?내가 절친한 친구 둘을 가지다.
> ㄴ. ?내가 애인을 가지다.

(17)의 '친구'나 '애인'을 '가지다'로 나타내는 것은 어색하기는 하지만 쓰이는 것은 영어의 영향으로 볼 수 있다. 이런 현상은 '친구, 애인'처럼 사회적 접촉에 의한 인간관계는 혈연관계에 비해서 상대방에 대한 소유의 개념이 더 강해서 상대방을 소유하는 것으로 생각이 바뀌는 데서 그 원인을 찾을 수 있을 것이다. 이처럼 사회적 인간관계는 존재 개념에서 소유 개념 쪽으로 인지구조가 바뀌고 있는 것으로 추정해 볼 수 있다. 따라서 현재 진행 매김꼴 '-고 있는'이 가능하지만, 매김꼴 '-는'은 성립되지 않는다.

(18) ㄱ. 절친한 친구 둘을 가지고 있는 나
ㄴ. *절친한 친구 둘을 가지는 나

(18)에서 ㄱ인 '-고 있는'는 가능하지만, ㄴ인 '-는'은 성립되지 않는다.

지금까지 논의된 '가지다'의 소유물 자리에 유정물이 오는 경우는 '전체-부분' 관계로서 [X-Y]로 도식화할 수 있는데, 이 때 실선은 비양도성 소유 관계를 나타낸 것이다. 이에 따라 특성도 [소유 획득]과 [소유 지속]에서 [소유 획득]은 점차 탈색되고 [소유 지속]만 남는 것으로 나타난다. 전자를 A, 후자를 B라고 하면 '가지다'의 뜻은 [A·B>B]로 원형적 뜻은 축소되는 것으로 나타난다.

## 6.2. 통사 구조의 확장

앞의 [X가 Y를 가지다.]는 이름씨항이 하나씩 늘어나서 통사 구조가 바뀌게 된다.

(1) ㄱ. 그녀는 학과 공부에 많은 관심을 가지다.
    ㄴ. 한국은 미국과 많은 교류를 가지다.

(1)의 ㄱ은 [X가 Z에(게) Y를 가지다.] 구조, ㄴ은 [X가 Z와 Y를 가지다.] 구조로서, '가지다'가 두 자리 풀이씨에서 세 자리 풀이씨로 늘어난다. 또한 뜻도 <표준 국어 대사전>에 의하면 원형에서 멀어져서 ㄱ은 '생각, 태도, 본뜨기 따위를 마음에 품다.'의 뜻으로, ㄴ은 '관계를 맺다.'의 뜻으로 전이가 일어난다. 특히 후자의 경우는 소유주 자리에 '한국'과 같은 단체명도 올 수 있어서 소유주 자리에 유정물이 오는 앞의 보기에서 더 확대된 것으로 볼 수 있다. 그런데 (1)의 보기들은 통사 구조에는 변화가 있었지만 뜻은 [소유 획득]과 [소유 지속]이 그대로 유지되는 것으로 볼 수 있다. 따라서 현재와 현재 진행의 매김꼴이 모두 성립한다.

(2) ㄱ. 학과 공부에 많은 관심을 가지는 그녀
    ㄴ. 학과 공부에 많은 관심을 가지고 있는 그녀
(3) ㄱ. 미국과 많은 교류를 가지는 한국
    ㄴ. 미국과 많은 교류를 가지고 있는 한국

(2, 3)에서 ㄱ은 현재형, ㄴ은 현재 진행형의 매김꼴로서 모두 성립한다. 이처럼 '가지다'가 원형에서 통사 구조가 확대되지만 그 뜻은 원형을 그대로 유지하고 있는 것이다.


## 6.3. 다른 범주로의 문법화


이 글에서는 '가지다'의 문법화 현상을 '문법성, 추상성, 형태구조, 담화 운영'의 네 가지 유형을 포함하는 광범위한 관점에서 고찰하고자 한다(이효상 2000:262).

으뜸풀이씨로서 '가지다'의 문법화는 도움풀이씨, 토씨, 담화표지로 문법화가 일어난다[55].


   (1) ㄱ. 그는 고기를 잡아 가지고 집으로 돌아갔다.
       ㄴ. 그는 고기 갖고 멋진 회를 떴다.
       ㄷ. 철수는 그래 갖고 서울로 도망갔다.


(1)에서 ㄱ은 '가지고'가 도움풀이씨로 쓰인 보기이고, ㄴ은 '가

---

55) 풀이씨의 문법화는 풀이씨가 씨끝이나 도움토씨로 되는 과정을 보이는 연구로서 이태영(1988), 권영환(1993), 김명희(1996), 김미영(1996), 고영진(1997), 이정애(2002) 따위를 들 수 있다. 이름씨(매인이름씨 포함)의 문법화는 이름씨가 씨끝이나 도움토씨로 굳어지는 과정에 관한 연구로서 김태엽(1990), 정재영(1996), 박승윤(1997), 안주호(1997), 정희영(2002) 따위를 들 수 있다.

지고'가 이름씨 뒤에 온 토씨이고, ㄷ은 담화표지로 쓰인 보기들이다. 이들 표현의 특징은 원형인 [소유]의 뜻은 없어지고 문법적 뜻이나 화용적인 뜻이 새로 생기게 된 것이다. 그리고 꼴도 '가지고'로 화석화되어 다른 형태로 활용하지 않는 특징을 들 수 있다. 따라서 위 보기들은 '주요 범주(major category)' > '주변 범주(minor category)'로 문법화가 일어난다는 공통점을 찾을 수 있다.

## 6.3.1. 도움풀이씨 되기

'가지다'가 으뜸풀이씨에서 도움풀이씨로 문법화되는 양상은 내용말에서 기능말로, 어원어가 문법소로 바뀌는 현상인데, 우리말에서는 주로 입말에서 나타난다56).

먼저 으뜸풀이씨의 도움풀이씨 되기에서 의미적인 관점부터 보면, 으뜸풀이씨 '가지다'에 있던 원형적 뜻인 [소유]는 탈색되고 문법적인 뜻만 남게 된다. 이를 문법 범주로 보면 '으뜸풀이씨'라는 주요 범주에서 '도움풀이씨'라는 주변 범주로 비범주화가 일어난 것이다.

---

56) 서정수(1995:642-643)는 '가지고'의 경우 으뜸풀이씨와 도움풀이씨의 구별이 특히 어렵다고 한다.
　　ㄱ. 이 시조를 외어 가지고 오너라.
　　ㄴ. 이 시조를 외워서 (각자) 가지고 오너라.
　위 두 예문에서 ㄱ은 두 성분 사이에 딴 성분이 개입하는 것을 허용하지 않기 때문에 도움풀이씨이고 ㄴ은 딴 성분을 허용하므로 으뜸풀이씨라고 본다.

‘가지고’의 문법화는 임자씨 뒤에 올 때와 풀이씨 뒤에 올 때가 있다. ‘가지고’가 임자씨 뒤에 올 때는 ‘NP을 가지고> NP(을) 가지고> NP가지고> NP갖고’의 형태적 변화를 거쳐서 토씨가 된다면, 풀이씨 뒤의 ‘가지고’는 ‘V(-어) 가지고> V가’의 꼴로 축약된 것으로 도움풀이씨가 된다. 후자인 도움풀이씨가 되는 경우는 다음과 같은 세 단계의 문법화 과정을 거친다고 볼 수 있다.

(2) ① 그 별이 비쳐 가지고 있는 기라(구비, 470)> ② 그 별이 비쳐 가 있는 기라> ③ 그 별이 비쳐가 있는 기라

(2)의 ②에서 ‘가지고’의 축약형 ‘가’는, 입말에서 말할이의 판단에 의해서 ‘가지고’의 뜻을 어느 정도 가진다고 보면 앞말과 휴지를 두어 개방 연접이 되지만, ③처럼 완전히 허사화하면 앞말에 붙여 쓰는 폐쇄 연접이 된다. 이처럼 도움풀이씨로서 ‘가지다’는 ‘-어 가지고’로 화석화되고 다시 이 꼴이 축약형 ‘-어 가’로 굳어지기도 한다.

먼저 으뜸풀이씨에서 도움풀이씨로 문법화가 일어나게 되면 [소유 지속]에서 ‘소유’라는 어휘적인 뜻은 탈색되고 [지속]이라는 상적 요소만 남게 된다[57].

---

[57] ‘가지고’의 문법적인 뜻에 관한 연구를 보면, 최현배(1937): [보유], 남기심/고영근(1992): [보유], 서정수(1996): [보유]로써 모두 [보유]로 보고 있다.

(3) ㄱ. 그녀는 놀라 가지고 밤새도록 한숨도 못 잤다.
    ㄴ. 그들 부부는 싸워 가지고 열흘을 말하지 않고 지냈다.


위 표현의 '가지고'는 앞의 으뜸풀이씨의 행위 '놀라다, 싸우다'의 행위가 [지속]임을 보여주기 때문에 이 형태에는 어휘적인 뜻은 더 이상 찾아보기 어렵다. 따라서 위 표현에서 '가지고'가 생략되어도 명제 내용에는 차이가 없다.


(4) ㄱ. 그녀는 놀라   Ø   밤새도록 한숨도 못 잤다.
    ㄴ. 그들 부부는 싸워   Ø   열흘을 말하지 않고 지냈다.


(4)는 앞마디가 뒷마디의 원인을 보여 준다는 점에서 앞의 (3)의 월과 큰 차이가 없다. 그것은 '가지고' 앞의 '-어'가 그 기능을 해 주기 때문이다. 따라서 (4)의 월들은 겹월로서 '가지고'는 앞마디의 이음씨끝의 기능을 하므로 다음과 같은 분석이 가능하다.


(5) ㄱ. 그녀는 놀라 (가지고), (그녀는) 밤새도록 한숨도 못 잤다.
    ㄴ. 그들 부부는 싸워 (가지고), (그들은) 열흘을 말하지 않고
       지냈다.


(5)는 앞마디와 뒷마디를 갖는 겹월의 짜임새로서 연속되는 풀이씨는 두 가지로 해석된다. 하나는 앞뒤의 두 풀이씨가 동시성을 갖는 경우이고, 다른 하나는 계기성을 갖는 경우이다. 위의 (5) 보기는 앞뒷마디가 움직씨로서 계기성으로 해석된다. 이 때 앞마디

의 사태가 원인이 되고 뒷마디의 사태가 결과가 되어 인과관계를 이루고 있다. 이러한 인과관계는 앞뒷마디에 모두 그림씨가 와서 동시성일 때도 성립한다.


(6) ㄱ. 그녀는 눈이 커 가지고 예쁘다.
    ㄴ. 서울은 멀어 가지고 가기가 어렵다.


또한 '가지고'에 선행하는 풀이씨가 그림씨이더라도 뒤에 오는 풀이씨가 움직씨이면 계기성의 사태로서 인과관계로 해석된다.


(7) ㄱ. 그녀는 돈이 많아 가지고 빌딩을 샀다.
    ㄴ. 빌딩이 너무 헐어 갖고 철거를 시작한다.


(7)은 앞마디가 그림씨, 뒷마디는 움직씨로서 앞마디의 상황 때문에 뒷마디의 사태가 뒤에 일어나는 것을 나타낸다. 그런데 '-어 가지고'가 '동시성', '계기성' 모두 앞마디의 사태가 원인이 되어 뒷마디의 사태가 생기므로 모두 인과관계로 해석된다는 공통점을 갖고 있다.
그런데 우리말에서 '-어 가지고' 자리에 '-서'의 교체가 가능하다.


(8) ㄱ. 그녀는 <u>놀라 가지고</u> 밤새도록 한숨도 못 잤다.
    ㄴ. 그녀는 눈이 <u>커 가지고</u> 예쁘다.
(9) ㄱ. 그녀는 <u>놀라서</u> 밤새도록 한숨도 못 잤다.
    ㄴ. 그녀는 눈이 <u>커서</u> 예쁘다.

위의 (8, 9) 월들은 앞마디와 뒷마디가 인과관계라는 점에서는 동의월로 볼 수 있지만, 엄밀한 의미에서 약간의 차이점을 찾을 수 있다. 그것은 '-어 가지고'의 경우는 '-서'에 비해서 원인을 나타내되 원인이 되는 사태의 지속성이 두드러진다면, '-서'는 사태 원인의 출발점이 더 두드러진 표현이라고 볼 수 있다. 곧 원인에 해당하는 사태도 '출발점, 경로, 도달점'이 있다고 본다면 '-어 가지고'가 오면 경로가, '-서'가 오면 출발점이 두드러진 요소가 되어 표현이 분화된 것으로 보인다.

지금까지 도움풀이씨로서 '-어 가지고'가 문법화하여 앞의 사태를 [지속]하는 뜻이 있음을 살펴보았다. 또한 이들 문장의 통사구조는 이은월로 볼 수 있고, 두 마디의 관계는 '동시성, 계기성의 인과관계'로 해석된다.

## 6.3.2. 토씨 되기

Hopper(1991)는 풀이씨가 토씨로 되는 것은 일차적 문법범주에서 이차적 문법범주로 나아가는 것으로 보고 '이름씨/움직씨>그림씨>전·후치사>이음씨>도움풀이씨>대이름씨/지시사'와 같은 단계를 제시한 바가 있다.

'가지고'도 이름씨 뒤에 와서 토씨의 기능으로 문법화한다. 따라서 토씨로서 '가지고'는 으뜸풀이씨에 있던 '소유'라는 원형적인 뜻은 물론 도움풀이씨에 있던 [지속]이라는 문법적인 뜻마저 없어진다. 대신 토씨로서 다른 문법적인 기능이 새로 생긴 것이다. 토씨로서 '가지고'는 일반적으로 '갖고'로 축약된 꼴로 쓰이는데, 이것은 '-을 가지고'에서 '-을'이 생략되고 '가지고'는 '갖고'로 축약되기도 한다.

(10) ① 가위를 가지고 종이를 오려라.> ② 가위 가지고 종이를 오려라.> ③ 가위가지고 종이를 오려라.> ④ 가위갖고 종이를 오려라.

토씨로서 '가지고'는 이름씨 뒤에 와서 앞말에 붙여 쓰는 것이 원칙이므로 예문 (10)에서 ③④가 가장 일반적인 형태이다[58].

그런데 토씨로서 '가지고'의 경우 여러 가지의 뜻으로 분화(Split)가 일어나서 다양화(Divergence)되는 양상을 보인다. 이를 비범주화(Decategorization) 또는 재범주화(Re-categorization)라고 한다. 비범주화란 어원어들이 문법소로 변해 가는 과정에서 나타난다.

(11) ㄱ. 그는 고기갖고 멋진 회를 떴다.
　　 ㄴ. 지우개갖고 지워라.
　　 ㄷ. 공부는 인내심갖고 참는 사람이 해 낸다.

위 보기들은 모두 '갖고'로 실현되는데 ㄱ의 '갖고'는 앞 이름씨를 '재료'로 만들지만, ㄴ은 수단, ㄷ은 방법으로 만든다. 이 때 '갖

---

58) 경상 방언에서는 '가지고'가 '가이고'로 실현되어, 위 본문의 예문 (10)에서 '④ 가위갖고 종이를 오려라.'는 '가이(가시개)가이고 조우로 오리거라.' 따위로 실현된다.

고'를 다른 토씨로 바꾼다면 '-로써'가 가능하다.

> (12) ㄱ. 그는 고기로써 멋진 회를 떴다.
> ㄴ. 지우개로써 지워라.
> ㄷ. 공부는 인내심으로써 참는 사람이 해 낸다.

또한 '가지고'는 앞말을 대상화하기도 한다.

> (13) 사람가지고 놀리지 말라.

(13)은 '사람을 대상으로 해서 놀리지 말라'로 해석된다.

지금까지 토씨로서 '가지고'는 풀이씨로서 '가지고'에 있던 [소유]라는 실질적인 뜻은 없어지고 '재료, 수단, 방법, 대상'이라는 문법적인 기능을 갖는 것으로 비범주화된다.

## 6.3.3. 담화표지 되기

'가지고'는 또한 이음씨 뒤에 와서 '그래 가지고, 이래 가지고, 저래 가지고'로 실현된다. 그렇지만 단독으로는 나타나지 않는다. 그래 가지고'에서 '그래'는 이음어찌씨인 '그리하여'가 줄어서 된 말이다. 따라서 '그래' 뒤에 오는 '가지고'도 이음어찌씨의 문법화와 관련이 있는 것으로 보인다.

먼저 '그래 가지고'는 언어적 이음 기능 밖에 언어 외적인 기능으로서 실제로 일어나는 사태나 상황을 가리키는 '현장 지시성'이 강하다.

    (14) ㄱ. 세상이 이래 가지고 어디 사람 살겠나.
          ㄴ. 저래 가지고는 사람이 될까 싶었다.
          ㄷ. 그래 가지고 쓰러질라.

위 (14) 예문의 '이래/저래/그래 가지고'는 실제적인 상황이나 그와 비슷한 사태를 가리키는 대용어와 같은 기능을 한다. 그렇지만 이 표현들에서 '가지고'가 생략되면 비문이 된다. 다음은 위 (14)에서 '가지고'만 생략된 보기들이다.

    (15) ㄱ. *세상이 이래 Ø 어디 사람 살겠나.
          ㄴ. *저래 Ø 사람이 될까 싶었다.
          ㄷ. *그래 Ø 쓰러질라.

(15)로 볼 때 '가지고'는 생략될 수 없으며, 이 때 '가지고'는 지시 기능을 유지하므로 완전히 허사화한 것은 아닌 것이다.

그런데 '그래 가지고' 따위가 더 문법화한 보기로서 담화표지(Discourse marker)를 들 수 있다. 이것은 명제 내용 자체에는 영향을 끼치지 않는 언어 외적 요소로서 생략 가능하다.

(16) ㄱ. 한 호불애비가 그래 갖고 5년을 혼자 살았대.
　　 ㄴ. 한 호불애비가 5년을 혼자 살았대.


위 (16)의 ㄱ과 ㄴ은 명제 내용 자체에는 변화가 없고, '그래 갖고'의 화용적 기능에서만 차이가 난다. 그런데 (16)은 앞의 (15)와는 달리 '그래' 단독으로 실현될 수도 있다.


(17) 한 호불애비가 그래 Ø 5년을 혼자 살았대.


(17)에서 '가지고'가 생략되어도 성립된다는 것은 이것이 완전히 허사화해서 입말에만 붙는 표지에 불과하다는 것을 보여 준다.

이들 담화표지가 앞의 토씨와 다른 점은, 담화표지는 문장에서 더 이상 필수 성분이나 보충 성분이 아닌 잉여적인 성분으로서 생략되어도 명제 내용 자체에는 변화가 없다는 점이다.

또한 풀이씨로서 '가지다'는 문장의 맨 끝으로 자리가 대체로 정해져 있지만, 담화표지로서 '그래 갖고'는 자리가 고정적이지 않다.


(18) ㄱ. 언니는 그래 갖고 울다가 집을 나갔다.
　　 ㄴ. 언니는 울다가 집을 나가 버렸다. 그래 갖고 우리 집은
　　　　 온통 야단이 났다.


(18)에서 ㄱ은 월의 가운데에, ㄴ은 월과 월 사이에 나타난 보기이다. 또한 담화표지는 하나의 문장에서 거리를 두고 반복해서 나타나기도 한다.

(19) 한 호불애비가 그래 갖고 5년을 혼자 살았는데, 그래 갖고 예쁜
　　 과부를 만나서 연애를 했대.


　(19)는 '그래 갖고'가 한 문장에서 두 군데 반복해서 나타나는
보기이다. 이러한 담화표지로서 '그래 갖고'의 화용적 기능은 다
음과 같다.


(20) ㄱ. 언니는 그래 갖고 울다가 집을 나갔다.
　　 ㄴ. 언니는 울다가 집을 나가 버렸다. 그래 갖고 우리 집은
　　　　 온통 야단이 났다.
　　 ㄷ. 나는 대학 시험에 떨어졌다. 그래 갖고 가출할 생각을 했다.


　(20)에서 ㄱ의 경우는 앞말을 '화제화', ㄴ은 '화제전환', ㄷ은
'시간 벌기'의 기능을 갖는다.

　지금까지 '가지다'를 대상으로 하여 으뜸풀이씨에서 도움풀이
씨, 토씨, 담화표지로 기능이 변화하는 것을 문법화의 관점에서
살펴보았다.

　앞에서 '가지다'의 문법화를 으뜸풀이씨에서 도움풀이씨, 토씨,
담화표지 순서로 논의를 했는데 이를 정리하면 다음과 같다.

　먼저 으뜸풀이씨에 나타나는 문법화의 양상을 살피면 '가지다'
의 소유물이 구체적이면 [X---Y]로 도식화할 수 있는데, 이 도식
에서 점선은 소유물이 양도 가능하다는 표시이다. 이 때 소유물이
구체적인 것에서 추상적인 것으로 확대되는 것은 '은유'에 의해
서 설명이 가능하다. 또 이 표현은 [소유 획득]과 [소유 지속] 두

가지로 해석되는데, 전자를 A, 후자를 B라고 하면, '가지다'는 이 두 뜻을 동시에 갖고 있으므로 [A·B]로 요약할 수 있다. 이 양상은 시간적 인접성에 의한 환유로 볼 수 있다.

다음 '가지다'의 소유물에 유정물이 오는 표현은 '전체-부분 관계'로서 [X-Y]로 도식화할 수 있는데, 이 때 실선은 비양도성 소유 관계를 나타낸 것이다. 이 표현은 [소유 획득]은 탈색되고 [소유 지속]만 남는 양상을 보이는데, 원형적 의미의 축소 현상이라고 할 것이다.

따라서 으뜸풀이씨로서 '가지다'는 [A·B>B]로 요약할 수 있다. 또한 통사 구조가 확장되더라도 원형의 뜻인 [소유 획득]과 [소유 지속]은 유지되는 것으로 나타난다.

도움풀이씨로서 '가지고'는 문법화하여 앞의 사태를 [지속]하는 뜻이 있는데, 이 꼴에는 으뜸풀이씨에 있는 어휘적 원형으로서 [소유]는 탈색되고 [지속]만 남는다. 또한 도움풀이씨 '-어 가지고'가 오는 표현은 겹월의 짜임새로서, 두 마디의 관계는 '동시성, 계기성의 인과관계'로 해석된다. 이는 '원형의 뜻 가운데 일부가 없어지므로 '탈색'이라는 기제에 의해서 설명이 가능하다.

토씨로서 '가지고'는 풀이씨로서 '가지다'에서 실질적인 뜻은 없어지고 문법적인 뜻만 남는 것은 비범주화에 해당한다. 또한 토씨로서 기능은 '재료, 수단, 방법, 대상'이라는 문법적인 뜻을 갖는 것으로 다양화된다.

담화표지로서 '가지고'는 단독으로는 쓰이지 않고 '그래/이래/저래' 다음에 실현된다. 이들은 원형인 소유 개념이라는 어휘적인 뜻은 물론 문법적인 뜻마저 없어지고 화용적 기능만 남게 된 것이다. 이들도 처음에는 현장지시성이 강한 대용적 기능을 갖다가 점차로 담화표지로 굳어지는데, '화제화, 화제 전환, 시간 벌기'의 화용적 기능을 갖는다.

언어는 변해 왔고 지금도 조금씩 변하고 있다. 소유풀이씨로서 '가지다'도 풀이씨에서 품사가 바뀌어 토씨, 담화표지로까지 그 기능이 바뀌는 양상을 보인다. 이 문법화에 관여하는 기제로써 '환유, 은유, 탈색, 비범주화, 다양화'를 통하여 '가지다'의 확대 과정을 살펴보았다.

# 제4부

# 소유 월의 원형과 확장 구조

# 7장 소유 표현에서 본 '있다' 월의 통사·의미론적 원형성

　최근 소유 표현의 방식이 '있다'보다 '가지다'를 많이 선호하게 된 것은 영어의 영향으로 보인다. 보기를 들면, '나는 슬퍼하고 있습니다.' 대신에 '나는 슬픔을 갖고 있습니다.'라고 말함으로써, 말할이의 주관적 경험을 배제시켜 경험의 주체로서 <나>가 소유의 <그것>으로 대치되는 경향을 보이고 있다.

　우리말에서 소유 표현 연구는 어떤 언어 표현에 '소유'의 뜻이 있다고 언급하는 정도였다. 따라서 이 글에서는 으뜸풀이씨 '있다'를 대상으로 하여 가장 원형적인 뜻과 통사 구조를 찾아보고, 이 표현에서 어떻게 번져 나가서 쓰이고 있는가를 정도성의 관점에서 살피기로 한다. 먼저 '있다' 표현이 소유 표현에서 가장 원형적임을 '가지다' 표현과 비교해서 제약이 적기 때문에 더 원형적임을 밝힐 것이다. 또한 상태 소유 표현에서 'X에 Z가 있다.'가 대표적인 표현 꼴임을 밝히기로 한다.

소유 표현으로서 '있다' 월의 의미 구조를 밝히기 위해서는 소유주와 소유물의 관계에 초점을 맞추어야 한다. 왜냐하면 소유 표현은 이들 이름씨들 사이의 뜻바탕에 따라서 월의 의미 구조가 달라지기 때문이다. 그래서 먼저 소유물이 양도 가능한가 아닌가라는 기준을 세우고, 다음은 이름씨의 뜻바탕이 유정물인가 아닌가라는 기준을 세우고자 한다. 또한 'X에 Z가 있다.'를 'X가 Z를 가지다.' 표현으로 치환해 봄으로써 두 월의 관련성에 따른 원형성의 정도를 파악하고자 한다. 이를 통하여 상태 소유 표현으로서 '있다'가 어느 정도의 범위에서 쓰이고 있는지를 원형이론의 관점에서 살펴보고자 한다.

## 7.1. 상태 소유 표현의 원형

소유 양식의 본질은 사유 재산의 인정에서 유래하고 있다. 이 소유 양식에서 중요시되는 것은 소유주가 재산을 취득하는 것, 그리고 취득한 것을 지키는 권리를 지니는 것이다[59]. 소유 표현은 주체인 <나>와 객체인 <대상> 사이의 관계를 나타내는 것이다. 여기서 주체는 소유자이고, 객체는 소유물이다.

---

59) 소유 양식은 타인을 배제한다. 불타는 이런 행동 양식을 갈망이라 평했고, 유대교와 기독교는 탐욕이라 평했다.

소유 표현은 '소유주·피소유주·소유물·금전' 이런 요소들 가운데 '소유주'와 '소유물'이 모습으로 드러나는 형태를 취한다. 먼저 소유 표현에 나오는 소유주와 소유물의 원형을 다음과 같이 특징지을 수 있다(이수련 2001:238-240).

① 소유주는 유정물로서 무정물인 소유물보다 더 두드러진 요소가 된다.
② 소유주는 한정적인 것일수록 원형에 가깝지만, 소유물은 그렇지 않다. 따라서 소유주는 유정물이고 제한적인 것이 원형에 가장 가깝다. 그리고 소유주는 월 머리에 온다.
③ 소유물은 월 가운데 주로 실현되고 무정물도 가능하고 비제한적인 것도 허용하므로 덜 두드러진 요소이다. 그러므로 참조점은 소유주이고, 목표는 소유된 개체인 소유물이 된다. 참조점과 목표는 공간적 탄도체(trajector)와 지표(landmark)에 각각 대응된다.

위와 같은 특징을 갖는 소유 표현을 바탕으로 해서 '있다'를 중심으로 원형적 특징을 좀 더 자세히 살피기로 한다.

우리말에서 소유 표현은 매김 소유(attritive possession), 풀이 소유(predicative possession)[60] 표현으로서, 둘로 크게 나눌 수 있다. 우선 이 글에서는 풀이 소유를 대상으로 하는데, 이 소유 표현도

---

60) 매김소유 표현과 풀이소유 표현의 차이점을 간략히 나타내면 다음과 같다(이수련 2001:190-195).

| 매김소유 표현 | 풀이소유 표현 |
|---|---|
| 일반적 | 특수적 |
| 비제한적 | 제한적 |
| 비명시적 | 명시적 |

상태 소유 표현과 이동 소유 표현으로 나눌 수 있다. 상태 소유 표현은 풀이씨 '있다, 가지다, 속하다' 따위로 실현되고, 이동 소유 표현은 '주다, 받다, 들어가다, 나오다' 따위를 들 수 있다. '있다'는 전자의 상태 소유 표현에 속한다.

우리말에서 상태 소유 표현은 '있다'와 '가지다'를 대표로 들 수 있다. 그런데 이 글에서 '있다'를 '가지다'보다 더 원형으로 보는데, 그 이유는 다음과 같다.

어떤 언어 표현의 원형이 되려면, 뜻이 제한적인 것보다 덜 제한적이어야 하고, 특수적인 것보다 일반적인 것일수록 좋은 보기가 된다. 보기를 들면 색채말의 경우도 모두 동등한 자격을 갖는 것이 아니라 다음과 같은 원형성을 갖는 것으로 연구되고 있다(조명원·나익주 1997:9-18).

검정·흰색>빨강>노랑·초록>파랑>갈색>회색·오렌지색·자주색·분홍색

색채말의 경우 가장 왼쪽에 있는 검정과 흰색이 전 세계의 언어에 나타나는 가장 원형적인 색이고, 오른쪽으로 갈수록 비원형적인 보기에 해당한다.

이와 마찬가지로 우리말의 상태 소유 표현인 '있다'도 원형을 찾을 수 있을 것이다.

그런데 우리말에서 '있다'는 '소유' 의미도 있지만, '장소, 전체-부분, 사건 발생'의 여러 가지 뜻을 갖고 있다(이수련 1986:137-150). 이에 대해서 '가지다'는 '소유'의 의미에 거의 한정된다[61]. 또 '있

다'는 소유주에 임자말 자리에 무정물이 올 때도 있지만, '가지다'
는 유정물만 올 수 있어서 임자말 제약이 있는 것으로 나타난다[62].
이런 점으로 볼 때 '있다'가 '가지다'보다 쓰임의 범위가 더 넓다고
볼 수 있다.

또 중세말에 보면 '있다'는 '이시다' 또는 '잇다' 꼴로, '가지다'
는 'ᄀ지다'로 주로 실현되는데, 그 표현 분포가 '있다'가 '가지다'
보다 훨씬 넓다. 'ᄀ지다'는 '사법어, 노걸대언해'에서 발견되지만,
'잇다'와 '이시다'는 '용비어천가, 석보상절, 월인석보, 두시언해,
박통사언해, 고시조' 따위에서 넓게 분포되어 있다. 뿐만 아니라
시간적으로도 중세 초기의 문헌에서 발견됨으로써 '가지다'보다
앞서는 것으로 나타난다.

 

 

    (1) ㄱ. 가리라 ᄒ리 <u>이시니</u>(龍歌 37장)
       ㄴ. 이 ᄀᄐ니 <u>이시리잇고</u>(釋譜6:7)
       ㄷ. 재는 <u>이실</u> 씨라(月釋序10)
       ㄹ. 平時예 사던ㅅ다홀 사랑하논 배<u>이쇼라</u>(杜解6:8)
    (2) 生死 두字롤 <u>ᄀ져</u>(持生死二字) <法語7>

---

61) '가지다'의 사전적 뜻을 보이면 다음과 같다(한글학회, 1992, 우리말 큰사전).
   ① 손에 쥐거나 몸에 지니다.     ② 마음에 지니다.
   ③ 제 것으로 되게 하다.     ④ 거느리거나 모시거나 두고 있다.
   ⑤ 주로 모임을 나타내는 말과 함께 쓰이어, 그것을 하다.
   ⑥ 관계 따위를 맺다.     ⑦ =배다3
   ⑧ '~를(을) 가지고' 꼴로 쓰임.
62) '가지다'는 비원형적인 보기로서 '회사'나 '국가명' 따위가 임자말에 오는 경우
   가 있는데, 이들도 일종의 활유법으로서 유정물로 해석된다.

(1) '잇다'의 출현이 (2)의 'ㄱ지다'보다 더 빠른 것으로 나타난다. 또 서구의 경우도 '있다'가 '가지다' 표현보다 더 빨리 발달되었다고 한다(최혁순 옮김 1986:46-47).

소유가 인간 존재의 극히 자연스러운 범주라고 믿는 사람들은 여러 언어에 <갖는다>는 말이 없다는 사실을 알게 되면 놀랄 것이다. 예를 들면 히브리어에서는 <나는 가지고 있다.>는 jesh li(=it is to me)<그것은 내게 있다>라는 간접적 형태로 표현해야만 한다. 사실 소유를 이렇게 표현하고, <나는 가지고 있다.>고 표현하지 않는 언어 쪽이 지배적이다. 알고 보면 흥미 있는 일이지만 여러 언어의 발달에 있어서 <그것은 내게 있다.>라는 구문이 우선 있고, 뒤에 <나는 가지고 있다.>라는 구문이 이루어진다. 그런데 Emil Benveniste가 지적하고 있듯이 그 반대 방향으로 진화하는 일은 없다.

위 인용문을 볼 때, 서구의 경우도 '있다'가 '가지다'보다 먼저 발달되었음을 알 수 있다. 또 우리말의 경우도 '있다'가 '가지다'보다 더 빨리 나타났고 분포가 넓으면서, 임자말 제약도 적은 것으로 보아서 '있다'를 상태 소유 표현의 원형으로 삼는 것은 큰 무리가 없을 것으로 보인다[63].

---

63) '있다'는 다음과 같이 다양한 뜻을 갖고 있다(한글학회, 우리말 큰사전, 1992).
　① 어떤 곳에 자리를 차지하다.
　② 어떤 사실이나 현상이 생기거나 나타나다.
　③ 머무르다.
　④ 머물러 살거나, 직장에 근무하다.
　⑤ 생기거나 벌어지거나 하다.
　⑥ 갖추거나 가지거나 하다.

그런데 소유 표현과 관련된 '있다'의 표현도 'X에 Z가 있다.'와 'X가 Z가 있다.'를 대표적인 두 꼴로 들 수 있다. 이 때 X는 소유주, Z는 소유물을 대신해 나타낸 것이다. 인지언어학에서는 '표현 구조가 다르면 의미 구조도 다르다.'라는 관점에 있다. 이 글에서도 'X에 Z가 있다.'와 'X가 Z가 있다.'가 표현 구조가 다르기 때문에 의미 구조도 다르다고 보고 두 표현의 차이점을 밝혀보고자 한다.

먼저 이 두 표현의 공통점을 찾아보면, [Z가 있다.]라는 존재 표현을 안고 있다는 점이다.


   (3) ㄱ. [소녀에게 [책이 있다.]]
       ㄴ. [소녀가 [책이 있다.]]


(3)에서 [책이 있다.]는 존재 표현이므로, (3ㄱ, ㄴ)은 모두 소유주가 존재 표현을 안고 있는 구조이다. 이 존재 표현은 독립된 의미 영역이지만, (3)에서는 존재가 소유 표현에 포함되어 있다. 곧 소유 표현 안에 존재 표현이 들어가 있으므로 (3)과 같은 표현에서는 소유 표현이 상위개념이고 존재 표현은 하위개념으로서, 소유 표현은 존재 개념을 전제로 하는 표현임을 알 수 있다. 김기혁(1987:209)에서도 존재와 소유의 관련성을 다음과 같이 언급하고 있다.

---

⑦ 어떤 상태에 놓이다.
⑧ '-ㄹ 수 있다'의 꼴로 쓰이어, '가능하다'의 뜻.
⑨ 입말에서 '있지, 있잖아' 따위로 쓰이어, 어떤 대상이나 사실을 강조, 확인하는 뜻을 나타낸다.

존재는 소유와 의미적으로 연관된다. 존재와 소유의 관계는 존재자와 존재 위치의 관계에 의하여 이루어지는데 존재는 소유의 바탕이고 소유는 존재를 통하여 실현된다. 존재는 존재자의 존재를 기본 의미로 갖고 있지만 존재 위치에 대한 소유의 의미를 형성한다.

이러한 존재와 소유의 관련성은 영어를 비롯한 다른 언어에서도 발견되는 현상이다(Lyons 1967, 1977).

그러므로 (3)의 두 표현에 나타나는 차이점은 소유주의 실현이 'X에'인가 'X가'에서만 차이가 있다. 이에 따른 두 표현의 차이점은 소유주 '소녀에게'는 소유라는 2, 3 차원적인 공간 영역을 배경으로 하고, '소녀가'는 1차원적인 점을 배경으로 한다는 점에 있다. 따라서 토씨 '-가'로 실현되는 소유주는 구체적 공간 개념에서 추상화된 점적인 존재라고 하겠다. 추상적인 개념도 구체적인 개념으로 해석할 수 있다고 본다면(이성범 1999:295-396), 'X에 Z가 있다.'가 'X가 Z가 있다.'보다 더 구체적인 표현으로 볼 수 있다.

다음 'X에 Z가 있다.' 월과 'X가 Z가 있다.' 월의 제약 관계를 더 살핌으로써 제약이 적은 쪽을 원형에 더 가깝다고 보고자 한다.

먼저 'X에 Z가 있다.' 월이 'X가 Z가 있다.' 월보다 제약이 적은 것은 후자가 겹 임자말 구조이므로 첫 번째 임자말과 두 번째 임자말에 올 수 있는 이름씨의 종류가 한정되어 있기 때문이다. 곧 겹 임자말의 경우는 '수량, 전체와 부분의 관계, 큰 것에서 작은 것' 따위로 한정되기 때문이다.

둘째, 'X에 Z가 있다.' 월과 'X가 Z가 있다.' 월의 공통점을 든

다면 소유주가 유정물이고 소유물이 양도 가능한(alienable) 경우
는 모두 성립한다는 점이다.

    (4) ㄱ. 소녀에게 꽃이 있다.
        ㄴ. 소녀가 꽃이 있다.

  (4ㄱ, ㄴ)의 소유주는 유정물 '소녀'이고, 소유물은 '꽃'으로서
양도 가능한 사물이다. 따라서 두 월은 모두 성립한다.
  이에 대해서 소유주가 무정물인 경우는 소유물이 양도 가능하
더라도 'X에 Z가 있다.'는 성립하지만, 'X가 Z가 있다.'는 성립하
지 않는 것으로 나타난다.

    (5) ㄱ. 집에 꽃이 있다.
        ㄴ. <sup>?</sup>집이 꽃이 있다.

  (5)에서 소유주 자리에 무정물인 '집'이 온 경우에는 소유물 자리
에 양도 가능한 소유물인 '꽃'이 와도 (5ㄴ)인 'X가 Z가 있다.'는 어
색하다. 셋째, (5ㄴ)의 겹 임자말의 경우, 둘의 관계가 양도 불가능한
(inalienable) 경우에는 성립된다.

    (6) ㄱ. 문에 손잡이가 있다.
        ㄴ. 문이 손잡이가 있다.

  (5, 6)으로 볼 때, 소유주가 무정물인 경우 'X에 Z가 있다.'는 모

두 성립하지만, 'X가 Z가 있다.'의 경우는 소유물이 (5) 양도 가능한 경우에는 성립되지 않고, (6) 양도 불가능한 경우에만 성립된다.

이로 볼 때 'X에 Z가 있다.'가 'X가 Z가 있다.'보다 제약이 덜하기 때문에 표현의 범위가 더 넓다고 볼 수 있다. 그러므로 두 표현 가운데 전자가 후자보다 원형에 더 가깝다고 볼 수 있다. 그러므로 'X에 Z가 있다.'를 상태 소유 표현의 원형으로 볼 수 있으므로, 이를 대상으로 하여 원형성의 정도를 살피기로 한다.

'X에 Z가 있다.' 월의 경우도 'X에'가 월 머리에 오는가 중간에 오는가에 따라서 두 가지 꼴로 나뉜다.

(7) ㄱ. 소녀에게 꽃이 있다.
　　ㄴ. 꽃이 소녀에게 있다.

(7)을 소유 관점에서 설명한다면 ㄱ은 '소유주-소유물', ㄴ은 '소유물-소유주'의 짜임새로서, 전자는 '소유주 중심 표현', 후자는 '소유물 중심 표현'이 된다. 따라서 (7) 두 표현의 의미 구조는 엄밀한 의미에서는 같다고 볼 수 없다.

이를 형태심리학적인 입장에서 본다면 소유 표현에서 소유주가 두드러진 요소이고 소유물은 덜 두드러진 요소이므로 (7ㄱ)은 '모습-바탕' 짜임새이고, (7ㄴ)은 '바탕-모습' 짜임새로서, 전자가 후자보다 더 자연스럽다. 또한 유정물이 무정물보다 더 두드러진 요소이므로 '유정물-무정물' 어순인 (7ㄱ)이 (7ㄴ)보다 더 자연스럽다[64].

이 글은 소유 표현의 특성을 의미론적으로 밝히고자 하므로 소유 표현의 관점에서 '소유주–소유물'의 짜임새인 (7ㄱ) 'X에 Z가 있다.'를 '있다' 표현의 원형으로 보고 이를 주된 대상으로 삼고자 한다.

그럼 'X에 Z가 있다.'는 소유주와 소유물의 관계에 따라서 어떤 표현적 특징을 갖고 있으며, 이 원형에서 번져나간 표현들에는 어떤 것들이 있는가를 살피기로 한다.

## 7.2. '있다' 월의 원형성 정도

앞에서 상태 소유 표현 가운데 '있다'가 '가지다' 표현보다 더 원형이고, 또 '있다' 표현 가운데서 'X에 Z가 있다.'가 'X가 Z가 있다.'보다 더 원형이고, 또 'X에 Z가 있다.'가 'Z가 X에 있다.'보다 더 원형임을 살펴보았다.

그럼 이 장에서는 가장 원형적인 표현인 'X에 Z가 있다.'를 대상으로 해서 소유주와 소유물의 관계에 초점을 맞추어 둘의 관계가 양도 가능한가 아닌가에 따라서 원형의 정도성이 어떻게 달라

---

64) 이들을 문법론적인 관점에서 보면 (7ㄱ)은 '어찌말–임자말'의 짜임새이고, (7ㄴ)은 '임자말–어찌말'의 짜임새로서, 임자말이 월 머리에 오는 ㄴ이 ㄱ의 짜임새보다 더 자연스럽다. 그런데 이 글에서는 소유 표현의 관점에서 의미론적인 원형에 비중을 두기로 한다. 이와 같이 어떤 관점에서 표현구조를 보는가에 따라서 자연스러움의 정도가 다른 것으로 나타난다.

지는가를 살피기로 한다.

먼저 양도 가능한 관계와 아닌 경우를 살피기로 한다.


    (1) 소녀에게 인형이 있다.
    (2) 소녀에게 팔이 있다.


(1) 소유 표현에서 '소녀, 인형'은 필연적인 관계가 아니고, 우연히 소유주와 소유물의 관계가 성립된 것이다. 따라서 소유물은 언제든지 바뀔 수도 있고, 또 다른 사람에게 양도할 수도 있다. 이것에 대해서 (2)의 '소녀, 팔'의 관계는 전체–부분 관계로서 둘은 다른 사람에게 양도할 수 없는 특별한 관계이다. 이 둘을 소유 표현에서 본다면 양도 가능한 (1)이, 그렇지 않은 (2)보다 더 원형에 가깝다고 볼 수 있다. 왜냐하면 소유 개념은 자기 것을 소유하는 데서 출발한 개념이기는 하지만, 사람의 인지가 발달할수록 소유물이란 서로 주고받는 것이라는 사회적 개념으로 확대되었기 때문이다.

또 이 두 소유 표현은 다른 특성을 갖는데, (1)의 양도 가능한 경우는 비제한적인 관계로서 예측이 불가능하다. 곧 '소녀'가 '인형'을 갖는 경우는 소유주가 다른 어떤 소유물을 갖게 될 지 추이가 어렵다. 이것에 대해서 (2)의 양도 불가능의 경우는 전체–부분 관계로서 제한적인 관계이므로 예측이 어느 정도 가능하다. 곧 '소녀'가 '팔'을 갖는 것은 일반적 추이로서 항상 예측 가능한 것은 아니지만, 양도 가능한 경우에 비해서 상대적으로 추이가 가능한 표현이다. 이것은 소유주 자리에 무정물이 오면 더 분명해진다.


    (3) ㄱ. 문에 손잡이가 있다.
        ㄴ. 자동차에 바퀴가 있다.
        ㄷ. 책상에 서랍이 있다.


  (3) 표현은 소유 표현에서는 꽤 멀어졌지만, 전체–부분 관계로서 두 이름씨의 관계는 제한적이므로 어느 정도 예측이 가능하다. 또한 이 표현들은 모두 겹 임자말로 바꿀 수 있다.


    (4) ㄱ. 문이 손잡이가 있다.
        ㄴ. 자동차가 바퀴가 있다.
        ㄷ. 책상이 서랍이 있다.


  겹 임자말에 나타나는 이름씨의 관계도 '전체–부분, 부류–일원, 유형–사례, 총수량–수량, 피영향자–영향자'[65]로서 어느 정도 제한되어 있어서 예측 가능하다.

  지금까지 살펴본 (1, 2)의 양도 가능한 표현과 양도 불가능한 표현을 '가지다'로 치환해 보면 후자의 경우는 어색한 것으로 나타난다.

---

65) I. Yang(1972)에서는 겹 임자말을 macro-micro relation으로 보고 의미론적 관점에서 여섯 꼴로 나누었다(서정수 1996:179-180).

(5) 아이가 인형을 가지다.
(6) <sup>?</sup>소녀가 팔을 가지다.
(7) ㄱ. <sup>*</sup>문이 손잡이를 가지다.
    ㄴ. <sup>*</sup>자동차가 바퀴를 가지다.
    ㄷ. <sup>*</sup>책상이 서랍을 가지다.

(5)는 양도 가능한 소유 표현이고, (6, 7)은 양도 불가능한 표현이다. 또 이들은 (5, 6)에서는 소유주가 유정물인 보기이고, (7)에서는 소유주 자리에 무정물이 온 보기이다. 그런데 (6)은 비문은 아니지만 상당히 어색하고, (7)은 비문으로 나타난다. 그런데 (6) '가지다' 표현이 꽤 어색하지만 비문이 아닌 것은, 우리말이 영어의 영향으로 '가지다'의 표현이 상당히 일반화된 것에서 그 이유를 찾을 수 있을 것이다.

따라서 소유 표현에서 소유물이 양도 가능한가 아닌가에 따라서 다음과 같은 차이를 세울 수 있다.

| 양도 가능(아이-인형) | 양도 불가능(문-손잡이) |
| --- | --- |
| 비제한적 | 제한적 |
| 예측 불가능 | 예측 가능 |

이처럼 소유 표현에서 양도 가능한 경우와 양도 불가능한 경우는 의미론적 특징이 다르다고 볼 수 있다. 이에 따라서 소유 표현의 특징을 더 살펴보기로 한다.

앞에서 상태 소유 표현 가운데 'X에 Z가 있다.'가 'X가 Z를 가지다.'보다 제약이 적어서 표현의 범위가 넓다고 보았다. 그것은 'X에 Z가 있다.'는 소유주 자리에 무정물도 올 수 있지만, 'X가 Z를 가지다.'는 소유주 자리에 유정물만 올 수 있다는 것에서 나타난다. 그런데 소유주는 가장 두드러진 요소이고 소유물은 덜 두드러진 요소로 볼 수 있다. 그러나 'X에 Z가 있다.'는 'X'가 본래는 배경 요소였는데, 이것이 월 머리에 옴으로써 윤곽 요소로 바뀌어서 '배경의 윤곽화'가 일어난 표현이다. 그런데 'X가 Z를 가지다.'에서 소유주 'X'는 본래부터 소유주이다. 그러므로 'X에 Z가 있다.'와 'X가 Z를 가지다.'는 모두 소유주 중심 표현이라는 공통점을 갖는다.

따라서 'X에 Z가 있다.'의 경우 'X가 Z를 가지다.'로 치환이 된다면, 소유 표현으로서 가장 원형적 표현이라고 볼 수 있다. 왜냐하면 '있다'는 'X에 Z가 있다.'가 가장 원형에 가깝고, '가지다'는 'X가 Z를 가지다.'가 원형이므로 이 두 꼴이 모두 가능하다면 소유 표현의 원형으로 추정해 볼 수 있기 때문이다. 그러므로 상태 소유 표현의 원형을 찾기 위해서 'X에 Z가 있다.'를 'X가 Z를 가지다.'로 치환을 해 보고 이 두 표현이 다 성립하면 표현상 제약이 가장 적다고 보고 '원형'으로, 'X에 Z가 있다.'는 성립되지만 '가지다'가 성립하지 않으면 '비원형'으로 삼기로 한다. 그리고 'X에 Z가 있다.'는 성립하지만 'X가 Z를 가지다.' 표현이 많이 어색하면 '덜 원형적' 표현으로 삼기로 한다. 이러한 검증은 소유 표현의 정도성을 알아보는 기제가 될 수 있다.

## 7.2.1. 소유물이 양도 가능한 경우

소유는 동물만이 할 수 있는 행위이므로 소유주는 유정물, 특히 사람이 오는 것이 원형이라고 볼 수 있다. 그런데 소유물에는 무정물, 유정물 다 올 수 있지만 유정물보다는 무정물이 더 원형이라고 볼 수 있다. 왜냐하면 무정물 가운데서도 구체적이고 제한적일수록 양도가 쉽게 일어나기 때문이다.

    (8) ㄱ. 소녀에게 책이 있다.
        ㄴ. 누나에게 인형이 있다.

(8)은 구체적 소유물 '책, 인형' 따위가 온 표현으로서 '가지다'로 치환이 가능하다.

    (9) ㄱ. 소녀가 책을 가지다.
        ㄴ. 누나가 인형을 가지다.

(8, 9)의 소유물 자리에 양도 가능한 무정물들이 와서 성립한 보기이다. 그런데 이 소유물 자리에 양도 가능한 재물이 올 수도 있다.

    (10) ㄱ. 장남에게 소유 권리가 있다.
         ㄴ. 장남에게 재산 상속권이 있다.

‘소유 권리, 재산 상속권’은 양도가 가능한 추상적 소유물에 해당하는 소유 표현이다. 또한 (10)은 (11)처럼 ‘X가 Z를 가지다.’로 치환이 가능하다.


(11) ㄱ. 장남이 소유 권리를 가지다.
　　　ㄴ. 장남이 재산 상속권을 가지다.


따라서 (8-11)의 양도 가능한 소유 표현은 모두 ‘가지다’로 치환이 가능하므로 소유 표현의 원형으로 삼을 수 있다.

지금까지는 소유주 자리에 유정물이 온 보기이고, 다음은 소유주 자리에 무정물이 오는 보기들이다. 이 때 소유주와 소유물의 관계가 양도 가능한 경우 ‘X에 Z가 있다.’의 표현이 성립되려면 소유주 자리에 공간이름씨가 오고 소유물은 무정물로서 구체적인 사물이 오는 경우이다.


(12) ㄱ. 집에 책이 있다.
　　　ㄴ. 학교에 마이크가 있다.
　　　ㄷ. 길에 가로수가 있다.


(12)의 두 이름씨들을 소유주와 소유물의 관계로 보면 둘의 관계는 양도 가능하다. 그러나 소유주 자리의 이름씨는 장소역이므로 소유주로 보기 어렵다. 따라서 이 표현은 소유 표현이라기보다 장소 표현으로 해석된다. 그러므로 이 표현에서는 장소를 나타내

는 '집, 학교, 길' 따위의 공간이름씨가 월 머리에 오는 것이 아니라 월 가운데로 가는 것이 더 자연스럽다.


    (13) ㄱ. 책이 집에 있다.
         ㄴ. 마이크가 학교에 있다.
         ㄷ. 가로수가 길에 있다.


  (13)에서 '집, 학교, 길'은 소유주가 아니라 어떤 사물이 존재하는 장소로서 배경에 해당한다. 이를 소유 표현으로 해석한다면 공간말 '집, 학교, 길'을 소유주로, '책, 마이크, 가로수'는 소유물로 볼 수 있다. 따라서 소유 표현의 관점에서 본다면 '소유주–소유물'의 짜임새인 (12)가 '소유물–소유주'의 짜임새인 (13)보다 더 원형에 가깝다고 할 수 있다.

  그런데 (12)의 표현을 '가지다'로 바꿔 보면 성립되지 않는다.


    (14) ㄱ. *집이 책을 가지다.
         ㄴ. *학교가 마이크를 가지다.
         ㄷ. *길이 가로수를 가지다.


  (12)의 '있다' 표현을 '가지다'로 바꿔 보면 (14)처럼 성립하지 않는다. 이것으로 볼 때 (12)의 '있다' 표현은 소유주 자리에 공간이름씨가 온 경우로서 '있다' 표현은 성립되지만 '가지다'는 성립되지 않으므로 비원형에 속한다. 그래서 우리는 (12)를 일반적으로 '장소 표현'이라고 부르고 있다.

그런데 (12)의 표현은 소유주 자리에 공간이름씨가 온 보기인데, 그렇지 않고 일반이름씨도 올 수 있다.

(15) ㄱ. 컵에 포장이 있다.
ㄴ. 국에 콩나물이 있다.

(15) 'X에 Z가 있다.'는 소유주 자리에 공간이름씨 대신에 '컵, 국'과 같은 일반이름씨가 온 표현인데, 이 경우도 장소이름씨와 같은 것으로 해석된다. 곧 '컵, 국'은 사람이 다닐 수 있는 공간은 아니지만 이들도 3차원의 입체적 공간을 차지하는 구체적 공간물임에는 틀림없다. 그런데 이 표현은 소유주와 소유물의 관계가 거꾸로 되면 성립되지 않는다.

(16) ㄱ. *포장에 컵이 있다.
ㄴ. *콩나물에 국이 있다.

또한 소유주 자리에 무정물이 오는 경우, 단체나 국가명 같은 인공적인 사회 집단도 올 수 있다. 그런데 이러한 표현이 앞의 (12, 15)와 같은 장소 표현과 다른 점은 소유물 자리에 유정물이 오는 점이다.

(17) ㄱ. 한국에 대통령이 있다.
ㄴ. 회사에 회장님이 있다.
ㄷ. 우리 반에 반장이 있다.

위 표현은 소유물 자리에 '회장, 대통령, 반장' 같은 유정물이 온 보기인데, 이들 이름씨의 특징은 어떤 집단이나 단체의 직책을 나타내므로 이것은 다른 사람에게 양도가 가능하다는 점이다66). 그러나 위 표현들을 '가지다'로 바꾸면 어색하다.


    (18) ㄱ. <sup>?</sup>한국이 대통령을 가지다.
        ㄴ. <sup>?</sup>회사가 회장님을 가지다.
        ㄷ. <sup>?</sup>우리 반이 반장을 가지다.


    (18)처럼 '가지다'로의 치환이 어색한 것은 우리가 어떤 직책을 맡는 것은 잠깐 그 자리에 앉아서 어떤 역할을 수행할 뿐이지 그것을 소유한다고는 볼 수 없기 때문일 것이다. 그래도 이 표현이 완전히 비문이 아닌 것은 영어의 영향도 있겠지만, 한국인의 의식구조가 어떤 직책도 잠시 그 자리에 앉아서 임무를 수행하는 것이 아니라 소유하는 것으로 생각이 점차 바뀌는 데서 그 까닭을 찾을 수 있을 것으로 본다. 따라서 (17) 표현은 '가지다' 치환이 어색하므로 덜 원형적 소유 표현의 유형에 속한다.


---

66) 소유 표현에서 '있다'가 사회 집단의 대표를 나타내는 경우, 고유이름씨가 오면 소유 표현보다 존재 표현으로 해석된다. 따라서 이 때 '있다' 표현은 어떤 주체가 어느 집단에 있는가 없는가에 초점이 놓이는 것으로 보인다.
  ㄱ. 우리 회사에 이건희 회장님이 있다.
  ㄴ. 한국에 김대중 대통령이 있다.
  ㄷ. 우리 반에 김다운 반장이 있다.

지금까지 양도 가능한 소유 표현에 대해서 살펴보았는데, 크게 세 가지 꼴로 나눌 수 있다.

첫째, 소유주가 유정물이고 소유물이 무정물로서 구체적이면 양도 가능한 경우로서 일반적 소유 표현은 모두 이것에 해당한다. 이 표현은 소유 표현의 원형으로서 '가지다'로 치환이 가능하다. 마찬가지로 소유물이 추상적이라도 재산과 관련된 표현은 '가지다'로 치환이 가능하다.

둘째, 소유주가 무정물이고 소유물도 무정물로서 양도 불가능한 경우, '가지다'로는 치환이 되지 않는다. 이 경우에 해당하는 장소 표현들은 소유 표현의 입장에서 보면 비원형적 표현이다.

셋째, 소유주가 무정물이고 소유물이 유정물인 표현은 사회나 단체의 대표를 나타내는 표현으로서 '가지다'로 치환이 어색한 것으로 나타난다. 이 표현은 덜 원형적 소유 표현의 보기에 해당한다.

## 7.2.2. 소유물이 양도 불가능한 경우

이 절에서는 소유주와 소유물의 관계가 양도 불가능한 경우를 생각해 보기로 한다. 양도 불가능한 관계란 소유주와 소유물을 따로 떼어놓을 수 없는 관계로서 이 절에서 언급하는 것은 모두 전체-부분 관계에 속한다. 이 때 소유주의 자리에 유정물, 무정물이 올 수 있다.

첫째, 소유주 자리에 유정물, 특히 사람이 오는 보기에 대해서 살펴보기로 한다. 그리고 소유물 자리에는 이름씨가 오는 보기인데, 이 때 이름씨는 두 가지 꼴이 가능하다. 하나는 소유물 자리에 본래부터 이름씨가 오는 경우로서, 이러한 소유 표현을 자유 소유(free possession) 표현이라고 부른다. 이처럼 소유 표현의 소유물에는 구체물이 오는 것이 원형으로 볼 수 있다. 왜냐하면 소유물은 소유주가 갖고 있거나, 소유주와 피소유주 사이에 주고받는 이동체라는 개념에서 출발했기 때문이다.

둘째, 소유물이 언어화될 때, 이름씨 자리에 풀이씨의 이름꼴이 오는 경우이다. 이처럼 소유 표현의 경우 소유물의 자리에 풀이씨의 이름꼴이 오면 합성 소유(synthetic possession) 표현이라고 부르기로 한다. 앞 절에서 살펴본 양도 가능한 경우 소유물은 본래부터 이름씨들인 자유소유 표현들이다. 이 자유소유 표현은 양도 불가능한 경우에도 나타나므로, 이들 원형의 정도성에 대해서 살피기로 한다.

우선 소유주 자리에 유정물이 오고, 소유물이 내면적인 속성을 보이는 추상말들이 오는 보기들이 있다.

사람은 '생각, 감정, 의지' 따위 낱말처럼 사고나 인지, 감정과 관련된 추상적이고 정신적인 행위를 한다. 이들이 소유물 자리에 오면 추상적인 것으로서 양도 불가능하다.


(19) ㄱ. 소녀에게 사랑이 있다.

　　　ㄴ. 소녀에게 용기가 있다.

ㄷ. 소녀에게 희망이 있다.
ㄹ. 소녀에게 기쁨/슬픔이 있다.


(19)의 소유물 자리에 오는 표현들은 소유주의 생각, 감정 따위를 나타내는 추상말들이다. 그런데도 '가지다'와의 치환이 가능한 것으로 나타난다.


(20) ㄱ. 소녀가 사랑을 가지다.
ㄴ. 소녀가 용기를 가지다.
ㄷ. 소녀가 희망을 가지다.
ㄹ. 소녀가 기쁨/슬픔을 가지다.


그런데 소유물 '꿈, 희망' 따위는 '있다'와 결합될 때는 양도 불가능한 표현으로 쓰이지만, '주다'처럼 수여풀이씨와 결합하면 양도 가능한 표현으로 쓰이기도 한다.


(21) ㄱ. 소녀가 아이에게 꿈을 주다.
ㄴ. 선생님이 소녀에게 희망을 일깨워 주다.


(21)에서 '꿈, 희망' 따위는 다른 사람에게도 전이시킬 수 있는 양도 가능한 소유물로 표현되어 있다. 그런데 실제로 나의 꿈을 다른 사람에게 주는 것이 아니라 대부분은 어떤 주체 속에 있는 '꿈, 희망' 따위를 일깨워 준다는 뜻이므로 이 표현도 결국 양도 불가능한 범주에 넣기로 한다.

또 우리는 사람을 이루고 있는 성격, 성향도 '있다'를 통하여 소유 표현으로 나타낸다.

    (22) ㄱ. 소녀에게 신경질이 있다.
        ㄴ. 그에게 내향적인 면이 있다.
        ㄷ. 그에게 반항 기질이 있다.

(22) '사람의 성향'을 나타내는 '있다'도 '가지다'로 치환이 가능하다.

    (23) ㄱ. 소녀가 신경질을 가지다.
        ㄴ. 그가 내향적인 면을 가지다.
        ㄷ. 그가 반항 기질을 가지다.

지금까지 살펴본 (19), (22)의 소유 표현은 모두 '가지다'로 치환이 되므로 소유 표현의 원형의 범주에 넣기로 한다.

또한 우리말에서 질병을 앓는 것도 '있다'로 표현한다.

    (24) ㄱ. 그녀에게 골다공증이 있다.
        ㄴ. 소녀에게 두통이 있다.

그런데 (24)의 경우는 '가지다'로 치환이 약간 어색한 것으로 나타난다.

(25) ㄱ. <sup>?</sup>그녀가 골다공증을 가지다.
　　 ㄴ. <sup>?</sup>소녀가 두통을 가지다.


우리말에서 볼 때 우리 몸을 이루고 있는 여러 가지 질병은 우리가 경험하는 것이지, 우리가 소유하는 것은 아닌 것이다. 이러한 특징에서 볼 때 우리말은 '신경질'이나 '두통'도 소유하는 것이 아니라 그런 상황을 경험하는 것으로 표현하는 언어이다. 이와 같은 특징을 들어서 우리말을 '상황 중심 언어'라고 부른다. 이에 대해서 영어는 'I have a headache.'로 표현하는 언어로서 '신경질'이나 '두통'도 소유하는 것으로 나타낸다. 이런 특징은 '인간 중심적인 언어'이다[67]. 우리말에서 (25)도 소유 표현으로서 어색하기는 하지만 비문으로 보기는 어려우므로 덜 원형적인 보기에 넣기로 한다.

또 유정물은 자기 신체의 일부분을 나타낼 때도 전체-부분 관계의 소유 표현으로 나타낸다.


(26) ㄱ. 소녀에게 긴 머리가 있다.
　　 ㄴ. 아이에게 파란 눈이 있다.


이 표현은 '가지다'와 치환이 되는 소유 표현이다.

---

67) 소유 표현에서 동서양 모두 '있다' 표현이 '가지다' 표현보다 앞선 것으로 볼 수 있으나, 영어의 경우 지금은 '가지다' 표현이 우세한 언어로 바뀐 것으로 보인다.

(27) ㄱ. 소녀가 긴 머리를 가지다.
    ㄴ. 아이가 파란 눈을 가지다.

(27)의 신체 표현도 약간은 어색한 것으로 보이나, 요즘은 영어의 영향으로 이런 표현들이 젊은 층에서 많이 쓰이고 있으므로 '가지다'로 치환이 되는 것으로 본다.

다음은 말할이와 관련된 외부적인 사태 곧 날씨, 기온 따위와 관련된 표현을 보기로 한다.

(28) ㄱ. 다운이에게 추위가 있다.
    ㄴ. 다운이에게 더위가 있다.

(28)의 경우는 '가지다' 표현으로 치환이 되지 않는 것으로 나타난다.

(29) ㄱ. *다운이가 추위를 가지다.
    ㄴ. *다운이가 더위를 가지다.

날씨와 관련된 표현이 '있다'는 성립되지만 '가지다'는 성립되지 않는 것은 우리가 외부의 상황을 느끼는 것이지 소유하는 것은 아닌 것에서 까닭을 찾을 수 있다. 그래서 (28)은 비원형적 소유 표현의 범주에 넣기로 한다.

지금까지 소유주와 소유물이 양도 불가능한 경우 소유주는 유정물, 소유물은 무정물인 경우를 살펴보았다.

다음은 소유주는 유정물이고 소유물에 유정물이 오는 보기에 대해서 살피기로 한다. 소유물 자리에 유정물 가운데서도 특히 사람이 오는 경우로서, 먼저 혈연관계부터 보기로 한다.

  (30) ㄱ. 나에게 형이 있다.
       ㄴ. 나에게 사촌동생이 있다.

(30)은 혈연, 친척관계로서 사람이 태어나면서 타고나는 분류적 성분(classified component)(임지룡 1992:61-62)에 해당한다. 이런 관계는 양도가 불가능한 관계로서 '가지다'로 치환이 되지 않는다.

  (31) ㄱ. *내가 형을 가지다.
       ㄴ. *내가 부모님을 가지다.

혈연관계처럼 본래 타고나는 관계는 '가지다'로 치환이 되지 않아서 비원형적인 보기에 해당한다. 그런데 이 밖의 일반적인 인간관계인 관계적 성분(relational component)은 다른 것으로 나타난다.

  (32) ㄱ. 나에게 절친한 친구가 있다.
       ㄴ. 친구에게 애인이 있다.

(32)의 '친구, 애인'은 타고난 인간관계가 아니라 사회적 환경에서 맺어진 인간관계이다. 그런데 이들을 '가지다'로 바꿔 보면 약간 어색한 것으로 나타난다.

(33) ㄱ. <sup>?</sup>내가 절친한 친구를 가지다.

　　 ㄴ. <sup>?</sup>내가 애인을 가지다.

(33)의 '친구'나 '애인'을 소유 표현으로 나타내는 경우 '가지다'로 치환이 약간 어색하지만 완전 비문은 아닌 것으로 보인다. 이런 현상은 사회적 접촉에 의한 인간관계는 혈연관계에 비해서 상대방에 대한 소유의 개념이 더 강하기 때문에 상대방을 소유하는 것으로 생각의 틀이 바뀐 데서 그 원인을 찾을 수 있을 것이다. 이런 점으로 볼 때 '있다'는 성립하지만 '가지다'가 약간 어색한 것으로 나타나는 사회적 인간관계는 소유 표현의 덜 원형으로, 그렇지 않고 '있다'만 성립하는 혈연관계는 비원형적 소유 표현으로 본다. 그래서 후자인 혈연관계는 소유 개념보다 존재 개념에 더 가까운 것으로 해석할 수 있다. 이 둘을 포함하는 인간관계는 다른 사람에게 양도할 수 없는 관계이므로 비양도성 소유 표현의 범주에 넣을 수 있다.

또 소유주, 소유물이 모두 유정물인 경우, 소유주 자리에 사람이 아닌 식물이 와도 소유물과의 관계가 전체−부분 관계가 성립한다.

(34) ㄱ. 나무에 가지가 있다.

　　 ㄴ. 장미에 가시가 있다.

이 표현도 '가지다'로 치환하면, 어색한 것으로 나타난다.

> (35) ㄱ. <sup>?</sup>나무가 가지를 가지다.
>
> ㄴ. <sup>?</sup>장미가 가시를 가지다.

(34, 35) 표현에서 식물은 유정물이기는 하지만, 무정물처럼 무엇을 소유한다고 보기는 어렵다. 따라서 '있다'는 성립되지만 '가지다' 표현은 어색한 것으로 보인다. 따라서 소유 표현 관점에서 보면 덜 원형적 소유 표현에 속한다.

둘째, 상태 소유 표현의 경우 소유물에 동작 자체는 대상이 될 수 없지만, 동적인 상태는 소유의 대상이 될 수 있다. 따라서 합성 소유 표현에는 풀이씨의 이름꼴이 올 수 있다.

먼저 그림씨의 경우 그림씨의 이름꼴 가운데 '-음' 이름꼴은 올 수 있지만, '-기' 는 올 수 없는 것으로 나타난다.

> (36) ㄱ. 다운이에게 아름다움이 있다.
>
> ㄴ. 다운이에게 착함이 있다.
>
> ㄷ. 다운이에게 신비로움이 있다.
>
> (37) ㄱ. *다운이에게 아름답기가 있다.
>
> ㄴ. *다운이에게 착하기가 있다.
>
> ㄷ. *다운이에게 신비롭기가 있다.

그림씨 이름꼴의 경우 (36)의 '-음'은 성립하지만 (37)의 '-기'는 비문으로 나타난다. 그 이유는 '-기'가 '-음'보다 더 동적인 상태나 동작을 보이기 때문에, 소유의 대상이 되지 못하는 데서 그 까닭을 찾을 수 있다.

또한 (36)의 '있다' 표현은 '가지다'로 치환해 보면 가능한 것으로 나타난다.


    (38) ㄱ. 다운이가 아름다움을 가지다.
        ㄴ. 다운이가 착함을 가지다.
        ㄷ. 다운이가 신비로움을 가지다.


(38)은 그림씨의 '-음' 이름꼴로서, 소유주는 '아름다움, 착함, 신비로움' 따위를 소유하는 것으로 나타난다. 이들 그림씨의 이름꼴은 주체의 속성 곧 내면적 속성을 나타내는 말로서 '가지다'로 치환이 된다.

그러나 움직씨의 이름꼴의 경우는 '-음, -기' 둘 다 성립되지 않는다.


    (39) ㄱ. *유이에게 감이 있다.
        ㄴ. *유이에게 달림이 있다.
    (40) ㄱ. *유이에게 가기가 있다.
        ㄴ. *유이에게 달리기가 있다.


(39, 40)으로 볼 때, 움직씨의 이름꼴은 모두 성립되지 않는다. 그 이유는 소유주와 그의 동작은 전체-부분을 이룰 수 없고, 또 소유주의 행위는 동작성이므로 동작성은 소유할 수 없기 때문으로 보인다.

지금까지 소유물이 양도 불가능한 경우 소유주 자리에 유정물이 오는 표현에 대해서 살펴보았다.

다음은 소유주 자리에 무정물이 오는 보기들의 특성에 대해서 살피기로 하는데, 이 표현도 앞의 소유주가 유정물인 경우와 마찬가지로 전체-부분 관계가 성립되어야 한다. 이 경우 소유물에 무정물이 오는 보기부터 보기로 한다.

(41) ㄱ. 자동차에 바퀴가 있다.
ㄴ. 교실에 창문이 있다.

(41)의 월은 소유주 자리에 무정물이 오고, 동시에 소유물도 무정물로서 모두 성립된다. 그러나 이들 표현은 소유주 자리에 무정물이 오기 때문에 '가지다' 표현은 성립되지 않는다.

(42) ㄱ. *자동차가 바퀴를 가지다.
ㄴ. *교실이 창문을 가지다.

(42)가 성립되지 않는 것은 '가지다'는 임자말에 유정물인 소유주만 취할 수 있기 때문이다. 따라서 (41)은 비원형적 표현이 된다.

마지막으로 전체-부분 관계로서 소유주에 무정물이 오고, 소유물에 유정물이 오는 표현은 성립될 수가 없으므로 더 이상 언급하지 않기로 한다.

　지금까지 언급된 양도 불가능한 표현을 정리하면 다음과 같다.

　양도 불가능한 표현은 전체-부분 관계로서, 소유주 자리에 유정물, 무정물이 모두 올 수 있는 표현을 말한다.

　첫째, 소유주가 유정물 특히 사람인 경우 '있다' 표현은 내면적 속성과 관련된 표현들로서, 이 때 소유물은 무정물로서 추상적인 소유 표현으로 나타난다. 곧 내면적 속성이란 '생각, 인지, 감정…' 따위를 들 수 있는데, 이를 소유하는 표현은 '가지다'로 치환이 가능해서 소유 표현의 원형으로 볼 수 있다. 마찬가지로 내면적 속성이 그림씨의 이름꼴 '-음'으로 실현되는 '착함, 신비로움…'도 '가지다'로 치환이 되므로 원형적 소유 표현에 속한다. 그러나 풀이씨의 이름꼴은 '-음, -기' 모두 성립되지 않는 것으로 나타난다. 또한 소유주의 성격, 속성, 질병, 신체 부위와 관련된 자유 소유 표현도 원형에 해당한다.

　둘째, 질병이나 사회적 인간관계, 식물의 전체-부분 관계는 '있다'는 성립하지만 '가지다'는 어색하기 때문에 덜 원형적 표현 범주에 넣기로 한다.

　셋째, 기온과 관련된 표현, 혈연관계, 소유주와 소유물 자리에 모두 무정물이 오는 전체-부분 관계의 경우 '있다' 표현은 성립하지만 '가지다'는 성립되지 않으므로 비원형적 소유 표현에 속한다.

　상태 소유 표현은 크게 소유주와 소유물의 관계가 양도 가능한가 아닌가로 나누어진다. 양도 가능한 소유 표현은 소유주와 소유물의 관계가 비제한적이고, 예측 불가능하다면, 양도 불가능한 표현은 둘의 관계가 제한적이어서 어느 정도 예측 가능하다는 점에서 둘은 구별된다. 따라서 소유 표현에서 본다면 원형적 표현은 양도 가능한 관계인데, 이 표현이 더욱 번져 나가서 양도 불가능한 소유 표현으로 확대되어 쓰임으로써 비원형적인 보기가 만들어진 것이다.

이 글에서는 상태 소유 표현 가운데 'X에 Z가 있다.'를 대상으로 해서 원형의 정도성에 대해서 살펴보았다. 그 방법으로서 'X에 Z가 있다.'를 'X가 Z를 가지다.'로 치환을 해서 성립되면 원형, 약간 어색하면 덜 원형, 치환이 안 되면 비원형으로 삼았다. 이것은 'X에 Z가 있다.'와 'X가 Z를 가지다.' 이들 두 표현이 상태 소유 표현에서 가장 많이 쓰이는 꼴로서, 이 둘의 표현 꼴로 다 실현되는 것을 원형으로 본 것이다. 지금까지 논의된 것을 정리하면 다음과 같다.

| | 양도 가능한 | 양도 불가능한 |
|---|---|---|
| 원형 | ① 구체물<br>② 재산을 나타내는 표현 | ① 전체–부분 관계로서 소유주의 내면적 세계와 관련된 자유소유 표현(생각, 감정)<br>② 전체–부분 관계로서 그림씨 이름꼴 '–음'의 합성 소유 표현(신비로움, 착함)<br>③ 소유주의 성격, 속성, 질병, 신체 부위와 관련된 표현 |
| 덜 원형 | ③ 어떤 집단의 대표를 나타내는 표현 (대통령, 회장) | ④ 사회적 인간관계<br>⑤ 질병<br>⑥ 식물의 전체–부분 관계 |
| 비원형 | ④ 장소 표현 | ⑦ 기온과 관련된 표현<br>⑧ 혈연관계<br>⑨ 무정물의 전체–부분 관계 |

지금까지 'X에 Z가 있다.'를 대상으로 상태 소유 표현의 특징을 살펴보았다.

첫째 소유 표현을 양도 가능한 표현과 양도 불가능한 표현으로 나누었는데, 이를 가짓수로 보면 양도 가능한 경우가 4가지, 양도 불가능한 경우가 9가지로서 양도 불가능한 표현이 더 다양하게 발달된 것으로 볼 수 있다.

둘째, 또 소유 표현에 나타나는 원형의 정도성에서 본다면 '원형>덜 원형>비원형'으로 발달된 것을 알 수 있다. 이들도 가짓수로 본다면 원형은 5가지, 덜 원형은 4가지, 비원형은 3가지로서 원형 표현이 가장 많고, 덜 원형, 비원형 순서로 나타난다.

위의 두 가지 양상을 통해서 상태 소유 표현의 특성을 살펴보면, 소유 표현이 양도 가능한 표현에서 양도 불가능한 표현으로 번져나가서 지금은 양도 불가능한 표현이 상당히 다양하게 쓰이고 있다는 것을 알 수 있다. 또한 원형성의 정도성에서 볼 때도 원형적인 표현과 함께 덜 원형적 표현, 비원형적 표현으로 많이 번져나간 것을 알 수 있다.

우리가 언어생활을 할 때 원형적 표현으로 나타내면 말할이가 말하기 쉽고, 듣는 사람의 쪽에서도 이해가 빨라서 의사소통에 매우 유익하면서 편리하다. 그러나 표현의 범위가 넓어지면서 원형적인 표현만으로 의사소통을 하기에는 어려움이 많다. 따라서 비원형적 표현도 나타나게 되고, 이 표현도 시간이 흐름에 따라서 점점 익숙하게 되면 원형의 정도성도 점차 높아질 것이다. 이러한 비원형적인 보기들은 들을이가 이해하는 데 시간은 오래 걸릴 수도 있지만, 종전에 쓰던 다른 표현들을 활용하는 것도 경제적이고 효율성 높은 언어 행위라고 볼 수 있다. 상태 소유 표현도 이런 이유에서 원형에서 비원형으로 많이 번져나간 것으로 보인다. 따라서 비원형 표현도 표현의 원형은 아니지만 넓은 뜻에서 소유 표현의 범주에 넣을 수 있을 것이다. 그리고 이런 비원형적인 표현은 다른 범주인 장소 표현이나 상태 표현과의 경계선에 있어서, 또 다른 영역과 관련을 맺으면서 연결되어 있다고 볼 수 있다.

우리는 어떤 표현을 '맞다, 틀리다'의 이분법적 사고를 하는데, 원형 이론은 이 이분법적 사고의 틀을 경계하고 있다. 그러므로 원형 이론은 이런 이치적(二値的, two-valued) 사고보다는 '원형, 더 원형, 덜 원형, 비원형'처럼 정도성을 두는 다치적인(多値的, multi-valued) 사고의 유연성을 요구한다. 이 글은 이런 다치적 사고를 소유 표현에 적용해 본 것이다.

# 8장 '주다' 월의 원형과 확장 구조

인지언어학에서는 어휘론과 통사론의 경계를 연속적으로 본다. 또한 이 두 범주에서는 의미와 형식이 결부된다고 본다. 이처럼 의미와 형식 이들 둘 사이에 구조적 또는 형태적 대응 관계가 성립하면 둘 사이에 도상성(Iconicity)이 있다고 한다. 이 도상성은 낱말과 월이 하나의 원리에 의해 분석이 가능하다는 것을 뜻한다. 다만 둘의 차이는 어휘항목이 열린 집합이고, 월은 도식성이 높은 폐쇄된 집합으로서 복합적인 내부구조를 취한다는 점이다.

이 글에서는 어휘구조를 분석하기 위한 기제를 월을 분석하는 데도 적용시키기로 한다. 그래서 범주의 확장에 관한 분석 장치－은유, 일반화, 원형이론－이 월의 확장에도 있다고 보고자 한다. 따라서 원형이론(Prototype Theory)은 월의 분석도 어휘론과 마찬가지로 중심적인 틀과 주변적인 틀이 있고 이들은 서로 연결되어 있다고 설명하는데 유용하다. 이 경우 중심적인 틀이란 기본 어순과 같이 추상도가 높은 월 도식을 말하고, 주변적 틀이란 추상적인 도식과 결부되는 독립된 월을 말한다.

따라서 '주다' 월도 의미와 형식이 결부된다고 보고 이 두 영역의 관련성에서 분석하기로 하는데, 하나는 의미론적인 관점이고, 다른 하나는 통사론적인 관점이다.


  (1) ㄱ. 남학생이 여학생에게 꽃을 주다.
      ㄴ. 남학생이 여학생에게 핀잔을 주다.


(1)에서 ㄱ과 ㄴ은 통사론적인 구조로 보면 같은 이동 도식으로 설명이 가능하다. 이를 의미적으로 보면, ㄱ은 '소유주'에서 '피소유주'로 '소유물'의 소유 이동이 일어난 것이고, ㄴ은 '말할이'에서 '들을이'에게 '정보 전달'을 하는 것으로서 ㄱ에서 ㄴ으로 의미가 확대된 것으로 볼 수 있다.

따라서 이 글에서는 '주다' 월의 여러 용법 가운데서 첫째 의미·통사론적으로 원형을 세우고, 둘째 이 이동 도식이 확대된 구조에도 어떻게 관련이 있는가를 찾아보고, 셋째 이들 도식들 사이의 의미적인 관련성이 어느 정도인가를 통해서 '주다' 월의 특징을 밝히는 것을 목적으로 삼는다. 이를 위해서 '주다' 월을 '받다' 월과 비교·대조하는데, 이 두 월의 의미 구조와 입음 표현 따위를 통해서 그 차이점을 밝히고자 한다.

## 8.1. '주다' 월의 원형과 확장

'주다' 월은 통사·의미적인 차이에 따라서 크게 세 가지로 나누어 진다.


    (1) ㄱ. 남학생이 여학생에게 꽃을 주다.
        ㄴ. 남학생이 여학생에게 핀잔을 주다.
        ㄷ. 남학생이 여학생에게 고통을 주다.


(1)의 세 월에서 ㄱ이 가장 구체적인 이동물의 이동을 보이고, ㄴ은 정보 전달의 뜻을, ㄷ은 감정 전달의 뜻을 가진다. 이들 개별적인 뜻에서 공통점을 찾는다면 [전달]이라는 공통적 성분(common component)을 찾을 수 있다.

다음 이들의 통사적인 공통점은 (1)의 세 월이 세 자리 풀이씨를 취하는 남움직씨 월이라는 점이다. 그런데 (1ㄷ)은 하임월로도 해석되므로 월의 양상도 조금씩 다른 것으로 나타난다. 이런 의미·통사적인 차이에 따라서 ㄱ을 <주다 1>, ㄴ을 <주다 2>, ㄷ을 <주다 3>이라고 부르고 이들의 관련성과 차이에 대해서 좀 더 자세히 살피기로 한다.

## 8.1.1. 〈주다 1〉

'주다'는 소유물을 전달하는 것을 나타내는 풀이씨로서, 소유주, 피소유주, 소유물을 취하는 세 자리 풀이씨이다.

(2) 남학생이 여학생에게 {책/선물/돈}을 주다.

일반적으로 소유주와 피소유물은 '사람'인데 '유정물'로 확대되어 쓰이기도 한다. 그래서 소유주와 피소유주는 유정물이라는 범위가 어느 정도 정해져 있다면, 소유물은 그렇지 않다. '소유물'은 구체물에서 추상물로 확대되는데, 이 소유물의 특성에 따라서 월의 의미 구조가 달라지기 때문에 소유물의 특성에 초점을 맞추기로 한다.

'주다'의 경우 소유물은 '소유주가 피소유주에게 보내는 이동체'라는 정의를 내릴 수 있다[68]. 그러므로 '주다' 월의 의미 특성은 소유물의 이동에 있으며, 이를 이동 도식이라고 부른다. 이 도식은 통사론적인 원형에 해당한다.

(2)에서 '책/선물/돈'은 피소유주인 '여학생'에게 전달된다. 따라서 '주다' 월의 이동 도식은 소유주에서 피소유물에게 물체를 전달하는 것이다[69].

---

68) 이기동(2000:151)도 보기 들면 '그의 모든 재산은 아들에게 갔다.'를 '소유 이동은 장소 이동이다.'와 같은 짜임새로 본다.
69) 소유 도식에 대한 더 자세한 논의는 이수련(2001:187-193) 참조 바람.

이동체
소유주  -------------------->  피소유주

**<이동 도식 1>**

<이동 도식 1>은 '주다' 월이 확대되더라도 전체적인 도식에는 큰 변화가 없는 것으로, '주다' 월의 원형도식에 해당한다.

또한 이 도식에 나타나는 원형적인 뜻은 이동체의 운동을 통해서 파악 가능하다. '주다'는 소유주에게서 피소유주에게 소유물이 이동하는 것이므로, 이를 [소유 전달]이라고 하고 이를 원형의 뜻으로 삼는다. 이 때 원형의 뜻은 소유물의 특성이 '구체적'이고 '긍정적'인 경우에 가능하다. 그런데 '주다'의 쓰임이 확장됨에 따라서 추상적이거나 부정적인 뜻을 가진 이동체가 오기도 한다.

먼저 '부정적'인 뜻을 가진 이동체가 오는 보기부터 보도록 한다.

(3) 선생님이 학생에게 {벌}을 주다.

이 표현에서 '벌'이 피소유주에 해당하는 '학생'에게 불이익을 주게 되면 (3)은 부정적인 것을 전달하는 뜻으로 확대된다.

다음 이동체는 다음과 같은 '추상물'로도 확대된다.

(4) 선생님이 학생에게 {모욕}을 주다.

(4)에서 '모욕'은 구체적인 행위뿐만 아니라 추상적인 상황까지

모두 포함하는 것이다. 그런데 이 '모욕'은 단순한 소유물이나 이동체로 보기는 어렵다. 따라서 이 (4)와 같은 표현도 구체적인 소유물이 이동하는 <이동 도식 1>과 같은 이동 도식으로 로 해석하면 (2)의 확대 표현이라고 볼 수 있다[70]. 이처럼 추상적인 이동도 구체적인 이동으로 설명 가능한 것은 '은유'라는 기제에 의해서 가능하다. 은유는 본질적으로 한 경험 영역을 다른 경험 영역으로 개념화하는 장치이다(임지룡·김동환 옮김 2003:10). 이 때 '주다' 표현의 추상화에 관여하는 은유는 <소유물은 이동하는 물체이다.>로 볼 수 있다. Sweetser(1988:390)에서도 은유적 전이가 한 영역에서 다른 영역으로 전이될 때, 세부 사항은 무시되고 도식은 보존된다고 하였다. 그러므로 (3, 4)의 확대된 월들도 <이동 도식 1>로 해석된다. 그러므로 앞의 (1)에서 논의된 소유주와 피소유주의 관계는 (3, 4)에 오면 임자말인 '선생님'은 의도적인 행위주이고, '학생'은 피행위주로 확대된다. 곧 '소유주, 피소유주'에서 '행위주, 피행위주'로 범위가 확대된 것이라고 볼 수 있다. 또한 소유물 자리에 온 '벌, 모욕'은 소유주의 소유물에서 행위주에서 피행위주에게로 행위가 전달되는 이동체에 해당된다. 그래서 앞의 <이동 도식 1>은 다음과 같이 확대하여 일반화(Generalization)[71]할 수 있다.

---

70) 박형익(1989:148)에서는 '철수가 영희에게 구박을 주었다.'에서 '주다'는 서법이나 시제를 나타내며 의미가 대체로 비어 있는 형식 동사로 보고, '철수가 영희에게 책을 주었다.'에서 '주다'는 여격 동사로 보아서 둘을 구별하고 있다.

71) Bybee(1988)에서는 조동사 can의 일반화를 'mental ability> general ability> root possibility'로 기술하고 있다.

이동체

행위주   --------------------->   피행위주

**<이동 도식 2>**

<이동 도식 2>는 <이동 도식 1>에서 확대된 도식이다.

지금까지의 논의는 <소유물은 이동하는 물체이다>라는 은유에 의해서 소유물이 구체적이면서 긍정적인 원형에서 추상적이고 부정적인 이동체로 확대되는 것을 살펴보았다.


## 8.1.2. 〈주다 2〉

원형인 <주다 1>은 정보 전달의 뜻도 포함함으로써 확대되는데, 이 표현도 원형의 이동 도식으로 분석이 가능하다.

(5) 남학생이 여학생에게 {충고/경고}를 주다.

(5)를 소유물의 이동 도식으로 볼 수 있는 것은 <정보는 이동하는 물체이다.>라는 은유에 의해서 가능하다. 그런데 이 '주다'가 원형의 '주다'와 다른 점은 인용마디를 갖는다는 통사론적 차이가 있기 때문이다. 그런데 이 인용마디는 언어로 실현될 수도 있고 아닐 수도 있다. 다음의 보기는 인용마디가 언어화된 보기들이다.

(6) ㄱ. 남학생이 여학생에게 [오늘 학교에 간다]는 기별을 주다.
　　ㄴ. 남학생이 여학생에게 [빨리 가라]는 경고를 주다.

(6)의 인용마디는 간접인용으로써 '오늘 학교에 간다.', '빨리 가라.'는 전체가 매김말의 기능을 함으로써 뒤에 오는 이름씨인 '기별, 경고'를 꾸미고 있다. 그런데 앞뒤 상황에 의해서 인용마디의 내용을 예측할 수 있는 경우에는 이 인용마디는 생략될 수 있다.

(7) ㄱ. 남학생이 여학생에게 Ø 기별을 주다.
　　ㄴ. 남학생이 여학생에게 Ø 경고를 주다.

(7)처럼 언어 정보를 전달하는 '주다'를 <주다 2>라고 부르기로 한다.
그런데 정보 전달은 언어화되지 않고 몸짓, 사인 따위로 정보를 전달하는 경우도 있다.

(8) ㄱ. 남학생이 여학생에게 눈치를 주다.
　　ㄴ. 남학생이 여학생에게 가라는 사인을 주다.

'눈치, 사인'도 비언어적 정보이지만 상대방에게 어떤 정보를 보내는 것임에는 틀림없다. 이 때 '주다' 월의 의미 구조는 말할이, 들을이, 전달내용으로 이루어져 있는데, 이들의 의미역은 '행위주, 피행위주, 대상'에 해당한다. 따라서 <주다 2>는 다음과 같은 도식이 가능하다.

이동체(전달내용)<br>
말할이(행위주)　-------------------->　들을이(피행위주)

<이동 도식 3>

## 8.1.3. 〈주다 3〉

'주다'의 원형의미가 [소유 전달]이라고 했는데, 전달은 '소유물 전달', '정보 전달'에서 감정 따위를 전달하는 것도 포함함으로써 그 범위가 확대된다. 다음은 소유물이 추상화되어 내면적인 것, 곧 감정, 생각, 심리를 전달하는 것으로 확대된다.

(9) 남편이 아내에게 {고통/불안/행복}을 주다.

(9)에서 '고통, 슬픔, 불안감' 따위는 감정과 관련된 추상적인 전달체로서 행위주에서 피행위주로 전달된다. 이 추상적인 표현도 <감정은 이동하는 물체이다>라는 은유에 의해서 확대된 표현들이다.

그런데 이들 표현은 통사적으로 하임월로 해석되므로 행위주는 사역주(Causer)의 기능을 하고, 피행위주는 사역주의 행위를 받는 피사역주(Causee)로서의 기능을 한다고 볼 수 있다.

(10) ㄱ. 남학생이 여학생에게 감동을 주었다.
　　　ㄴ. 남학생이 [여학생이 감동을 받-]을 주었다.

   (10)에서 '남학생'은 여학생이 감동을 일으키도록 하는 사역주이고, '여학생'은 그 행위를 받는 피사역주이다. 따라서 감동을 받는 주체는 '여학생'으로서 심적 상태의 변화(change-of-state)를 일으키는 주체이다. 이 점이 <주다 1>의 피행위주와 다른 점이다. 곧 <주다 1>의 피행위주는 행위주의 행위를 받는 대상에 불과하므로 피행위주의 상태에 어떤 변화가 일어난다고는 볼 수 없다. 이에 대해서 <주다 3>의 피행위주는 피사역주로서 단순한 대상이 아니라, 상태변화의 주체이다.

   이 때 '이름씨(을)–주다' 표현은 본래는 '이름씨–하다'로써 실현되는 '감동하다, 불안하다, 행복하다, 위협하다' 따위에서 파생되기 이전의 뿌리인 '불행, 불안, 행복, 감동'이 이에 해당한다. 그런데 (9)의 '감동'에 해당하는 이름씨는 풀이씨에서 파생된 이름씨꼴로도 실현된다. 보기 들면 '슬픔, 기쁨, 아픔' 따위가 이에 해당한다.


   (11) 남학생이 여학생에게 {아픔/슬픔/기쁨}을 주었다.


   (11)에서 상태변화의 주체는 '여학생'으로서 위 표현은 다음과 같은 하임구조로 해석이 가능하다.


   (12) 남학생이 여학생을 {아프게/슬프게/기쁘게} 하다.


   (11)은 (12)와 같은 하임의 표현인 '–게 하다'와 동의월을 이룬

다. (12)처럼 풀이씨에서 파생된 이름꼴 '아픔/슬픔/기쁨'은 '-게 하다'로 치환이 되는 경우가 대부분이다. 이처럼 '주다'가 하임의 뜻을 갖는 경우를 <주다 3>이라고 부르기로 한다.

그런데 이 때 하임은 직접하임에 해당한다. 왜냐하면 피사역주의 상태 변화를 부정해 보면 성립하지 않기 때문이다.

(13) ㄱ. *남학생이 여학생에게 감동을 주나, 여학생은 감동을 받지 않는다.
ㄴ. *남학생이 여학생에게 아픔을 주나, 여학생은 아파하지 않는다.

(13)이 성립하지 않는 이유는 앞마디에서 주체인 '여학생'이 사역주의 행위에 영향을 직접 받기 때문이다. 따라서 앞의 (10)에서 '감동을 주다.'도 하임월 '감동을 시키다.'로 바꿀 수 있다.

(14) ㄱ. 남학생이 여학생에게 감동을 주었다.
ㄴ. 남학생이 여학생을 감동(을) 시키다[72].

---

72) '주다'가 하임의 뜻을 갖는 경우는 'X가 Y에게 Z을' 짜임새에서 'Y에게'가 'Y를'로 바뀌어야 성립한다.
(1) ㄱ. 남학생이 여학생에게 감동(을) 주다.
(2) ㄱ. *남학생이 여학생에게 감동을 시키다.
ㄴ. 남학생이 여학생을 감동을 시키다.
(1) '주다' 월을 (2) '시키다' 월로 바꿀 경우, ㄱ의 '여학생에게'를 ㄴ의 '여학생을'로 바꾸어야 자연스럽다.

(14)의 두 월은 직접하임이라는 점에서 두 월은 동의월에 가깝다. 따라서 (14ㄴ) '시키다' 월의 경우도 부정법으로 검증해 보면 성립하지 않는다.

(15) *남학생이 여학생을 감동(을) 시키나, 여학생은 감동하지 않는다.

(15)가 어색한 것은 '시키다'가 직접 하임의 뜻으로서 피사역주인 여학생의 상태에 이미 변화가 일어난 것인데, 뒷마디에서 이를 부정하니까 어색한 것이다. 따라서 '주다' 월이 감정을 전달하는 경우 직접하임의 뜻을 내포한다고 볼 수 있다.

이처럼 <주다 3>을 부정 검증을 해 보면 성립하지 않는데 대해서, <주다 1, 2>는 부정 검증을 해 보면 성립한다.

(16) ㄱ. 남학생이 여학생에게 꽃을 주나, 그녀는 꽃을 받지 않는다.
    ㄴ. 남학생이 여학생에게 경고를 주나, 그녀는 그것을 못 들은 척한다.

(16)이 성립한다는 것은 위 두 월에서 앞마디의 사태가 일어나지만, 뒷마디에서 주체인 '그녀가'가 그것을 받아들이지 않을 수도 있음을 보여준다. 그러므로 <주다 1, 2>에서 임자말인 '남학생'은 어떤 행위를 하지만 피행위주인 '여학생'의 상태를 바꾸는 행위가 아니라 '여학생'을 대상으로 해서 어떤 행위를 하는 것이다. 따라서 피행위주인 '여학생'의 행위에는 직접 관여하지는 못하는

것으로 볼 수 있다. 이것이 <주다 1, 2>와 <주다 3>의 차이점에 해당한다.

지금까지 논의된 <주다 3> 월의 의미 구조는 다음과 같이 도식화할 수 있다.

이동체(감정)

사역주  -------------------->  피소유주

<이동 도식 4>

# 8.2. '주다' 월의 인지적 특징

'주다' 월의 특징을 밝히기 위해서 이를 '주다'의 어휘적 입음 표현인 '받다'와의 차이점을 통해서 살피기로 한다.

## 8.2.1. '주다' 월과 '받다' 월의 비대칭성

'주다'는 '받다'의 관계적 대립어로서 의미적으로 대립 관계에 있다. 그래서 이들 풀이씨가 오는 월들의 의미론적 특징을 대비해 보기로 한다.

　(1) ㄱ. 철수가 영희에게 책을 주다.
　　　ㄴ. 영희는 철수에게서 책을 받다.

　(1) '주다' 월의 의미 구조를 이동 도식으로 달리 설명하면, 출발항(source), 도달항(goal), 대상(theme)이라는 의미역으로 볼 수 있다. 그러므로 '주다'는 [출발항-도달항-대상]의 어순을 취하는데, '받다'는 '주다'와 반대로 [도달항-출발항-대상]의 어순을 취한다. 이처럼 '받다'는 '주다'의 표현과 의미역에서 출발항과 도달항의 관계가 반대로 나타난다. 이에 따라서 이들 월에서 소유물인 '책'의 이동 방향도 반대이다. 곧 (1ㄱ)의 '주다'는 이동체의 이동 방향이 '철수→영희'라면, (1ㄴ)의 '받다'는 '영희←철수'의 방향으로 소유물이 이동한다. 이것을 소유 표현의 관점에서 본다면 전자는 소유물이 '소유주→피소유주'로, 후자는 '피소유주←소유주'로 이동한다. 일반적으로 월에서 임자말과 부림말이 동시에 나타날 경우 임자말이 더 두드러진 요소가 되는 것은 이것이 월 머리에 나타나기 때문이다. 따라서 (1ㄱ)은 임자말인 '철수'가 소유주이므로 '소유주 중심' 표현이라면, (1ㄴ)은 임자말인 '영희'가 피소유주이므로 '피소유주 중심' 표현이라고 부르기로 한다. '주다'의 경우 소유주가 피소유주보다 더 두드러진 요소로서 비대칭을 이루고 있다. 이것은 이들 월에 꾸밈말이 오면 더 확실히 드러난다.

　(2) ㄱ. 철수는 영희에게 고마움의 뜻으로 꽃을 주다.
　　　ㄴ. 영희는 철수에게서 고마움의 뜻으로 꽃을 받다.

(2)의 두 월에서 어찌씨 '고마움의 뜻으로'가 미치는 범위는 다른데, ㄱ의 '주다' 월에서 어찌씨 '고마움의 뜻으로'는 소유주 '철수'를 꾸미지만, ㄴ의 '고마움의 뜻으로'는 피소유주인 '영희'를 꾸미므로 두 월에 나타나는 꾸밈의 의미영역이 다르다. 이것은 원근화법에서 개념 화자의 시선과 관련된 것으로서 각 문장은 해당 장면의 특별한 해석에 관련되며, 대조되는 원근화법은 각각 다른 해석을 생산한다.

따라서 '주다' 월은 소유주 중심 표현이므로 소유주 자리에 1인칭이 올 수 있지만 피소유주 자리에는 1인칭이 올 수 없다. 왜냐하면 1인칭은 개념 화자가 서 있는 관점으로 볼 수 있으므로 가장 두드러진 요소이기 때문이다.

(3) ㄱ. 내가 영희에게 책을 주다.
　　ㄴ. ?영희가 나에게 책을 주다.

(3)에서 ㄱ은 소유주 자리에 1인칭 '내'가 오고, 피소유주 자리에 3인칭이 와서 자연스럽지만, ㄴ은 가장 두드러진 소유주 자리에 3인칭이, 피소유주에 1인칭이 오기 때문에 자연스럽지 못하다. 따라서 ㄴ과 같은 표현은 '영희'를 화제(topic)로 대화가 진행된 경우에만 가능하다. 이것은 1인칭과 2인칭이 올 때도 마찬가지여서 1인칭이 두드러진 소유주 자리에 오면 자연스럽다.

(4) ㄱ. 내가 너에게 책을 주다.
    ㄴ. 너가 나에게 책을 주다.

(4)에서 ㄴ의 표현은 ㄱ으로 표현하는 것이 훨씬 자연스럽다. 이것은 2인칭, 3인칭일 때도 2인칭이 더 두드러진 요소이므로 2인칭이 소유주 자리에 오는 것이 더 자연스럽다.

(5) ㄱ. 너가 그에게 책을 주었다.
    ㄴ. 그가 너에게 책을 주었다.

(5)는 2인칭, 3인칭 어순이므로 자연스럽지만, (4ㄴ)은 3인칭, 2인칭 어순이 자연스럽지 않다. 그렇지만 비문으로 보기는 어려운데, 2·3인칭일 때는 인칭 제약이 크게 관여하지 않는 것으로 보인다. 이 때 '주다' 월은 소유주에서 피소유주로 이동체가 이동하기 때문에 개념 화자의 관점은 소유주에 있다. 따라서 개념 화자의 시선은 이동체가 움직이는 방향과 같은 방향으로서 '나란히(in-tandem)꼴'을 취하고 있다.

'받다' 월은 '주다' 월과는 반대로 피소유주 중심 표현이므로 언어의 표현은 이동체의 방향이 '피소유주←소유주'로 실현된다. 그러므로 '받다' 월의 경우 개념 화자의 관점이 피소유주에 있으면서 개념 화자의 시선이 소유주에게서 피소유주로 소유물이 오는 것을 마주 바라보는 형상이므로 '거울 영상(mirror-image)꼴'을 취하고 있다.

## 8.2.2. '주다-받다' 월과 입음 표현

앞에서 '받다' 월은 '주다' 월의 입음 표현이라고 했으나 일반적인 입음법에 의한 입음 표현과는 차이가 있다.

다음 (6)은 일반적인 입음 표현이다.

(6) ㄱ. 경찰이 도둑을 잡다.
　　ㄴ. 도둑이 경찰에게 잡히다.

(6ㄴ)은 입음의 통사 구조, 입음풀이씨 '잡히다'가 온 전형적인 입음 표현이다. 이들의 의미역을 보면 '대상(Theme), 행위주(Agentive)'이다. 그런데 '받다' 월은 행위주 뒤에 오는 어찌말에 '-에게'는 오지 못한다.

(7) ㄱ. 철수는 영희에게 책을 주다.
　　ㄴ. *영희는 철수에게 책을 받다.

토씨 '-에게'는 도달을 나타내므로 '받다'와는 공기하지 못한다. 그러나 '-에게서, -한테서'가 오면 성립 가능하다.

(8) 영희는 철수에게서/한테서 책을 받다.

토씨 '-에게서'는 소유주로서 출발을 나타내므로 '받다'와 공기한다. 그러므로 '받다'의 의미역을 보면 '도달역, 출발역, 대상역'이다. 이 경우 도달역과 출발역은 이중역으로도 해석되어서 도달역은 피행위주역, 출발역은 행위주역에 해당한다. 이에 대해서 입음 표현은 의미역이 '대상, 행위주'로만 해석되므로 '받다' 월과는 의미 구조가 다르다. 곧 '받다' 월에서는 '피행위주'가 나타나지만, 입음 표현에서는 '대상'만 나타난다는 점에서 둘은 차이가 있다. '받다'로 실현되는 월은 '주다'의 전형적인 입음법에 의한 표현이 아니고, 의미상 '주다' 월과 대립되는 어휘적인 입음 표현의 일종이다.

그래서 '주다'의 입음꼴은 '받다'라는 어휘적 입음만 가능하고, 풀이씨 줄기에 파생 뒷가지인 '-이, 히, 리-' 따위가 붙는 파생법에 의한 입음꼴은 성립하지 않는다.

(9) ㄱ. *아이가 엄마에게서 책을 주이다.
　　ㄴ. 아이가 엄마에게서 책을 받다.

(9ㄱ)은 파생법에 의한 풀이씨 '주이다'에 의한 입음 표현인데 성립하지 않는다. 대신에 '주다'는 (9ㄴ)처럼 '받다'에 의해서 입음 표현이 실현되고 있다.

그런데 '주다'의 경우 '받다'로 입음 표현이 항상 실현되는 것은 아니다. 이들에 대해서 살펴보자.

먼저 <주다 1>에서 이동체가 구체적이고, 긍정적인 원형의 경우에는 '받다'가 성립한다.

(10) ㄱ. 남학생이 여학생에게 {책/돈}을 주다.
ㄴ. 여학생이 남학생에게서 {책/돈}을 받다.

또한 이동체가 추상화되는 <주다 1>도 '받다'가 성립한다.

(11) ㄱ. 선생님이 학생에게 {벌/모욕}을 주다.
ㄴ. 학생이 선생님에게서 {벌/모욕}을 받다.

다음 정보를 전달하는 <주다 2>도 '받다'가 성립한다.

(12) ㄱ. 어머니가 아이에게 {경고/충고/핀잔}을 주다.
ㄴ. 아이가 어머니에게서 {경고/충고/핀잔}을 받다.

그런데 <주다 3>은 '받다'가 성립하지 않아서 '주다'와 '받다'는 비대칭을 이룬다.

(13) ㄱ. 남학생이 여학생에게 {행복/슬픔/기쁨}을 주다.
ㄴ. 여학생이 남학생에게서 {*행복/*슬픔/*기쁨}을 받다.

(13ㄴ)이 성립하지 않는 이유는 감정처럼 내면과 관련된 전달에서 변화의 주체는 피사역주이기 때문에 '받다'가 성립하지는 않는 것으로 보인다.

그런데 예외적으로 <주다 3>의 경우 '받다'가 성립할 때가 있다.

(14) ㄱ. 남학생이 여학생에게 {고통/미움/감동}을 주다.
　　 ㄴ. 여학생이 남학생에게서 {고통/미움/감동}을 받다.

(13)은 내면적인 활동과 관련된 것이지만 '받다'가 성립한다. 이처럼 <주다 3>의 경우는 (13)처럼 '받다'가 성립 안 될 때도 있지만, (14)처럼 성립할 때도 있는 것으로 보인다.

지금까지 논의로 볼 때 '주다'가 원형에 가까울수록 그 입음 표현으로서 '받다'가 성립하지만, 원형에서 멀어질수록 '받다'가 성립하지 않는다. 이것은 다음과 같이 원형에서 멀어진 '주다'의 경우에 더 확실히 드러난다.

다음은 '주다'의 입음 표현이 '받다' 대신에 '맞다'로 실현되는 보기이다.

(15) ㄱ. 의사가 환자에게 주사를 주다.
　　 ㄴ. 환자가 의사에게서 주사를 {*받다/맞다.}

(15)의 '주다'는 원형에서 많이 멀어져서 [소유 전달]의 뜻은 거의 찾아볼 수 없다.

또한 '주다'는 원형에서 뜻은 물론 통사 구조도 멀어져서 세 자리 풀이씨로 실현되는 이동 도식은 찾아보기 어렵다.

(16) ㄱ. 환자가 손에 힘을 주다.
　　 ㄴ. 아이가 연줄을 더 많이 주다.
　　 ㄷ. 그가 애인에게 입술/몸을 주다.

이 표현들은 '주다'로 실현되기는 하지만, '주다'의 원형인 [소유 전달]의 뜻을 거의 찾기 어렵고, 통사적으로도 소유 표현으로서 '주다'와 많이 달라졌다. (16ㄱ)은 세 자리 풀이씨이기는 하지만, 이동 도식의 '소유주, 피소유주, 대상' 가운데 '피소유주' 대신에 '어디에'에 해당하는 '공간말'이 오게 되어 '유정물'이라는 바탕이 '무정물'로 바뀜을 알 수 있다. (16ㄴ)은 '피소유주'의 '-에게' 항이 없어져서 두 자리 풀이씨로 통사 구조가 바뀌었다. (16ㄷ)은 통사 구조는 그대로이지만 '몸이나 입술을 주다'는 '몸이나 입술을 허락하다'라는 관용적인 표현으로 굳어져서 '소유'의 뜻은 더 이상 찾아보기 어렵다. 또한 이들 세 표현의 공통점은 입음 표현으로서 '받다'가 성립하지 않는다는 것이다. (17)은 (16)을 입음 표현으로 바꾼 것이다.

(17) ㄱ. *손이 환자에 의해서 힘을 받다.
　　 ㄴ. *연줄이 아이에 의해서 더 많이 받다.
　　 ㄷ. *애인이 그에 의해서 입술/몸을 받다.

(16)의 '주다'가 (17)의 '받다'로 입음 표현이 성립하지 않는다는 것은, '주다'의 표현 가운데에서도 원형에서 가장 멀어진 표현들이라는 증거가 될 것이다.

지금까지 '주다'와 '받다'의 관련성에 대해서 살펴보았는데, 이들이 항상 대응되는 것이 아닌 것으로 나타난다. 곧 '주다'는 '받다'에 비해서 적극적인 항으로서 소극적인 '받다'에 비해서 공기

제약이 덜해서 의미 영역이 더 넓게 나타나는데 대해서, '받다'는 '주다'의 입음 표현이기는 하지만 둘의 치환이 항상 가능한 것은 아니다. 곧 '주다'가 원형에 가까울수록 '받다'로 입음 표현이 성립하지만, 원형에서 멀어질수록 '받다'가 성립하지 않는 것으로 나타난다. 그러므로 '받다'로 치환이 되는 표현의 순서는 <주다 1>·<주다 2> > <주다 3>이다.

## 8.3. 소유물의 이동 방향

앞에서 '주다'는 소유주 중심 표현이므로 소유물의 이동 방향이 <소유주 → 피소유주>로 이루어지는 것을 원형으로 보았는데, 이것은 수평 이동에 해당한다. 그런데 '주다'의 뜻이 확대됨에 따라서 소유물의 이동의 방향이 수평 이동에서 수직 이동으로 다양해진다. 나아가서 방향개념이 없어지면서 수직 이동은 무방향으로 확대된다.

### 8.3.1. 수평 이동과 수직 이동

<주다 1>은 소유주에서 피소유주로 이동체가 이동하는 도식이므로 이를 방향개념으로 본다면 수평 이동에 해당한다. 또한 이 표현은 개념 화자의 관점이 소유주에 있으므로 이를 공간 개념으

로 본다면 소유주는 '안'이 되고, 피소유주는 '밖'이 된다. 따라서 소유물이 구체적이고 긍정적인 뜻을 가지는 <주다 1>의 원형은 대부분 여기에 해당한다.

(1) 여학생이 남학생에게 선물을 주다.

(1)에서 여학생은 소유주로서 '안', 남학생은 피소유주로서 '밖'으로 보면 이동체의 이동 방향은 <안→밖>으로서, 이는 수평 이동에 해당한다.

그런데 '주다'의 쓰임이 확대됨에 따라서 이동체의 수평 이동도 이동의 양상이 바뀌게 된다. 곧 이동체는 안에서 밖으로 나가는 이동 방향에서 좌우로 이동하는 수평 이동으로 확대되는데, <주다 2>가 이에 해당한다. 이에 해당하는 이동체는 '기별, 경고, 핀잔, 귀뜸' 따위의 정보를 전달하는 언어 표현을 들 수 있다.

(2) 소년이 소녀에게 {핀잔/경고}를 주다.

이 예문에서 '소년'과 '소녀'는 동등한 관계에 있으므로, 이들 사이의 언어 행위는 수평 이동으로 볼 수 있다. 그런데 이 둘의 관계는 소유주와 피소유주의 관계라기보다는 행위주와 피행위주의 관계로 확대된 것이다. 또한 '핀잔, 경고' 따위의 언어 표현도 소유물이라고 볼 수 없고, 언어의 전달은 일직선상에서 일어나므로 말할이에서 들을이의 방향으로 정보 전달이 일어나는 것이다.

따라서 정보 전달도 말할이를 '안', 들을이를 '밖'이라고 하면, 안
팍 이동에 해당한다.

또한 내면적인 활동과 관련된 <주다 3>도 생각이나 감정을 전
달하는 것으로서 수평 이동에 해당한다.


    (3) ㄱ. 여학생이 남학생에게 {사랑/정}을 주다.
        ㄴ. 여학생이 남학생에게 {고통/슬픔}을 주다.


(3ㄱ)은 긍정적이고, (3ㄴ)은 부정적인 표현인데, 모두 생각이나
감정과 관련된 것이다. 감정의 전달도 소유 표현은 아니지만 수평
이동의 확대로 해석할 수 있다. 따라서 <주다 3>도 소유 표현의
원형인 <주다 1>이 소유자에서 피소유자로 소유물이 '안'에서
'밖'으로 나가는 것과 마찬가지로 해석할 수 있다. 곧 행위자의 감
정, 생각 따위가 피행위자에게 전달되는 것도 <안→밖>의 수평 이
동으로 도식화할 수 있다.

이처럼 <주다 1, 2, 3>은 모두 수평 이동이지만 차이를 든다면,
<주다 1>은 '안팎'의 이동으로서 소유물이 소유주 영역 안에서 피
소유주까지 도달은 하지만, 소유물이 피소유주 영역으로 완전히
들어가는지는 확실하지 않다. 그것은 앞에서 살펴본 부정법의 검
증을 통해서 알 수 있다.


(4) 여학생이 남학생에게 선물을 주나, 남학생은 거절해 버렸다.

(4)에서 이동체 '선물'이 피소유주인 '남학생'에게 도달은 했으나, 피소유주가 그것을 거절함으로써 피소유주 영역 안으로 완전히 들어가지는 못한다. 이것은 <주다 2>의 경우도 마찬가지다.

(5) 소년이 소녀에게 {핀잔/경고}를 주나, 소녀는 들은 척도 하지 않는다.

(5)에서 말할이 '소년'의 '핀잔이나 경고' 행위가 있었으나, 들을이인 '소녀'는 그것을 받아들이지 않음으로써 언어정보가 들을이 영역 안으로 완전히 들어가지 못하는 것이다. 그러나 <주다 3>은 그렇지 않다.

(6) 여학생이 남학생에게 슬픔을 주나, 남학생은 슬퍼하지 않는다.

이 월에서 앞마디의 행위가 이루어지면 뒷마디의 행위도 이루어져야지 그렇지 않으면 어색하다. 왜냐하면 '감정' 따위는 일단 전달되면 거부하는 행위가 일어날 수 없기 때문이다. 따라서 (6)은 다음과 같이 고치면 자연스럽다.

(7) 여학생이 남학생에게 슬픔을 주나, 남학생은 슬퍼하지 않으려고 한다.

(6, 7)로 볼 때 <주다 3>은 사역주의 행위가 피사역주의 상태 안

까지 도달함을 알 수 있다.

<주다 1, 2>는 이동체가 도달지에 도달은 하지만 완전히 진입을 못할 수도 있지만, <주다 3>은 도달지에 완전히 도달하는 양상을 보인다.

그런데 <주다 1, 2, 3>의 뜻이 확대되면 수직 이동의 양상을 보인다. 보기 들면 행위주와 피행위주가 연령이나 사회 계층에서 차이가 나면 전달체의 이동이 수직 이동의 양상을 보이기도 한다. 먼저 <주다 1>의 보기부터 보자.

    (8) 할아버지가 손자에게 재산을 주다.

    (8)은 앞에서 <안→밖>의 수평 이동이라고 했는데, 소유주와 피소유주의 관계가 '할아버지'와 '손자'처럼 세대가 달라지면 <안→밖> 이동은 그대로이지만, 수평 이동에서 수직 이동으로 이동체의 이동 양상이 바뀐다. <주다 2>도 마찬가지다.

    (9) ㄱ. 부모님이 아이에게 경고를 주다.
        ㄴ. 선생님이 학생에게 핀잔을 주다.

    이 표현에서 이동체인 '경고'나 '핀잔'이 나이나 신분이 높은 쪽에서 낮은 쪽으로 이동하는 것으로 본다면 수직 이동에 해당한다. (8, 9)로 볼 때 '주다'는 이동체가 위에서 아래로 내려옴으로써 이동체의 이동이 확대됨을 알 수 있다. <주다 3>의 경우도 마찬가지다.

(10) ㄱ. 부모님이 아이에게 기쁨을 주다.
    ㄴ. 선생님이 학생에게 고통을 주다.


일반적으로 이동체는 <위→아래>로 움직이지만, 이동체의 성격에 따라서 <아래→위>로 움직일 수도 있다.


(11) ㄱ. 아이가 부모님께 기쁨을 주다.
    ㄴ. 학생이 선생님께 고통을 주다.


또한 <아래→위>의 이동에만 오는 특별한 높임 풀이씨로서 '주다'의 높임말인 '드리다'가 있다.


(12) ㄱ. 자식이 부모님께 용돈을 드리다.
    ㄴ. 자식이 부모님께 집을 사 드리다.


(12)에서 '드리다'는 아랫사람이 윗사람에게 금전적으로 도움을 주거나 어떤 행위에서 이로움을 줄 때 사용이 가능하다. 그래서 (12)에서 '드리다' 대신에 '주다'가 오면 어색하다.


(13) ㄱ. [??]자식이 부모님께 용돈을 주다.
    ㄴ. [??]자식이 부모님께 집을 사 주다.


그런데 이동체의 성격에 따라서 <아래→위>가 되면 비문이 되는 경우도 있다. 보기 들면 '경고, 벌'처럼 이동체가 반대로 움직이면 비문이 되는데, 다음 예문 (14)는 앞의 (9)에서 이동체의 방향만 바꾼 것이다.

(14) ㄱ. <sup>??</sup>아이가 부모님에게 경고를 주다.
ㄴ. *아이가 선생님에게 벌을 주다.

(13, 14)로 볼 때 '주다'의 일반적인 용법은 <위→아래>로 보아야 할 것이다.

지금까지 <주다 1, 2, 3>에 대해서 살펴보았는데, 이들 모두 수평 이동에서 수직 이동으로 뜻이 확대된다. 이들 이동을 좀더 자세히 살피면 <주다 1, 3>은 <안→밖> 이동, <주다 2>는 <왼쪽→오른쪽>의 이동을 보이다가, 수직 이동으로 그 쓰임이 확대된다.

그런데 '주다'의 쓰임이 확대되면서 수평 이동의 양상은 없어지고 수직 이동으로만 고정되는 양상을 보인다. '남에게 어떤 자격이나 권리, 점수 따위를 가지게 하다'의 '주다'는 이동체가 수직 이동으로 바뀌는 양상을 보인다.

(15) ㄱ. 교수가 국문과 학생에게 높은 점수를 주다.
ㄴ. 대학에서 학생회장에게 많은 권한을 주다.
ㄷ. 교육부에서 그에게 교사자격증을 주다.

위 예문들은 상위의 사람이나 기관이 아래 사람에게 무엇을 주는 도식으로 전달체는 <위→아래>의 수직 이동의 양상을 보인다.

그런데 이 가운데 (15ㄱ, ㄴ)의 경우는 수직 이동으로만 고정된 것이 아니고, 수평 이동도 동시에 나타난다.

> (16) ㄱ. 국문과 학생들이 학회장에게 높은 점수를 주다.
>      ㄴ. 2학년 3반 학생들은 자기 반장에게 많은 권한을 주다.

(16)은 친구들 사이에서도 '점수를 주거나 권한을 줄' 때 '주다'를 쓰는데, 이 때는 '점수, 권한'의 수평 이동이 일어난다.

## 8.3.2. 무방향성

'주다'의 쓰임이 확대되면서 원형에서 멀어지게 되면, 수동이동마저 없어지면서 방향개념은 찾을 수 없다.

> (17) ㄱ. 그가 애인에게 입술/몸을 주다
>      ㄴ. 의사가 환자에게 주사를 주다.
> (18) ㄱ. 환자가 손에 힘을 주다.
>      ㄴ. 아이가 연줄을 더 많이 주다.

(17, 18)의 표현들에서 더 이상 수평, 수직 개념을 찾기 어렵다. 그런데 (17)은 '주다'의 이동도식에 맞는 짜임새를 취하고 있지만, (18)의 표현들은 통사 구조까지 변형된 보기들이다. 이들 (17, 18) 표현들은 '주다'의 원형에서 멀어져서 원형인 [소유 전달]의 뜻도

더 이상 찾을 수 없다. 그러므로 '주다' 월에 나타나는 이동체의 방향을 정리하면 '수평 이동·수직 이동 > 수직 이동 > 무방향'의 양상을 보인다.

이 글은 어휘론에서 말하는 원형이론을 통사론에도 적용하여, '주다' 월을 이동체의 이동 방향과 모습에 초점을 맞추어 인지언어학적인 관점에서 분석한 것이다.

첫째, '주다' 월의 원형은 소유주가 피소유주에게 소유물을 보내는 짜임새이므로, 통사 구조는 이동 도식이고, 원형의 뜻은 [소유 전달]이다. <주다 1>의 원형은 추상화되기도 하면서 그 뜻이 확대되는데, <주다 2>는 정보 전달과 관련된 표현으로서, 인용마디를 취한다는 통사적인 특징을 갖는다. <주다 3>은 감정 전달과 관련된 표현으로서, 통사적으로는 하임월이라는 특징을 들 수 있다. 그리고 '주다'의 의미 확대에 관여하는 기제는 은유로서, 다음과 같은 은유를 들 수 있다.

> <주다 1>: <소유물은 이동하는 물체이다>
> <주다 2>: <정보는 이동하는 물체이다>
> <주다 3>: <감정은 이동하는 물체이다>

둘째, '주다' 월의 통사 구조는 이동 도식으로 해석되며, 이 도식은 '주다'의 뜻이 확대되어도 구조에는 변함이 없다. 다만 소유주와 피소유주에 해당하는 이름씨의 특성이 변화·확대되고 있다.

이동체
〈주다 1〉　　소유주　--------------->　피소유주


이동체
〈주다 1〉　　행위주　--------------->　피행위주


이동체(전달내용)
〈주다 2〉　　말할이(행위주)　----------------------->　들을이(피행위주)


이동체(감정)
〈주다 3〉　　사역주　----------------------->　피사역주


셋째, '주다'는 소유주에서 피소유주로 이동체가 이동하므로 개념 화자의 관점은 소유주에 있다. 따라서 개념 화자의 시선은 이동체가 움직이는 방향과 같은 방향으로서 '나란히 꼴'을 취하고 있다. '받다' 월은 '주다' 월과는 반대로 피소유주 중심 표현이므로 언어의 표현은 이동체의 방향이 '피소유주 ← 소유주'로 실현된다. 이 때 '받다' 월은 개념 화자의 관점이 피소유주에 있으면서 개념 화자의 시선이 소유주에서 피소유주로 오는 것을 마주 바라보는 '거울 꼴'을 취하고 있다. 따라서 이 두 월은 의미 구조, 이동체의 방향, 개념 화자의 관점과 시선이 반대여서 비대칭을 이룬다.

넷째, '주다'는 '받다'에 의해서 입음 표현이 되는데, 이들이 항상 대응되지는 않는다. 곧 '주다'는 '받다'에 비해서 적극적인 항으로서 소극적인 '받다'에 비해서 공기 제약이 덜해서 의미 영역

이 더 넓게 나타난다. 이것을 '주다-받다'의 입음 표현을 통해서 보면 '주다' 월이 원형에 가까울수록 '받다' 월로써 입음 표현이 성립하지만, 원형에서 멀어질수록 '받다' 월이 성립하지 않는다. 따라서 '주다-받다'의 교체가 일어나는 순서는 <주다 1>·<주다 2> > <주다 3>의 순서로 나타난다.

다섯째, '주다' 월에 나타나는 이동체의 방향은 원형에 가까울수록 수평 이동에서, 뜻이 확대됨에 따라서 수평 이동과 수직 이동이 동시에 나타나고, 다음 수직 이동으로 고정되다가 나중에는 무방향성으로 방향개념이 없어지는 양상을 보인다. 곧 이동체의 이동 방향이 '수평 이동·수직 이동 > 수직 이동 > 무방향'으로 나타난다. 이 때 수평 이동은 <안→밖>의 양상을 보인다. 또한 <주다 1, 2>는 이동체가 도달지에 도달은 하지만 완전히 진입을 못할 수도 있지만, <주다 3>은 도달지에 완전히 도달하는 양상을 보임으로써 도달 양상에서 차이가 드러난다.

# 제5부

# 소유 도식에 나타나는 비대칭성

# 9장 소유 도식으로 본 <오다>와 <가다>의 비대칭성

소유 양식의 본질은 사유 재산의 인정에서 유래하고 있다. 이 소유 양식에서 중요시되는 것은 소유주가 재산을 취득하는 것, 그리고 취득한 것을 지키는 권리를 지니는 것이다. 소유 표현은 주체인 <나>(또는 그, 우리, 당신, 그들)와 객체인 <대상> 사이의 소유 관계를 나타내는 것이다. 여기서 주체는 소유자이고, 객체는 소유물이다. 그런데 주체든 객체든 영속적인 것은 없다. 내가 어떤 물건을 갖고, 소유하고 지배하는 것은 사는 과정에서의 한 순간에 불과하기 때문이다. 따라서 주체도 변하고 객체도 이동한다.

이러한 소유 변화와 관련된 표현은 일반적으로 장소 이동 풀이씨가 많이 쓰이고 있다. 지금까지 '오다, 가다'는 장소 이동, 상태 변화(이기동 1977)의 뜻을, 또는 객관적 이동, 주관적 이동(이기동

2000, 이종열 1998)의 뜻을 갖는데, 이들은 지시 풀이씨이기도 하므로 말할이, 들을이, 기준점에 따라서 지시 의미가 달라진다고 보고 있다. 그런데 이 글에서는 풀이씨 '오다'와 '가다'가 소유 표현에 오는 것을 대상으로 삼고자 한다.

> (1) ㄱ. 재물이 오다.
>     ㄴ. 재물이 가다.

  (1)의 두 표현은 '오다'와 '가다'에서만 차이가 난다. 이 차이를 크게 두 관점에서 접근하고자 하는데, 첫째, 개념 화자의 위치가 출발 공간과 도달 공간 가운데 어디에 가 있는가, 둘째, 개념 화자의 시선이 소유 이동체의 방향과 어떤 관련성을 갖는가를 살피는 것이다. 이에 대한 방법으로서 인칭 제약 현상이 개념 화자의 위치와 어떤 관련성이 있으며, 이 제약 현상이 어떤 환경에서 나타나는가를 밝히기로 한다. 또한 이러한 현상이 '오다, 가다'와 합성된 풀이씨 '들어오다/들어가다', '나오다/나가다', '굴러오다/굴러가다' 따위에서도 적용 가능한가를 살피기로 한다. 따라서 이 글은 개념 화자의 위치, 시선과 이동체의 이동 방향과의 관련성을 통하여 '오다'와 '가다'의 차이점을 비대칭에 초점을 맞추어서 고찰하고자 한다.

# 9.1. 소유풀이씨로서 〈오다〉와 〈가다〉의 비대칭성

'오다, 가다'는 이동 풀이씨이고, 이 풀이씨는 소유 이동 표현으로 전이되어 쓰이면서 추상화되고 있다. 그래서 '오다, 가다'에 의한 소유 표현은 이동 도식으로 설명 가능한데, 소유 표현에 나타나는 이동 도식을 특별히 소유 도식이라고 부르기로 한다.

## 9.1.1. 소유 도식

영상도식(Image Schema)은 말의 형성과 개념화에 앞서 존재하는 심리적 표상에 관한 인지능력의 하나다[73]. 곧 여러 가지 신체 경험을 바탕으로 형성된 영상을 더 고차적으로 추상화·구조화하고 확장을 동기화하는 규범적인 지식 형태를 말한다. Brooks(1968)의 실험은 영상도식이 추상적이고, 우리의 시각적 능력과 더 현저하게 관련되는 것처럼 보일 수 있지만 시각적 능력에만 국한된 것은 아니라는 의미에서 영상도식이 운동 감각적이라는 점을 입증한다. 따라서 일부 경우에 촉각과 같은 다른 지각적 양식은 영상도식으로

---

73) 인지문법에서는 도식화(schematization)와 확장(extension)이라는 범주화 관계에 의해 교점(node)이 연결되는 구조를 망 모형(network model)이라고 부른다 (Langacker 1991). 이러한 망에서 원형과 확장 사례의 공통점만을 추출하여 간략화해서 나타낸 것이 도식이다. 도식도 더 개략적인 상위도식(superschema)이 있고, 거꾸로 보면 하위도식(subschema)이 있다.

바뀔 수 있다(임지룡·김동환 옮김 2006:59-60).

소유도식은 공간도식으로 설명 가능한데, 이것은 소유 개념과 공간 개념의 관련성에서 비롯된다.

소유 개념[74]은 구체적인 개념에서 추상적인 개념에 걸쳐 있다.

먼저 소유 개념과 공간 개념과의 관련성을 살피기 위해서 장소 풀이씨가 소유 풀이씨로 전이되어 쓰이는 보기들을 찾아보기로 한다.

풀이씨 <있다>는 공간 개념과 소유 개념에 다 쓰이고 있다[75].

    (1) ㄱ. 집에 꽃이 있다.
        ㄴ. 소녀에게 꽃이 있다.

(1ㄱ)은 장소 표현, (1ㄴ)은 소유 표현이다.

또 이동 풀이씨가 소유 이동 풀이씨로 전용되어 쓰이는 보기들을 들 수 있다. '오다, 가다'는 다른 낱말과 결합하여 합성 풀이씨가 되는데 합성된 낱말들은 대부분 장소와 소유의 뜻을 함께 갖고 있다.

---

74) 공간 개념이 가장 구체적 개념이라면, 가장 추상적인 개념이 시간 개념이고, 그 가운데 소유 개념이 있다고 볼 수 있다. 그것은 소유 개념이 구체적, 추상적 개념의 양면성을 다 갖고 있기 때문이다.
75) 존재의 본질이 소유이며, 만일 인간이 아무 것도 <소유>하지 않으면 그는 아무 것도 아니라고 생각되어질 것이다(최혁순 옮김 1986:35).

> (2) ㄱ. 그가 회사에 들어가다/들어오다.
>     ㄴ. 재물이 그에게 들어가다/들어오다.
> (3) ㄱ. 그가 회사를 빠져나가다/빠져나오다.
>     ㄴ. 재물이 그에게서 빠져나가다/빠져나오다.
> (4) ㄱ. 그가 회사로 돌아갔다.
>     ㄴ. 행운이 그에게 돌아갔다.

(2)~(4)의 ㄱ은 공간 개념, ㄴ은 소유 개념과 각각 관련된 표현들이다. 곧 장소 표현에서 이동체는 소유 표현의 이동체와 같은 선상에서 해석할 수 있다. 이 밖에 '굴러가다/굴러오다', '새어나가다/새어나오다', '찾아가다/찾아오다', '나가다/나오다' 따위도 공간 개념과 소유 개념을 동시에 갖는 이동 풀이씨들의 보기이다.

또한 토씨 '-에'는 장소를 나타내는 경우, 구체적인 장소나 도달점을 나타낸다. 그런데 이 토씨는 도달점이면서 소유주로 해석되기도 한다.

> (5) ㄱ. 꽃이 소녀에게 있다.
>     ㄴ. 그 꽃을 어머니께 드려라.

(5ㄱ)의 '소녀에게'는 소유주이면서 장소로, (5ㄴ)의 '어머니께'도 소유주이면서 도달점으로 볼 수 있다. 이 때 ㄱ, ㄴ의 소유주는 의미역으로 보면 '수혜자(Beneficiary)'에 해당한다.

도구를 표현하는 '-로써'도 일종의 '준-소유(Pseudo-possession)'로 해석할 수 있다. 이 꼴은 영어에서는 'with'로 실현된다.

(6) ㄱ. 그는 칼로써 무를 썬다.

ㄴ. [그에게 [칼이 있다.] 무를 썬다.]

(6ㄱ)의 '-로써'는 도구를 나타내므로 (6ㄴ)처럼 [칼이 있다.]라는 존재로 해석 가능하다. 따라서 다음과 같은 해석이 가능하다.

(7) [소유주 [도구-존재] 무를 썬다.]

그런데 (7)은 전형적인 소유 표현은 아니므로 '준-소유' 표현의 범주로 해석된다.

Kwon(1995:166)[76]은 스와힐리말(Swahili)[77]에서 동반역(comitative)은 'na'로 실현되는데, 이 동반역도 소유물로 해석된다고 본다(Thomas Stolz 2001:328-329). 그리고 스와힐리말에서도 동반역 'na' 대신에 'kwa'가 오면 도구역(Instrumental)이 되는데 또한 풀이 소유(predicative possession)로 해석된다고 한다. 이런 점으로 볼 때 언어에 따라서는 소유 표현이 장소 표현, 도구역, 동반역과도 관련이 있음을 알 수 있다.

이처럼 소유 표현은 장소 표현과 밀접한 관련성을 갖는데, 이들의 표현구조에는 이동체, 출발 공간(Source Space), 도달 공간(Goal Space) 요소들이 필요하다.

---

76) Thomas Stolz(2001:321-328)에서 재인용
77) 스와힐리말은 아프리카 동해안에 있는 섬인 잰지바르(Zanzibar)와 그 부근의 연안에 사는 반투(Bantu)족의 사람들이 쓰는 말이다.

(8) ㄱ. 학생이 도서관에서 집으로 가다.

　　 ㄴ. 소유권이 미국에서 한국으로 가다.

　(8)에서 이동 풀이씨 '가다'가 ㄱ의 장소 이동, ㄴ의 소유 이동에 쓰이고 있다. 곧 이동체 '학생, 소유권'이 출발 공간인 '도서관, 미국'에서 도달 공간인 '집, 한국'으로 이동하는 것을 나타낸다[78]. 이로 볼 때 '가다'로 실현되는 소유 이동 표현도 장소 이동과 같은 도식으로 설명이 가능한데, 이 두 표현의 공통적인 도식은 여행 도식이라고 볼 수 있다. 그런데 위 보기에서 (8ㄴ)은 추상적이고 낯선 표현이라면 상대적으로 (8ㄱ)은 구체적이고 친숙한 표현이다. 그러므로 일상어도 은유라고 보는 개념적 은유에서 (8ㄱ)은 근원영역이고, (8ㄴ)은 목표영역으로서 구조적 은유의 하나로 볼 수 있다. 이러한 시도는 소유 표현도 여행 도식으로 설명함으로써 익숙지 않은 소유 표현을 구체적이고 친숙한 여행 도식으로 분석하려는 것이다.

　소유의 본유적 개념은 사회적 개념이다. 그러나 출발은 사적인 속성의 범주에서 출발했다고 볼 수 있어서, 심리학과도 관련 있다고 볼 수 있다. 이처럼 소유 개념은 복잡한 속성을 갖고 있으므로 소유 표현에 대한 연구는 많은 문제들을 안고 있다. 그러나 소유

---

78) 이기동(2000:151)에서도 다음과 같은 대응을 보이고 있다.

| 장소 이동 | | 소유 이동 |
|---|---|---|
| 출발 장소 | -------- | 원소유자의 소유 영역 |
| 움직이는 개체 | -------- | 이전되는 개체 |
| 도착지 | -------- | 새 소유자 |

표현은 사람의 인지가 발달됨에 따라 자연스럽게 생겨난 중요한 개념 가운데 하나라고 볼 수 있다.

소유 표현이 성립되려면 소유주와 소유물이 나타나는 것이 가장 원형적 표현이다. 이 두 요소의 관계에 따라서 소유 개념(possessive notions)이 생겨나는데, 이를 Heine Bernd(1997a:33-35)는 다음과 같이 ① 물질적 소유(Physical possession) ② 일시적 소유(Temporary possession) ③ 영구적 소유(Permanent possession, Inherent possession) ④ 추상적 소유(Abstract possession) ⑤ 무정적 비양도성 소유(Inanimate inalienable possession) ⑥ 무정적 양도성 소유(Inanimate alienable possession)의 6 가지 꼴로 제시한 바가 있다.[79] 위의 여섯 가지 소유 개념을 보면 구체적인 개념에서 추상적인 개념까지 발달된 개념이라고 볼 수 있다.

우리말에서 소유 표현은 매김 소유(attritive possession), 풀이 소유(predicative possession) 표현이 있다. 매김 소유는 '-의'로 실현되고, 풀이 소유는 상태 소유 표현과 이동 소유 표현으로 나눌 수 있다. 상태 소유 표현은 풀이씨 '있다, 가지다, 속하다' 따위로 실현되고, 이동 소유 표현은 '주다, 받다' 따위를 대표로 들 수 있다. 이 글에서는 풀이 소유 가운데 이동 소유 풀이씨인 '가다, 오다'를 대상으로 삼는다.

앞 장에서 소유 도식과 장소 도식은 여행 도식으로 설명이 가

---

79) Miller & Johnson-Laird(1976)는 소유를 본유적(inherent), 우연적(accidental), 물질적 소유(physical possession)의 세 가지로 나누고 있다.

능해서 같은 짜임새로 이루어져 있음을 살펴보았다. 그런데 이 두 표현의 도식은 같지만 구체적 특성까지 완전히 같다고는 볼 수 없다. 이 두 표현의 차이는 이동체의 특성이 다른 점을 들 수 있다.

    (9) ㄱ. 학생이 집으로 가다.
        ㄴ. 재물이 우리 집으로 오다.

(9)에서 ㄱ은 장소 이동, ㄴ은 소유 이동 표현으로서 이동체인 '학생'은 유정물이고, ㄴ의 '재물'은 무정물이다. 전자는 유정물인 행위주(Agentive)의 이동이고, 후자는 무정물인 대상(Theme)의 이동이다. 따라서 이 두 이동체의 차이점은 행위주 이동은 이동체가 직접 움직이는 표현이라면, 대상 이동의 이동체는 스스로 움직일 수 없고 반드시 어떤 행위주에 의해서 소유물이 수동적으로 움직인다는 점이다.

이동 표현에서는 이동체, 출발 공간, 도달 공간이 윤곽화될 수 있다. 이 가운데 이동체는 항상 윤곽화되지만, 출발 공간과 도달 공간은 나타날 수도 있고 그렇지 않을 수도 있다. 이처럼 언어 표현에 나타나는 것을 윤곽 짓기(profiling)라고 부르기로 하는데, 소유 표현에 나타나는 윤곽 짓기의 양상에 대해서 먼저 살피기로 한다.

## 9.1.2. 윤곽 짓기

'오다, 가다'의 원형은 장소 이동(채희락 1999)[80]인데, 그 밖에 다음과 같은 뜻이 있다.


    (10) ㄱ. 그가 집에 오다/가다.(장소)
        ㄴ. 김치 맛이 벌써 갔다.(상태 변화)
        ㄷ. 손발이 시려 온다.(감각 및 감정)


'오다, 가다'는 (10)처럼 '장소, 상태 변화, 감각 및 감정' 여러 가지 뜻으로 쓰이고 있다(이기동 1977:139-160).

그런데 이 글에서는 '오다, 가다'가 소유 표현으로 쓰이는 것을 대상으로 삼고자 한다. 이 가운데 이동 소유 표현은 이동체의 이동을 중심으로 하는 표현이므로 이 이동체는 항상 윤곽화한다. 이 '이동체 이동'은 크게 두 가지 모습으로 표현된다.


    (11) ㄱ. 학생이 돈을 {주다/받다}.
        ㄴ. 돈이 {오다/가다}.


위의 표현들은 '돈'이라는 이동체의 이동을 나타낸 것인데, 두 이동체의 이동 표현에는 차이가 있다. (11ㄱ)은 이동체 '돈'이 부

---

80) 채희락(1999)에서도 '이동 동사(locomotion verbs)는 동작 주체의 장소 이동을 핵심 의미 속성으로 가지고 있는 움직임 동사'라고 정의하고 있다.

림말로서 객체 이동이고, (11ㄴ)은 임자말로서 주체 이동에 해당한다. 따라서 풀이씨의 종류도 객체 이동에는 세 자리 풀이씨인 '주다, 받다, 사다, 팔다, 공급하다, 수여하다' 따위가 오고, 주체 이동에는 한 자리 또는 두 자리 풀이씨로 쓰이는 '가다, 오다, 나가다, 나오다, 들어가다, 들어오다' 따위가 온다. 이 글에서는 (11ㄴ)의 '오다, 가다'로 실현되는 주체 이동을 대상으로 삼기로 한다. 이 주체 이동의 경우, 소유물인 이동체는 가장 두드러진 요소인 탄도체(trajector)로서 윤곽화하는 요소이지만, 출발 공간, 도달 공간은 항상 윤곽화하는 것은 아니다.

(12) ㄱ. 소유권이 {오다/가다}.
　　　ㄴ. 소유권이 아버지에게서 {오다/가다}.
　　　ㄷ. 소유권이 어머니께 {오다/가다}.
　　　ㄹ. 소유권이 아버지에게서 어머니께 {오다/가다}.

(12ㄱ)은 이동체만, (12ㄴ)은 출발 공간만, (12ㄷ)은 도달 공간만, (12ㄹ)에서는 이동체인 소유물, 출발 공간과 도달 공간 세 요소가 다 윤곽화한 표현이다. 이들 표현에 나타나는 특징을 밝히기 위해서 (12) ㄱ~ㄷ을 차례로 이동체의 윤곽화, 출발 공간의 윤곽화, 도달 공간의 윤곽화라고 부르고, 이들의 특성을 하나씩 살피기로 한다.

### 9.1.2.1. 이동체의 윤곽화

위치(Perspective)[81]는 공감도 또는 시점(Empathy)과 매우 비슷한 개념이다. 그런데 '공감도'는 박승윤(1989:193-210)에 의하면 '어느 사태를 기술할 때, 화자가 이 사태에 관련된 개체 중 어느 하나의 입장에서 사태를 기술하는 것'이라고 정의하고 있고, 최규수(1994:141)는 '시점'을 '우리가 언어 외적인 세계에서의 일을 인식할 때, 어느 참여자를 중심으로 인식하는가 하는 말할이의 인식 과정'으로 정의하고 있다. 이들 '시점'[82]은 대체로 다음과 같은 표현에서 두드러지게 난다.

(13) ㄱ. 영이가 토끼를 잡았다.
　　　ㄴ. 토끼가 영이에게 잡혔다.

(13) ㄱ, ㄴ 두 능동월, 입은월의 차이점은 참여자의 시점이 주체에 가기 때문에 ㄱ은 '영이'에, ㄴ은 '토끼'에 시점의 비중이 높다는 점이다. 따라서 (13)의 두 표현은 엄밀한 뜻에서 통어 구조, 의미 구조가 다른 표현이라고 볼 수 있다.

이 글에서 다루고자 하는 '위치'는 위 '시점'과 같은 맥락에 있으나 시점보다는 좀 더 구체적인 것인 것으로 보아서 '개념 화자

---

81) 위치(Perspective)는 인지언어학에서는 '관점'이라고도 한다. 그런데 '관점'은 '시점'과 혼용될 수 있는 용어다. 따라서 이 글에서는 공간 개념과 관련된 구체적인 관점을 '위치'라고 부르기로 한다.
82) '공감도'와 '시점' 가운데 편의상 '시점'이라고 부르기로 한다.

가 서 있는 곳'이라고 정의하기로 한다. 곧 '위치'는 시지각과 관련된 공간 개념으로서, 우리는 어느 개체를 여러 가지의 각도(앞, 뒤, 옆, 밑, 위)에서 볼 수 있다. 이렇게 서로 다르게 보는 각도에 따라서 물체의 모습도 다르게 나타난다. 따라서 위치에는 관측 장소와 방위라는 두 개념이 포함된다. 관측 장소는 어느 장면을 보는 위치이다. 어느 주어진 관측 위치에서 장면을 본다고 할 때 우리는 또 여러 가지의 방위를 고려할 수 있다.

    (14) ㄱ. 풍선이 건물 위에 있다.
         ㄴ. 건물이 풍선 아래에 있다.

  (14)의 표현에서 ㄱ은 개념 화자가 발을 땅에 대고 똑바로 서서 풍선과 건물을 보는 관계이고, ㄴ은 개념 화자가 물구나무서기를 하고 있는 상태에서 두 물체의 관계를 보고 표현한 것이다(이기동 1989:201).

  '오다'와 '가다'가 소유 표현에 오는 경우에도 개념 화자가 어느 위치에 서 있는가 하는 위치와 그 위치가 놓인 자리에서 어느 방향으로 시선을 두고 있는가가 가장 중요한 요인으로 볼 수 있다.

  먼저 이동체만 윤곽화하면 출발 공간과 도달 공간은 나타나지 않으므로 '가다, 오다'가 한 자리 풀이씨로 실현된다.

    (15) ㄱ. 재물이 오다.
         ㄴ. 재물이 가다.

(15)의 두 표현은 통사 구조가 같은데, '오다, 가다'에서만 차이가 있다. 이에 따라서 이동체의 이동 방향이 반대로 나타난다. 그 밖에 개념 화자가 서 있는 위치가 다르고, 또 개념 화자의 시선에서 차이가 난다.

먼저 개념 화자의 위치에 대해서 구체적으로 살피기로 한다. (15)의 소유 표현은 개념 화자의 위치가 다른데, ㄱ에서는 '오다'가 오면 이동체인 '재물'의 이동 방향이 개념 화자 쪽으로 다가서는 것이고, '가다'가 오면 이동체가 개념 화자 쪽에서 멀어지는 표현이다. 따라서 (15ㄱ)의 '재물'은 이동체인 동시에 도달 공간으로 해석되고, (15ㄴ)의 '재물'은 이동체인 동시에 출발 공간으로 해석된다. 그러므로 개념 화자의 위치도 ㄱ에서는 도달 공간에 있다면, ㄴ에서는 출발 공간에 있다. 이것을 달리 말하면 개념 화자의 위치가 (15ㄱ)은 도달 공간과, (15ㄴ)은 출발 공간과 일치하는 양상을 보이고 있다. 박양규(1987)도 장소 이동에 오는 '오다'와 '가다'의 관련성을 다음과 같이 기술한 바가 있다.

(16)　ㄱ. [오다]=[[가다][화자의 위치와 G가 일치]]
　　　ㄴ. [오다]=[[가다][G-시점]]

(16ㄱ)에서 G는 도달 공간을 말하고, (16ㄴ)은 (16ㄱ)을 간략화한 것이다. 박양규도 '오다'는 개념 화자가 있는 위치가 도달 공간이고, '가다'는 개념 화자와 도달 공간이 일치하지 않다고 보고 있다.

다음은 개념 화자가 바라보는 시선과 관련된 것인데, '오다'의 경우는 개념 화자가 도달 공간에 서서 이동체가 오는 쪽으로 서서 그것을 마주 바라보는 모습을 취한다. 이에 대해서 '가다'는 개념 화자의 시선이 출발 공간에 서서 이동체가 도달 공간으로 가는 것을 뒤에서 바라보고 있다. 이것을 시간 표현에서 개념 화자는 그대로 있고 시간이 움직인다고(time-ego) 보고, 개념 화자가 시간이 오는 것을 마주 보면 '거울 영상(mirror-image)꼴', 개념 화자가 시간이 가는 방향과 시선이 같은 방향으로 보게 되면 '나란히(in-tandem)꼴'로 본다(채완 1986:130-133).

이 시간 표현의 양상은 소유 표현에도 적용 가능하다. 곧 소유 이동체의 이동 방향과 개념 화자의 시선과의 관련성에 따라서 개념 화자가 이동체가 오는 것을 마주 보면 '거울 영상꼴', 개념 화자가 이동체가 움직이는 쪽으로 같이 보면 '나란히꼴'이라고 부르기로 한다. 이를 편의상 <조건 1>이라고 부르기로 한다.

〈조건 1〉

개념 화자의 시선이 이동체가 오는 것을 마주보면 '거울 영상꼴', 이동체가 가는 방향과 같은 방향이면 '나란히꼴'이라고 부른다. 따라서 개념 화자의 시선이 '오다'는 '거울 영상꼴', '가다'는 '나란히꼴'을 취한다.

그런데 '오다, 가다'가 한 자리 풀이씨일 때는 이동체의 방향이 반대이지만, 두 자리, 세 자리 풀이씨가 오면 '오다', '가다'는 모두 이동체의 방향이 같은 곳을 향한다는 차이가 있다.

(17) ㄱ. 재물이 그에게서 오다.

ㄴ. 재물이 그에게서 가다.

(18) ㄱ. 재물이 그녀에게 오다.

ㄴ. 재물이 그녀에게 가다.

(19) ㄱ. 재물이 그에게서 그녀에게로 오다.

ㄴ. 재물이 그에게서 그녀에게로 가다.


(17)은 '그'가 출발 공간만, (18)에서는 '그'가 도달 공간만, (19)은 출발, 도달 공간이 모두 윤곽화한 보기이다. 이들은 이동체 '재물'의 이동 방향이 모두 '그'에서 '그녀'에게로 이동한다는 점에서 공통점을 갖고 있다. 이 점이 (15)의 이동체만 윤곽화한 표현이 이동체의 움직임이 반대인 것과는 다르다.

지금까지 논의된 이동체만 윤곽화한 한 자리 풀이씨에 관한 논의를 그림으로 정리하면 다음과 같다.

(20) ㄱ. 재물이 오다　　　　ㄴ. 재물이 가다

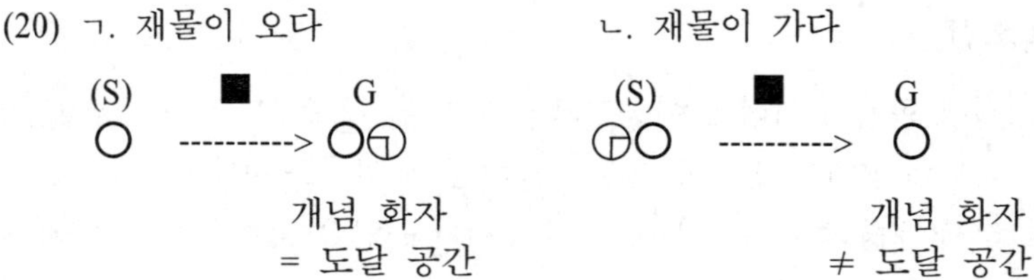


( ■는 윤곽화한 이동체를, ○는 출발, 도달 공간을, ⑤⑤는 개념 화자의 시선을 나타내고 있다. (S)는 배경 요소를 보이고 있다.)

〈그림 1〉

<그림 1>은 이동체만 윤곽화한 표현으로서 이동체의 이동 방향이 반대다. 그런데 '오다'는 개념 화자의 위치가 도달 공간에 있으면서 개념 화자의 시선이 '거울 영상꼴'을, '가다'는 개념 화자의 위치가 출발 공간에 있으면서 시선이 '나란히꼴'로 나타난다.

### 9.1.2.2. 출발 공간의 윤곽화

이동 표현에서 이동체와 출발 공간이 윤곽화하면 '오다, 가다'는 두 자리 풀이씨가 된다. 이 때 풀이씨 '오다, 가다'는 이름씨항을 선택하는데 출발, 도달 공간 가운데 하나를 선택한다.

 (21) ㄱ. 선물이 그에게서 오다.
    ㄴ. 선물이 그에게서 가다.

(21) 두 표현은 이동체와 출발 공간이 윤곽화한 표현으로서 풀이씨 '오다, 가다'에서만 차이가 난다. 곧 하나의 사태를 다른 위치에서 봄으로써 생겨난 표현이다. 그러므로 '오다, 가다' 가운데 어느 것이 선택되느냐는 문법성의 문제라기보다 개념 화자의 위치가 어디에 가 있는가에 따른 용인성(acceptability)의 양상을 보이고 있다.

먼저 이들 표현에 나타나는 개념 화자의 위치에 따른 차이로서 (21ㄱ) '오다'는 개념 화자의 위치가 도달 공간에 있다면, (21ㄴ) '가다'는 개념 화자의 위치가 출발 공간 '그'에 있다는 점에 있다.

따라서 '오다'가 오는 표현은 출발 공간보다 도달 공간이 더 두드러진 요소라면, '가다'는 출발 공간이 도달 공간보다 더 두드러진 요소라고 볼 수 있다.

|  | 두드러진 | 덜 두드러진 |
| --- | --- | --- |
| '오다' | 도달 공간 | 출발 공간 |
| '가다' | 출발 공간 | 도달 공간 |

따라서 위의 (21) 두 표현은 통어론적인 차이는 없지만 의미 구조에서는 차이가 있는 것으로 드러난다.

이종열(1998:106)에서도 '오다, 가다'의 원형적 뜻을 다음과 같이 제시한 바가 있다.

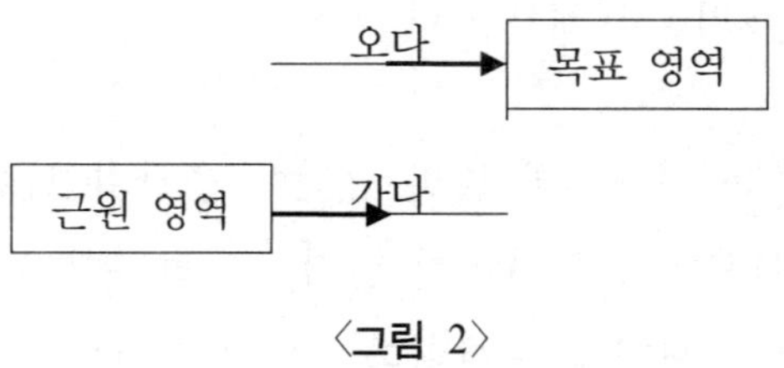


〈그림 2〉

<그림 2>도 '오다'는 목표 영역에, '가다'는 근원 영역이 윤곽화함을 보이고 있다. 지금까지 살펴본 개념 화자의 위치와 두 공간과의 관련성을 <조건 2>라고 부르기로 한다.

〈조건 2〉

개념 화자의 위치가 '오다'는 도달 공간에, '가다'는 출발 공간에 놓인다.

따라서 '오다'의 경우 도달 공간이 출발 공간보다 더 두드러진 요소가 되고, '가다'는 출발 공간이 도달 공간보다 더 두드러진 요소가 된다. 따라서 더 두드러진 요소에 1인칭이 오면 성립되지만 덜 두드러진 요소에는 1인칭이 올 수 없다. 이를 '1인칭 제약'이라고 부르기로 한다.

(22) ㄱ. ?선물이 나에게서 오다.
    ㄴ. 선물이 나에게서 가다.

위의 보기 (22)를 볼 때 '오다'는 출발 공간에 1인칭이 오면 통합되지 않지만 '가다'와는 통합되는 것으로 나타난다. (22ㄱ)이 어색한 것은 '나에게서'라는 '1인칭' 표현에서 볼 때 나의 위치가 출발 공간에 있지만, 풀이씨 '오다'가 오면 개념 화자의 위치가 도달 공간에 있게 된다. 따라서 나의 위치와 '오다'에서 오는 개념 화자의 위치 사이에 모순이 생기는 것이다.

그러나 '가다, 오다'의 경우 2, 3인칭 대이름씨가 오면 성립한다.

(23) ㄱ. 선물이 너에게서 오다.
    ㄴ. 선물이 그에게서 오다.
(24) ㄱ. 선물이 너에게서 가다.
    ㄴ. 선물이 그에게서 가다.

(23)은 '오다'가 (24)는 '가다'가 온 보기인데, 이들에서 ㄱ은 2인칭 대이름씨, ㄴ은 3인칭 대이름씨가 각각 와서 성립한 것이다. 지금까지 논의된 것처럼 '오다'는 출발 공간에 1인칭이 올 수 없다는 1인칭 제약을 <조건 3>이라고 부르기로 한다.

〈조건 3〉

'오다'는 출발 공간에 1인칭이 올 수 없다.

지금까지 논의한 출발 공간과 '오다, 가다'의 통합 관계를 그림으로 그리면 다음과 같다.

(25) ㄱ. 선물이 {너/그}에게서 오다    ㄴ. 선물이 {나/너/그}에게서 가다.

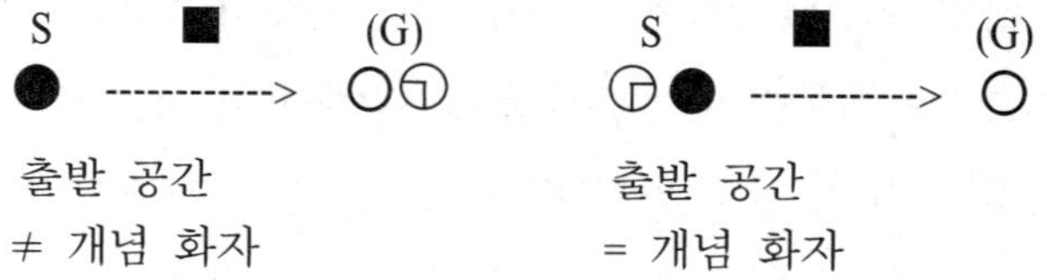

〈그림 3〉

<그림 3>은 출발 공간만 윤곽화하는 경우, '오다'가 오면 개념 화자의 위치가 도달 공간에 있고, '가다'가 오면 개념 화자의 위치가 출발 공간에 있다. 따라서 '오다'의 경우는 출발 공간에 2, 3인칭이 오고, '가다'의 경우는 출발공간에 1, 2, 3인칭이 모두 올 수 있어서 인칭 제약이 없음을 보이고 있다.

### 9.1.2.3. 도달 공간의 윤곽화

다음 이동체와 도달 공간이 윤곽화하는 보기들에 대해서 살피기로 한다. 이 때 '가다, 오다'는 두 자리 풀이씨가 된다.


(26) ㄱ. 소유권이 현대로 오다.
     ㄴ. 소유권이 현대로 가다.


위 두 표현은 소유물 '소유권'이 '현대'라는 도달 공간으로 움직이기 때문에 이동의 방향은 같다. 그런데 두 표현의 차이점은 '오다'는 개념 화자의 위치가 '현대'라는 도달 공간에 있다면 '가다'는 출발 공간에 있다. 따라서 (26ㄱ) '오다'는 개념 화자의 시선이 '현대'라는 도달 공간에서 '소유권'이 이동하여 오는 것을 마주 바라보는 '거울 영상꼴'을 취한다면, (26ㄴ)의 '가다'는 개념 화자의 시선이 이동체인 '소유권'이 출발 공간에서 '현대'라는 도달 공간 안으로 들어가는 것을 같은 방향에서 바라보는 '나란히꼴'을 취한다. 이처럼 도달 공간에 개념 화자가 위치하는 경우 2, 3인칭 대이름씨가 오면 모두 성립한다.


(27) ㄱ. 재물이 너에게로 오다.
     ㄴ. 재물이 너에게로 가다.
(28) ㄱ. 재물이 그에게로 오다.
     ㄴ. 재물이 그에게로 가다.

(27)은 2인칭, (28)은 3인칭이 와서 모두 성립한 보기이다.

그런데 1인칭의 경우, 도달 공간이 윤곽화하는 경우 '오다'는 제약이 없으나 '가다'는 제약이 있다. 이 제약은 나를 포함하는 '우리'의 경우에도 마찬가지다.

(29) ㄱ. 재물이 {나/우리}에게로 오다.
     ㄴ. *재물이 {나/우리}에게로 가다.

위 표현에서 '가다'가 1인칭과 통합이 안 되는 이유는 개념 화자의 위치가 도달 공간에 있는데, '가다'가 오면 개념 화자의 위치가 출발 공간에 있으므로 개념 화자의 위치와 풀이씨 '가다' 사이에 서로 모순이 생기기 때문이다. 이처럼 도달 공간이 윤곽화하는 경우, '가다'에 1인칭이 올 수 없는 제약을 <조건 4>라고 부르기로 한다.

〈조건 4〉
  '가다'가 오면 도달 공간에 1인칭이 올 수 없고, 2, 3인칭은 성립한다.

이를 그림으로 나타내면 다음과 같다.

(30) ㄱ. 재물이 {나/너/그}에게로 오다.　　ㄴ. 재물이 {너/그}에게로 가다.

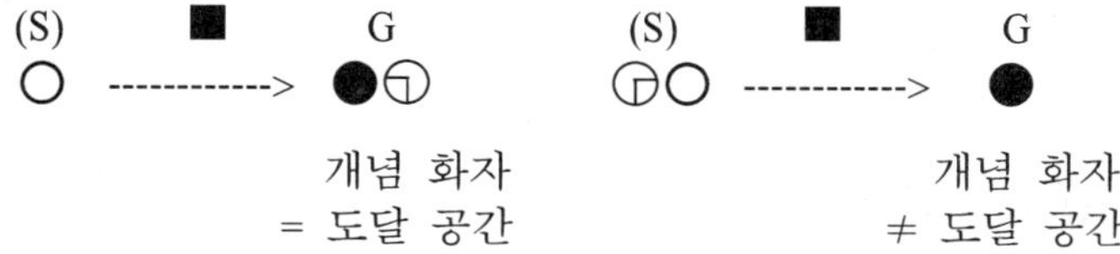

( ■는 윤곽화한 이동체, ○는 배경인 공간, ●는 윤곽화한 공간
을 나타낸다.)

<그림 4>

도달 공간만 윤곽화하는 경우, '오다'가 오면 개념 화자의 위치
가 도달 공간에 있고, '가다'가 오면 개념 화자의 위치가 출발 공
간에 있다. 따라서 <그림 4>는 '이동체'와 도달 공간이 윤곽화할
때 '오다'는 1, 2, 3인칭이 모두 올 수 있어서 제약이 없음을, '가
다'는 2, 3인칭만 올 수 있어서 인칭 제약이 있음을 보인 것이다.

또 지금까지 살펴본 <조건 1>~<조건 4>를 출발 공간과 도달
공간이 동시에 나타나는 경우에도 적용시켜 보기로 한다.

(31) ㄱ. 소유권이 현대에서 삼성으로 왔다.
　　 ㄴ. 소유권이 현대에서 삼성으로 갔다.

위 두 표현은 하나의 사태를 두 가지로 나타낸 동의월이다. 그
런데 이들 두 표현에 나타나는 두 공간 가운데 어느 요소가 더 두
드러진 요소인가를 밝히기는 쉬운 일이 아니다. 이를 알아보기 위

해서 이 두 공간 가운데 하나를 1인칭으로 바꿔 보면 분명하게 드러난다.

    (32) ㄱ. 소유권이 현대에서 나에게 왔다.
          ㄴ. *소유권이 현대에서 나에게 갔다.
    (33) ㄱ. *소유권이 나에게서 삼성으로 왔다.
          ㄴ. 소유권이 나에게서 삼성으로 갔다.

(32ㄴ), (33ㄱ)이 비문인 이유는 덜 두드러진 요소에 1인칭이 오기 때문이다. 반대로 (32ㄱ), (33ㄴ)처럼 더 두드러진 요소에 1인칭이 오면 성립한다.

이러한 현상은 1, 2인칭이 동시에 나타나는 다음의 경우에도 마찬가지다.

    (34) ㄱ. 재산이 너에게서 나에게로 오다.
          ㄴ. *재산이 너에게서 나에게로 가다.
    (35) ㄱ. *재산이 나에게서 너에게로 오다.
          ㄴ. 재산이 나에게서 너에게로 가다.

위의 예문 (34), (35)들도 출발, 도달 공간 가운데 더 두드러진 요소에 1인칭이 오면 성립하지만, 덜 두드러진 요소에 1인칭이 오면 비문이 된다. 따라서 1인칭이 오지 않는 표현에서도 '오다'는 도달 공간이, '가다'는 출발 공간이 상대적으로 더 두드러진 요소로 볼 수 있다.

　지금까지 소유 풀이씨로서 '오다, 가다'가 오는 경우 개념 화자의 위치가 출발, 도달 두 공간 영역 가운데 어디에 있는가에 따라서 인칭 제약이 있음을 살펴보았다. 곧 1인칭은 개념 화자이기 때문에 2, 3인칭보다 제약하는 힘이 더 크다는 것을 알 수 있다. 다음은 이러한 현상이 '오다, 가다'와 합성된 합성 풀이씨의 경우에는 어떻게 나타나는가를 살피기로 한다.


## 9.2. 합성풀이씨로서 <오다>와 <가다>의 비대칭성


　앞 장에서 개념 화자의 위치와 '오다, 가다'와 통합되는 출발 공간과 도달 공간과의 관련성을 살펴보았다[83]. 그런데 합성 풀이씨에서는 '오다, 가다'의 앞에 오는 풀이씨의 특성에 따라서 이동체의 이동 방향이 결정된다.


　(1) ㄱ. 자금이 현대에서 삼성으로 나오다/나가다.
　　　ㄴ. 자금이 현대에서 삼성으로 들어오다/들어가다.


　(1)의 표현은 이동체, 출발 공간, 도달 공간이 모두 윤곽화한 표현들로서, 모두 주체인 '자금'이 '현대'에서 '삼성'으로 이동했음

---

83) '오다, 가다'는 공간, 시간, 심리에 다 쓰인다. 그런데 일반적으로 '가다'가 무표적이라면, '오다'는 유표적이라고 보고 있다(吉本一 1996 참조).

을 나타낸다. 그런데 이 두 표현의 차이점은 이동체의 이동 방향이 (1ㄱ) '나다'류는 '안→밖'이라면, (1ㄴ) '들다'류는 '밖→안'이라는 점에서 차이가 난다.

그럼 이동체의 이동 방향은 같은데 '나오다, 나가다'와 '들어오다, 들어가다'로 나누어 지는 이유는 무엇인가? 전자를 '나다'류, 후자를 '들다'류라고 부르고 살피기로 한다.

먼저 '나오다, 나가다'가 한 자리 풀이씨로 쓰이는 보기부터 보도록 한다.

(2) ㄱ. 자금이 나오다.
    ㄴ. 자금이 나가다.

(2)의 '나오다, 나가다'는 이동체 '자금'이 출발 공간에서 이동하는 것으로서 이동 방향은 '안→밖'으로 같은 방향을 취한다. 따라서 주체인 '자금'은 이동체이면서 '출발 공간'이기도 하다. 그런데 이 합성 풀이씨의 경우도 그 이동을 바라보는 개념 화자의 위치가 다른 것으로 나타난다. 곧 (2ㄱ) '나오다'에서는 개념 화자의 위치가 출발 공간 밖에 있다면, (2ㄴ) '나가다'는 개념 화자가 이동체인 출발 공간에 있다. 이에 따라서 개념 화자의 시선도 차이가 나는데, 개념 화자의 시선이 '나오다'는 '거울 영상꼴', '나가다'는 '나란히꼴'을 취하고 있다(<조건 1>).

그런데 아래 (3)처럼 출발 공간과 도달 공간이 동시에 윤곽화할 때 '나오다'와 '나가다'의 양상은 다르다고 볼 수 있다.

(3) ㄱ. 자금이 현대에서 삼성으로 나오다.
　　ㄴ. 자금이 현대에서 삼성으로 나가다.

(3)의 두 표현의 차이점도 앞의 '오다, 가다'의 단독꼴과 마찬가지로 개념 화자의 위치가 '나오다'는 도달 공간에, '나가다'는 출발 공간에 있다고 볼 수 있다. 이것은 1인칭이 개념 화자의 위치가 있는 요소에 오면 알 수 있다.

(4) ㄱ. 자금이 현대에서 나에게로 나오다.
　　ㄴ. 자금이 나에게서 삼성으로 나가다.

(4ㄱ) '나오다'는 도달 공간에 1인칭이, (4ㄴ) '나가다'는 출발 공간에 1인칭이 오면 성립한다. 대신에 다음 (5)처럼 1인칭이 반대의 영역에 오면 비문이 된다.

(5) ㄱ. *자금이 나에게서 삼성으로 나오다.
　　ㄴ. *자금이 현대에서 나에게로 나가다.

출발 공간과 도달 공간은 모두 윤곽화할 수 있는 중요 요소지만 (5)에서 풀이씨의 특성에 따라서 상대적으로 비대칭을 이루는 것으로 나타난다.

그러므로 '나오다'는 출발 공간과 통합이 될 때, 1인칭 대이름씨 제약이 있는데(<조건 3>), 먼저 두 자리 풀이씨인 경우부터 보자.

(6) ㄱ. 그 돈이 나에게서 나오다.
　　ㄴ. 그 돈이 너에게서 나오다.
　　ㄷ. 그 돈이 그에게서 나오다.

이 보기들을 볼 때 '나오다'는 (6ㄱ)의 1인칭 표현이 약간 어색한 것은 개념 화자의 위치는 도달 공간에 있는데 출발 공간만 윤곽화하였기 때문이다. 그러나 2, 3인칭에서는 '나오다'가 자연스럽다. 그러나 '나가다'는 이런 인칭 제약이 없다.

(7) ㄱ. 그 돈이 나에게서 나가다.
　　ㄴ. 그 돈이 너에게서 나가다.
　　ㄷ. 그 돈이 그에게서 나가다.

반대로 도달 공간에 1인칭이 오면 '나오다'는 성립하지만, '나가다'는 성립되지 않는다.

(8) ㄱ. 복권이 나에게로 나오다.
　　ㄴ. *복권이 나에게로 나가다.

'나가다'는 개념 화자의 위치가 출발 공간에 있기 때문에 도달 공간에 1인칭이 오면 모순이 생긴다(<조건 4>).

마찬가지로 <조건 3>, <조건 4>는 출발 공간과 도달 공간에 2, 3인칭 대이름씨가 오는 경우에도 적용된다.

(9) ㄱ. <sup>?</sup>재물이 나에게서 {너/그}에게 나오다.
    ㄴ. 재물이 나에게서 {너/그}에게 나가다.
(10) ㄱ. 재물이 {너/그}에게서 나에게 나오다.
    ㄴ. <sup>?</sup>재물이 {너/그}에게서 나에게 나가다.

(9) '나오다'는 출발 공간에 1인칭이 오면 어색하고, (10) '나가다'의 경우 1인칭이 도달 공간에 오면 어색하다.

이 '나다'와 같은 특성을 보이는 풀이씨로는 '빠지다', '새다' 류를 들 수 있다. 곧 도달 공간에 1인칭이 오면 '나오다'류가 자연스럽지만, '나가다'류가 오면 자연스럽지 못하다.

(11) ㄱ. 재물이 나에게서 새어나오다/빠져나오다.
    ㄴ. <sup>?</sup>재물이 나에게로 새어나가다/빠져나가다.

마찬가지로 출발, 도달 두 공간이 모두 나타날 때는 출발 공간에 1인칭이 오면 '나오다'류가 와야 되지만, 1인칭이 도달 공간에 오면 '나가다'류가 와야 자연스럽다.

(12) ㄱ. <sup>?</sup>재물이 나에게서 그에게로 {새어나오다/빠져나오다}.
    ㄴ. 재물이 나에게서 그에게로 {새어나가다/빠져나가다}.
(13) ㄱ. 재물이 그에게서 나에게로 {새어나오다/빠져나오다}.
    ㄴ. <sup>?</sup>재물이 그에게서 나에게로 {새어나가다/빠져나가다}.

위의 보기들을 볼 때 출발 공간, 도달 공간이 모두 나타나는 경우, 1인칭이 도달 공간에 오면 '나오다'류가, 출발 공간에 1인칭이 오면 '나가다'류가 오는 것이 자연스럽다. 이 또한 <조건 2>를 그대로 적용한 것이다.

지금까지 '나다'류도 <조건 1>~<조건 4>가 적용 가능함을 살펴보았다.

'나다'와는 반대로 '들다'류는 한 자리로 실현되는 경우 소유물의 이동 방향은 '밖→안'으로 움직인다.

(14) ㄱ. 재물이 들어오다.
ㄴ. 재물이 들어가다.

이 두 표현에서 이동체는 개념 화자가 있는 도달 공간으로도 해석된다. 따라서 개념 화자의 시선은 (14ㄱ)은 '거울 영상꼴', (14ㄴ)은 '나란히꼴'이다.

다음은 소유주와 피소유주가 확실히 드러나는 표현으로서 출발 공간과 도달 공간이 모두 윤곽화한 보기들이다.

(15) ㄱ. 원금이 현대에서 삼성으로 들어오다.
ㄴ. 원금이 현대에서 삼성으로 들어가다.

위 표현도 앞의 <조건 3>, <조건 4>에 나타난 것처럼 '들어오다'는 개념 화자의 위치가 도달 공간에, '들어가다'는 출발 공간에 있는 것으로 해석된다. 따라서 두 공간 영역에 1인칭이 오면 제약이 나타난다.

    (16) ㄱ. *원금이 나에게서 들어오다.
        ㄴ. 원금이 나에게서 들어가다.
    (17) ㄱ. 원금이 나에게 들어오다.
        ㄴ. *원금이 나에게 들어가다.

    1인칭 제약은 (16) '들어오다'는 출발 공간 (17) '들어가다'에서 일어난다. (16ㄱ)이 비문인 이유는 개념 화자의 위치가 '나'에 있는데 1인칭이 덜 두드러진 요소와 통합이 되었기 때문이다.
    다음 '찾다'도 '들다'와 마찬가지로 이동체의 이동 방향은 '밖→안'의 이동이 일어난다.

    (18) ㄱ. 재물이 찾아오다.
        ㄴ. 재물이 찾아가다.

    위의 표현도 하나의 사태를 다른 위치에서 나타낸 것이다. 그런데 '찾다'도 '들다'와 마찬가지로 1인칭 제약이 있다.

    (19) ㄱ. *행운이 나에게서 찾아오다.
        ㄴ. 행운이 나에게서 찾아가다.
    (20) ㄱ. 행운이 나에게 찾아오다.
        ㄴ. *행운이 나에게 찾아가다.

(19ㄱ), (20ㄴ)은 1인칭 제약을 보인 것이다. 그러나 객관적인 3인칭에서는 '찾아오다'나 '찾아가다'가 다 올 수 있지만 대상 공간에 대해서 심리적으로 더 가깝다고 생각하면 '찾아오다'가, 그렇지 않으면 '찾아가다'가 온다.

  (21) ㄱ. 친구 집에 행운이 찾아오다.
       ㄴ. 친구 집에 행운이 찾아가다.

  '찾다'의 경우 개념 화자의 위치가 어떤 대상에 대해서 심리적, 주관적으로 가깝다고 보면 '찾아오다'가 자연스럽지만, 그렇지 않고 멀다고 느끼면 '찾아가다'가 선택된다. 이것은 선택의 원리로서 특히 우리나라 사람들은 행복이나 불행을 운명적인 것으로 받아들이는 경향이 강하므로 '행복이 찾아오다.', '불행이 찾아오다.', '불행이 닥치다.'라고 표현해서 사람의 힘으로는 불가항력적임을 나타낸다고 볼 수 있다.

  합성 소유 풀이씨의 경우도 풀이씨의 특성에 따라서 출발, 도달 공간 가운데 더 두드러진 요소가 있고, 이것과 개념 화자의 위치가 가 있는 공간과 일치하는가 아닌가에 따라서 의미 구조가 달라진다. 이를 정리하면 다음과 같다.

**〈합성 소유 풀이씨에 나타나는 이동체의 이동 방향〉**
  안→밖: 나오다/나가다, 새어나오다/새어나가다, 빠져나오다/빠져나가다.
  밖→안: 들어오다/들어가다, 찾아오다/찾아가다.

이 글에서 내세운 <조건 1>~<조건 4>는 '오다, 가다'가 소유 표현에 오면 단독, 합성 풀이씨 모두 적용 가능한 것으로 나타난다. 이를 정리하면 다음과 같다.

첫째, 소유 도식은 장소 도식과 같은 짜임새로 이동체, 출발 공간, 도달 공간으로 이루어져 있다. 그리고 장소 도식이 구체적인 근원 영역이라면, 소유 도식은 목표 영역으로서 구조적 은유로 해석 가능하다.

둘째, '오다, 가다'에 의한 소유 표현은 이동체, 출발 공간, 도달 공간 가운데 이동체는 반드시 윤곽화하지만 출발, 도달 공간은 동시에 윤곽화할 수도 있지만, 둘 가운데 하나만 윤곽화할 수도 있다.

셋째, 개념 화자의 시선도 이동체의 이동 방향과 관련성을 갖는다. '오다'가 오면 개념 화자의 시선이 이동체가 움직이는 방향의 맞은편에서 마주보는 '거울 영상꼴', '가다'가 오면 개념 화자의 시선이 이동체가 움직이는 방향과 같은 쪽으로 바라보는 '나란히꼴'의 양상을 보인다(<조건 1>).

넷째, 풀이씨의 특성상 '오다'는 도달 공간이, '가다'는 출발 공간이 더 두드러진 요소가 된다. 또한 개념 화자의 위치가 두 공간 영역 가운데 어디에 놓이는가에 따라서 표현의 의미 구조가 달라진다.

① 한 자리 풀이씨인 경우, '오다, 가다'가 오면 이동체만 윤곽화한다. 동시에 이 이동체는 '오다'가 오면 도달 공간, '가다'가 오면 출발 공간으로도 해석될 수 있다.

② 개념 화자의 위치가 '오다'가 오면 도달 공간에 있고, '가다'가 오면 출발 공간에 있다. 이러한 현상은 두 자리, 세 자리 풀이씨인 경우도 마찬가지다(<조건 2>).

③ 1인칭이 오는 자리는 개념 화자가 있는 위치이기도 하기 때문에 출발, 도달 공간 가운데 덜 두드러진 요소에는 올 수 없는 제약이 있다. 따라서 '오다'가 오면 출발 공간에 1인칭이 올 수 없고, '가다'가 오면 1인칭이 도달 공간에 올 수 없다(<조건 3, 4>).

다섯째, 합성 풀이씨도 '오다, 가다'와 같은 양상을 보인다.

① '나다'류가 한 자리 풀이씨이면 이동체의 이동 방향이 '안→밖'이다. 동시에 '나오다, 나가다'는 이동체가 출발 공간으로도 해석 가능하다.

② '나다'류가 두 자리, 세 자리 풀이씨로 쓰이면 개념 화자의 위치가 '나오다'는 도달 공간에, '나가다'는 출발 공간에 있다(<조건 2>). 따라서 1인칭 제약 현상은 '나오다'는 출발 공간과, '나가다'는 도달 공간과 통합이 되면 생긴다(<조건 3, 4>).

③ 개념 화자의 시선은 '나오다'는 '거울 영상꼴', '나가다'는 '나란히꼴'이다(<조건 1>).

④ '나다'류와 특성을 같이 하는 풀이씨들로는 '새어나오다, 새어나가다', '빠져나오다, 빠져나가다' 따위를 들 수 있다.

여섯째, '들다'류는 이동체의 이동 방향은 '밖→안'이다.

① '들어오다, 들어가다'가 한 자리 풀이씨이면 '들어오다, 들어가다'는 이동체가 도달 공간으로도 해석된다.

② 개념 화자의 시선이 '나오다'는 '거울 영상꼴', '나가다'는 '나란
   히꼴'이다  (<조건 1>).
③ '들다' 류가 두 자리, 세 자리 풀이씨로 쓰이면 개념 화자의 위치
   가 '들어오다'는 출발 공간에, '들어가다'는 도달 공간에 있다
   (<조건 2>). 따라서 1인칭 대이름씨는 '들어오다'가 출발 공간과,
   '들어가다'는 도달 공간과 통합이 되면 올 수 없다(<조건 3, 4>).
④ '들다' 류와 같은 풀이씨로는 '찾아오다, 찾아가다'를 들 수 있다.

지금까지 소유 표현의 관점에서 '오다'와 '가다'의 차이점을 살
펴보았는데, 이들 풀이씨가 오는 월의 의미구조는 개념 화자의 위
치, 개념 화자의 시선, 이동체의 이동 방향이 반대로 나타났다. 이
러한 비대칭은 1인칭이 '오다'의 경우에 '출발점'에, '가다'의 경
우에 '도달점'에 올 수 없는 제약 관계를 통해서 확인 가능하다.

# 참고 문헌


강우원 (1997), 『국어 이음말의 문법』, 인제대학교 출판부.

강위규 (1998), 『국어 관용 표현 연구』, 세종출판사, 100-110.

고석주 (1996), '있다' 구문에 관한 연구, 국어문법의 탐구 3, 태학사.

고영근 (1980ㄱ), 국어 진행상 형태의 처소론적 해석, 어학연구 16-1, 서울
　　　　대 어학 연구소.

고영근 (1980ㄴ), 처소이론과 동작상, 난정 남광우 박사 회갑기념 논총, 일조각.

고영진 (1997), 『한국어 문법화 과정: 용언의 경우』, 국학자료원, 42-57, 74.

권영환 (1993), 보조용언의 문법화, 부산 한글 12, 한글학회 부산지회.

권재일 (1992), 『한국어 통사론』, 민음사.

吉本一 (1996), '오다/가다'와 시점, 우리말 연구 제6집, 우리말 연구회, 141-159.

吉本一 (2006), 시간 표현의 인지언어학적 연구, 부산대학교 박사학위 논문.

김광해 (1984), '의'의 의미, 문법연구 5.

김기혁 (1987), 존재와 시간의 국어 범주화, 한글 240-241, 한글학회, 209.

김동환 (2005), 『인지언어학과 의미』, 태학사.

김미령 (2006), 『의사소통 속의 대응 발화』, 세종출판사.

김미영 (1996), 국어 용언의 접어화에 관한 역사적 연구, 동아대 박사 학위
　　　　논문, 69-78.

김미영 (2002), 영어의 문법화 연구, 부산대학교 석사학위 논문, 13, 13-14.

김명희 (1996), 문법화의 틀에서 보는 보조동사구문, 담화와인지 2, 담화인지
　　　언어학회.

김보경 (2000), 한국어 신체어의 은유와 환유, 상명대학교 대학원.

김봉모 (1983), 국어 매김말 연구, 문학박사 학위논문, 부산대 대학원.

김봉모 (2006), 『김정한 소설 어휘 사전』, 세종출판사.

김봉주 (1988), 『개념학』, 한신문화사.

김석득 (1987), 정태지속상 '-어 있'에 대하여, 겨레 문화, 세종대왕 기념 사업회.

김영미 (1995), '있다'의 의미에 대한 고찰, 전남대 대학원 석사.

김수태 (1999), 인용월 연구, 부산대 출판부.

김영송 (1983), 한국어 시제의 아스뻬와 모달리떼, 언어 연구 3집, 부산대 어
　　　학연구소.

김응모 (2002), 상거래 동사의 낱말밭 연구(1), 부산 한글, 한글학회 부산지
　　　회, 21-42.

김인택 (1997), 『한국어 이름마디의 문법』, 세종출판사.

김일웅 (1984), 풀이말의 결합가와 격, 한글 186호, 한글학회.

김종도 (1996), 도움움직씨 '오다/가다'의 상적 의미, 한글 233, 한글학회.
　　　137-160.

김종도 옮김 (1999), 『인지문법의 토대, Ⅰ·Ⅱ』, 박이정.

김종도 (2002), 『인지문법의 디딤돌』, 박이정.

김종도 (2003), 『은유의 세계』, 경진문화사.

김종도 (2005), 『환유의 세계』, 경진문화사.

김진우 (1999), 『인지언어학의 이해』, 한국문화사.

김차균 (1982), '있다'의 의미 연구, 언어학 5호, 한국언어학회.

김태엽 (1987), '가지다'의 문법화에 대하여, 대구 어문 논총 제5집, 대구어
　　　문학회, 177-198.

김태엽 (1990), 의존명사 {것}의 문법화와 문법 변화, 대구 어문 논총 제8집, 177-198.

김현전·김현욱 (2003), 어휘 의미지식 표상의 방법 -한국어 '사다/팔다'의 프레임 의미론적 접근-, 한글 262, 한글학회, 171-214.

김흥수 (1981), 기점과 지향점의 한 해석, 관악어문 연구 6, 서울대학교 국어국문학과.

나익주 (1995), 은유의 신체적 근거, 담화와 인지 1, 담화인지언어학회, 187-213.

나찬연 (2007), 『언어와 국어』, 제이앤씨.

남기심·고영근 (1992), 『국어문법론』, 탑출판사.

남기심 (2001), 『현대 국어 통사론』, 태학사.

문금현 (1999), 『국어의 관용 표현 연구』, 국어학회.

문 용 (1999), 『한국어의 발상·영어의 발상』, 서울대학교 출판부, 24, 26-30.

박근영 (2001), 한국어 지시대용어의 문법화, 한국외국어대학교 박사학위 논문, 제10권 1호, 담화·인지언어학회, 105-120.

박선자 (1996), 『한국어 어찌말의 통어의미론』, 세종출판사.

박양규 (1975), 소유와 소재, 국어학 3, 국어학회.

박양규 (1987), '보내오다'류의 유표적 복합 동사들, 국어학 16, 국어학회, 459-486.

박영순 (2000), 『한국어 은유 연구』, 고려대 출판부.

박영준·최경봉 편저 (1996), 『관용어 사전』, 태학사.

박승윤 (1989), 『기능문법론』, 한신문화사, 193-210.

박승윤 (1997), '밖에'의 문법화 현상, 언어 22-1, 57-70.

박승윤 (2003), 국어 수혜격 확인의 문법화, 담화와 인지, 제10권 1호, 담화·인지언어학회.

박지홍 (1986), 『우리 현대 말본』, 서울:과학사.

박태권 (1978), 번역 노걸대의 기리킴말에 대한 의미론적 연구, 언어 연구 1집.

박홍길 (1997), 『우리말 어휘 변천 연구』, 세종출판사.

박한기 (2002), '경험자' 의미역의 통사적 구현, 한글 258, 한글학회.

박형익 (1989), 동사 '주다'의 3가지 용법, 한글 203, 한글학회, 148.

배도용 (2002), 『우리말 의미 확장 연구』, 한국문화사, 80, 80-89.

서정수 (1996), 『국어 문법』, 한양대, 한양대 출판원, 179-180, 642-643.

성광수 (1976), 존재동사 '있다'에 대한 재고, 국어국문논총: 강복수 박사 회
        갑 기념 논문집.

손세모돌 (1991), 보조동사 '주다'의 결합 제약과 의미, 한국학논집 19, 한양
        대 한국학 연구소.

손세모돌 (1996), 『국어 보조용언 연구』, 한국문화사.

손영숙·정주리 옮김 (2004), 『구문 문법』, 한국문화사.

안주호 (1997), 한국어 명사의 문법화 현상 연구, 연세대학교 박사학위 논문.

염재상 (2002), 정신역학 이론에서 본 '중의성'의 이해, 한글 255, 한글학회,
        175-204, 199.

우형식 (1998), 『국어 동사 구문의 분석』, 태학사.

유동석 (1993), 국어의 매개변인 연구, 서울대학교 박사 학위 논문.

이관규 (1996), 보조동사의 생성과 논항구조, 한국어학 3, 한국어학회.

이경자 (1999), 『우리말 신체어 형성』, 충남대학교 출판부.

이기갑 (1981), 씨끝 '-아'와 '-고'의 역사적 교체, 어학연구 17-2.

이기동 (1977), 동사 '오다, 가다'의 의미 분석, 말 제2집, 연세대학교 한국어
        학당, 139-160.

이기동 (1978), '조동사 '있다'의 의미 연구', 허웅 박사 환갑 논문집.

이기동 (1989), 언어 주관성의 문제, 한글 206, 한글 학회, 201.

이기동 (1997), 관용어, 은유 그리고 환유, 담화와 인지 4-1, 담화·인지언어

학회, 61-87.

이기동 (2000), 동사 '가다'의 의미, 한글 247, 한글 학회, 133-158, 151.

이기동 엮음 (2000), 『인지언어학』, 한국문화사.

이기우·이정애·박미엽 옮김 (1997), 『인지언어학의 기초』, 한국문화사.
    (Seisako, Kawakami, An Introduction to Cognitive Linguistics).

이성범 (1999), 『언어와 의미』, 태학사, 295-396.

이성범 (2001), 『추론의 화용론』, 한국문화사.

이성하 (1998), 『문법화의 이해』, 한국문화사, 153, 236, 240, 112-117.

이수련 (1986), '있다' 월의 의미 연구, 동의어문논집 제2집, 동의대학교 국
    어국문학과, 137-150.

이수련 (2001), 『한국어와 인지』, 박이정, 238-240, 34-36, 190-195, 187-193.

이수련 (2001), 소유의 개념화, 새얼어문논집 제12집, 새얼어문학회.

이수련 (2002), 소유 도식으로 본 <오다>, <가다>, 한글 258, 한글학회,
    185-217.

이수련 (2003), '있다'의 문법화에 대한 의미·화용적 연구, 국어학 42, 국어
    학회, 177-206.

이수련 (2004), 소유풀이씨 '가지다'의 원형과 확장 구조, 우리말연구, 우리
    말학회, 127-148.

이수련 (2006), 은유와 환유의 상호작용성 연구, 한글, 한글학회, 107-132.

이숭녕 (1976), 15세기 국어의 쌍형어 '잇다', '시다'의 발달에 대하여, 국어
    학 4, 국어학회.

이신우 (2004), 개념적 혼성이론에 의한 환유적 의미 구축, 수원대학교 박사
    학위논문.

이양혜 (2000), 『국어 파생접사화 연구』, 박이정.

이정애 (2002), 『국어 화용표지의 연구』, 월인, 96-104, 146-156.

이정화 외 3인 공역 (2003), 『은유-실용 입문서』, 한국문화사.

이종열 (1998), '가다'의 다의성에 대한 인지의미론적 연구, 한국어의미학 3, 한국어 의미학회, 106.

이종열 (2002), 국어 비유적 의미의 인지과정에 대한 연구, 경북대학교 대학원 박사학위논문, 171-180.

이종열 (2002), 혼성에 의한 은유적 의미의 인지 과정, 담화와 인지, 제9권 1호.

이태영 (1993), 『국어 동사의 문법화 연구』, 한신문화사.

이효상 (2000), 『문법화 이론의 이해』, 인지언어학, 한국문화사, 255-295, 262.

임지룡 (1992), 『국어의미론』, 탑출판사, 200-202, 119-220, 61-62.

임지룡 (1997), 『인지의미론』, 탑출판사, 62-66, 193-201.

임지룡 외 3인 옮김 (2004), 『인지언어학 키워드 사전』, 한국문화사.

임지룡 (2006), 『말하는 몸-감정 표현의 인지언어학적 탐색』, 한국문화사.

임혜원 (2004), 『공간 개념의 은유적 확장』, 한국문화사.

임홍빈 (1981), 존재 전제와 속격 표지의 {의}, 언어와 언어학 7, 경희대 언어연구소.

전혜영 (1997), 여성 관련 은유 표현 연구, 이화어문논집 15, 이화어문학회.

정윤희 (2001), '왜'의 함축적 의미 연구, 동의대학교 석사학위 논문.

정원용 (1999), 『은유와 환유』, 신지학원.

정재영 (1996), 『의존명사 '드'의 문법화』, 태학사.

정재은 (2000), 은유와 환유에 의한 영어 관용어의 이해, 성신여자대학교 교육대학원.

정희영 (2002), 은유에 대한 인지언어학적 재고찰, 석사학위논문, 부산외국어대학교.

정희자 (2002), 『담화와 추론』, 한국문화사.

정희자 (2004), 『담화와 비유어』, 한국문화사, 280-291.

정희정 (2002), 『한국어 명사 연구』, 한국문화사.

채영희 (1999), 담화에 쓰이는 '-거든'의 화용적 기능, 한국어의미학 3, 한국
　　　어의미학회.

채　완 (1986), 『국어 어순의 연구』, 탑출판사, 130-133.

채희락 (1999), 이동동사의 정의와 분류, 현대문법 연구 15, 현대문법 학회,
　　　79-100.

최기용 (1998), '있-'의 범주, 논항구조 그리고 능격성, 국어학 32, 국어학회,
　　　107-134, 124.

최규수 (1994), 시점과 안은 겹월의 격 실현, 한글 224, 한글학회, 141.

최규수 (1999), 『한국어 주제어와 임자말 연구』, 부산대학교 출판부.

최현배 (1937), 『우리 말본』, 정음사.

한동완 (1999), '-고 있-' 구성의 중의성에 대하여, 한국어의미학 5, 한국어
　　　의미학회, 215-248.

허　웅 (1983), 『국어학』, 샘문화사.


### 〈자료〉

『김정한 소설 선집』 (1993), 창작과 비평사.

『한국 구비문학 대계(김해편)』 (1980), 한국정신문화연구원.

『새국어 대사전』 (1999), 한국 도서 출판중앙회.

『관용어 사전』 (1996), 박영준·최경봉 편저, 태학사.

『표준 국어 대사전』 (1999), 국립국어연구원(한글과 컴퓨터).

『연세 한국어 전자 사전』 (2004), 연세대학교 언어정보개발연구원(CD).

『우리말 큰 사전』 (1992), 한글학회, 어문각.

佐騰信夫 (1978),『レトリック 感覺』, 講談社 學術文庫.

瀬戸賢一 (1986),『レトリックの 宇宙』, 海鳴社.

牧野成一 (1980),『ことばと 空間』, 東海大學 出版會.

山梨正明 (1995),『認知文法論』, ひつじ 書房.

影山太浪 (1974), 場所理論的 見地から, 言語の 科學, 第 5卷, 言語研究所.

中石 實 (1994),『認知意味論の 原理』, 大修館西店.

池上嘉彦 (1974),『意味論』, 大修館西店.

池上嘉彦 (1981),『すると なるの 言語學』, 大修館西店.

吉村公宏 (1995),『認知意味論の 方法』, 人文書院.


Aitchison, J. (1987/1994), Words in the Mind: An Introduction to the Mental lexicon. Oxford: Basil Blackwell(임지룡・윤희수 옮김 (1993),『심리언어학 : 머리속 어휘사전의 신비를 찾아서』, 경북대학교 출판부).

Barcelona, A. (2000), The cognitive theory of Metaphor and Metonymy. In A. Barcelona(ed.), Metaphor and Metonymy at the Crossroads, 1-30. Berlin・New York : Mouton de Gruyter.

Barcelona, A. (2003), On the Plausibility of Claiming a Metonymic Motivation for conceptual metaphor. In A. Barcelona(ed.), Metaphor and Metonymy at the Crossroads, 31-58. Berlin・New York : Mouton de Gruyter.

Barcelona. A.(ed.). (2000), Metaphor and Metonymy at the Crossroads, Berlin・New York : Mouton de Gruyter.

Barcelona, A.(ed). (2002), Clarifying and Applying the Notions of Metaphor and Metonymy with Cognitive Linguistics: An Update. In R. Dirven and R. Pörings(eds.), Metaphor and Metonymy in Comparision and Contrast, 207-277. Berlin・New York : Mouton de Gruyter.

Blake, Barry. J. (1984), Problems of possessor ascension: Some Australian examples, Linguistics 22:437-53.

Boadi, L. (1971), A Existential sentences in Akan, Foundations of Language 7: 19-29.

Bybee Joan L. (1988), Semantic substance vs contrast in the development of grammatical meaning Berkeley Linguistics Society. 14.

Chafe, Wallace. (1970), Meaning and the Structure of language. Chicago: University of Chicago Press.

David Lee (2001), Cognitive Linguistics : An Introduction, Oxford Uniursity Press(임지룡·김동환 옮김(2003), 인지언어학 입문, 한국문화사. 10).

Dirven R. and Pörings R.(eds.) (2002), Metaphor and Metonymy in Comparision and Contrast, Berlin·New York : Mouton de Gruyter.

Dirven. R. (2002), Metonymy and metaphor : Different mental strategies of conceptualisation, In R. Dirven and R. Pörings(eds.), Metaphor and Metonymy in Comparision and Contrast, 75-112. Berlin·New York : Mouton de Gruyter. 93.

Fauconnier, G. (1997), Mappings in thought and language, Cambridge: Cambridge University press.

Freeze, Ray. (1992), Existentials and other locative, Language 68-3. 553-95.

Fromm. E. (1978), To have or Be? Harper & row, Publishrs, New York(최혁순 옮김 (1986), 『소유냐 존재냐』, 범우사, 46-47, 35).

Givón, Talmy. (1991), The evolution of dependent clause morpho-syntax in Biblical Hebrew, IN Traugott & Heine, 1991 vol.2. 257-310.

Geeraerts, D. (2002), The Interaction of and Metonymy in Composite Expressions. In R. Dirven and R. Pörings(eds.), Metaphor and Metonymy in

Comparision and Contrast. 435-465. Berlin · New York : Mouton de Gruyter.

Goldberg, Adele. E. (1995), Constructions, A Constructions Grammar Approach to Argument Structure, University of Chicago Press.

Goossens, L. (1990), Metaphtonymy: The Interaction of Metaphor and Metonymy in Expressions for Linguistic Action, Cognitive Linguistics 1, 3, 323-340.

Hawkins, Roger (1981), Towards on account of the Possessive- Constructions : NP'S N and the N of NP, Journal of Linguistics 17, 47-69.

Heine, et al (1991), Grammaticalization, The University of Chicago Press.

Heine, Bernd (1997a), Possession, Cambridge University Press.

Heine, Bernd (1997b), Cognitive Foundations of Grammar, New York, Oxford: Oxford University Press(이성하 · 구현정 옮김(2004), 『문법의 인지적 기초』 박이정).

Heine, Bernd, Ulrike Claudi, and Friederike Hünnemeyer. (1991), Grammaticalization : A Conceptal Framework, Chicago : University of Chicago Press.

Hopper, Paul J. (1991), On Some Principles of In grammaticalization, In : Traugott & Heine, 1991 vol.1: 17-35.

Hopper, Paul J.,& Elizabeth Closs Traugott. (1993), Grammaticalization, Cambridge: Cambridge University of Press (김은일 · 박기성 · 채영희 옮김 (1999), 『문법학』, 한신문화사, 138).

Hawkins, Roger. (1981), Towards on account of the Possessive Constructions: NP'S N and the N of NP, Journal of Linguistics 17. 247-69.

Inoue, K. (1975), Some Speculations on Locative, Possessive, and Transitive Constructions, Sopia Linguistica: 41-60.

Jackendoff, Ray. (1976), Toward an Explantory Semantic Representation, Linguistic Inquiry 7. 89-150.

Jackendoff, Ray. (1990), Semantic Structure, MIT Press.

Jackendoff, Ray. (1990), Semantic Structures, Massachusetts Institute of Technology(고석주·양정석 옮김 (1999), 『의미구조론』, 한신문화사).

Jackendoff, Ray. (2002), Foundations of Language, Oxford University Press(김종복·박정운·이예식 옮김 (2005), 『언어의 본질』, 박이정).

Johnson, M. (1987), The Body in the Mind: The Bodily Basis of Meaning, Imagination, and Reason. Chicago: University of Chicago Press(이기우 옮김 (1992), 『마음 속의 몸: 의미·상상력·이성의 신체적 기초』, 한국문화사).

Kövecses, Z. and P. Szabó. (1996). Idioms : A View from Cognitive Semantics. Applied Linguistics 17. 326-353.

Kövecses, Z. and Günter Radden. (1998), Metonymy: Developing a Cognitive Linguistic VIew, Cognitive Linguistics 9:1, 37-77.

Kövecses, Z. (2002), Metaphor : A Practical Introduction, Oxford : Oxford University Press(이정화 외 (2003), 『은유: 실용 입문서』, 한국문화사).

Kuno, S. (1971), The Position of locatives in existential sentences, Linguistic Inquiry 2. 333-378.

Lakoff, G. and. Johnson M. (1980), Metaphor We Live By. Chicago: University of Chicago Press(노양진·나익주 옮김 (1995), 『삶으로서의 은유』, 서광사).

Lakoff, G. (1987), Woman, Fire and Dangerous things: What Categories Reveal about the Mind. Chicago : University of Chicago Press(이기우 옮김 (1994), 『인지의미론』, 한국문화사).

Langacker, Ronard W. (1968), Observation On French Possessive, Language 44-1. 51-75.

Langacker, Ronard W. (1987), Foundation of cognitive grammar, Vol Ⅰ: Theoretical Prerequisties, Stanford, California: Stanford University Press (김종도 옮김(1999), 『인지문법의 토대 Ⅰ: 이론적 선행조건들』, 서울, 박이정).

Langacker, Ronard W. (1987), Foundation of cognitive grammar, Vol Ⅱ: Descriptive application, Stanford/California: Stanford University Press. 97-102.

Langacker, Ronard W. (1999), Grammar and Conceptualization, Berlin New York : Mouton de Gruyter(김종도·나익주 옮김 (2001), 『문법과 개념화』, 박이정).

Lyons, J. (1967), A Note on Possessive, existentential and other locative Sentences, Foundations of Language 3. 390-39.

Lyons, J. (1977), Semantics II, Cambridge: Cambridge Univ. Press. 718-724

McGregor William B. (2005), The Expression of Possession, Berlin · New York : Mouton de Gruyter.

Miller G. A & Johnson-Laird, P. N. (1976). Language and Perception. The Belknap Press of Harvard Univ. Press. Cambridge. 558-583.

Nunberg, G. (1994), Idioms. Language. Vol 70. No 3. Staford University.

Nunberg, G. (1995), Transfers of Meaning, Journal of Semantics12-2. 109-132

Radden Günter. (2000), How metonymic are metaphors? In A. Barcelona(ed.), Metaphor and Metonymy at the Crossroads. 93-108. Berlin · New York : Mouton de Gruyter.

Radden & Köevecses (1999), Towards a Theory of Metonymy. In K. Panther and G. Radden(eds), Metonymy in Language and Thought. 17-59. Amsterdam · Philadelphia: John Benjamins Publishing Company.

Riemer N. (2002), When is a metonymy no longer a metonymy? In R. Dirven and R.Pörings(eds.), Metaphor and Metonymy in Comparision and Contrast. 379-406. Berlin · New York : Mouton de Gruyter.

Rosch, E. (1973), Natural categories, Cognitive Psychology 4. 328-350.

Rosch. E. (1975), Cognitive representations of semantic categories. Journal of Experimental Psychology: General 104.

Seto, Ken-Ichi. (1999), Distinguishing Metonymy from synecdoche. In Klaus-Uwe Panther & Günter Radden(eds), Metonymy in Language and Thought. Amsterdam: John Benjamins Publishing Company.

Sweetser, Eve Eliot. (1988), Grammaticalization and semantic bleaching, Berkeley Linguistics Society 14. 389-405.

Sweetser, E. (1990), From Etymology to Pragmatics, Cambridge University Press. 390.

Stolz T. (2001), To be with X is to have X, Linguistics 39-2, 321-350, 321, 328-329.

Taylor, J. R. (1989), Linguistic Categorization: Prototypes in Linguistics theory. 202-203.

Taylor, J. R. (2002), Category Extension by Metonymy are Metaphor. In R. Dirven and R.Pörings(eds.), Metaphor and Metonymy in Comparision and Contrast. 323-347. Berlin · New York : Mouton de Gruyter.

Traugott, Elizabeth Closs. (1988), Pragmatic strengthening and grammaticalization, Berkeley Linguistics Society 14. 406-416.

Traugott & König. (1991), The Semantic-Pragmatics of grammaticalization revisited, In Traugott & Heine(1991) vol.1. 189-218.

Turner M.& Fauconnier G. (2000), Metaphor, metonymy, and binding, In A. Barcelona(ed.), Metaphor and Metonymy at the Crossroads. 133-148. Berlin · New York : Mouton de Gruyter.

Unger, F. & Schmid, H. (1996), An Introduction to Cognitive Linguistics. London & New York: Longman(임지룡 · 김동환 옮김 (1998), 『인저언어학 개론』 태학사).

Vendler, Zeno. (1967), Linguistics in Philosophy, Cornell University Press.

Warren, B. (1999), Aspects of Referential Metonymy. In K. Panther and G. Radden(eds), Metonymy in Language and Thought. 121-135. Amsterdam · Philadelphia: John Benjamins Publishing Company.

Warren, B. (2002), An Alternative Account of the Interpretation of Referential Metonymy are Metaphor. In R. Dirven and R. Pörings(eds.), Metaphor and Metonymy in Comparision and Contrast. 113-130. Berlin · New York : Mouton de Gruyter.

Yoshiki Ogawa. (2001), The Stage/individual Distinction and (In)Alienable Possession. Language 77-1.

ㅂ

ㅅ

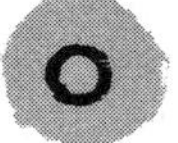

ㅈ